本书由
中央高校建设世界一流大学（学科）
和特色发展引导专项资金
资助

中南财经政法大学“双一流”建设文库

创|新|治|理|系|列|

劳动谈判

陈天学　著

中国财经出版传媒集团
中国财政经济出版社

图书在版编目（CIP）数据

劳动谈判 / 陈天学著. -- 北京：中国财政经济出版社，2019.12

（中南财经政法大学“双一流”建设文库. 创新治理系列）

ISBN 978 - 7 - 5095 - 9451 - 3

Ⅰ. ①劳… Ⅱ. ①陈… Ⅲ. ①劳资关系 - 谈判 - 研究 Ⅳ. ①F246

中国版本图书馆 CIP 数据核字（2019）第 254590 号

责任编辑：武志庆　　　　责任校对：胡永立

封面设计：陈宇琰

劳动谈判

LAODONG TANPAN

中国财政经济出版社 出版

URL：http：//www.cfeph.cn

E - mail：cfeph @ cfemg.cn

社址：北京市海淀区阜成路甲 28 号　邮政编码：100142

营销中心电话：010 - 88191537

北京财经印刷厂印装　各地新华书店经销

787×1092 毫米　16 开　17 印张　277 000 字

2019 年 12 月第 1 版　2020 年 7 月北京第 2 次印刷

定价：49.00 元

ISBN 978 - 7 - 5095 - 9451 - 3

（图书出现印装问题，本社负责调换）

本社质量投诉电话：010 - 88190744

打击盗版举报热线：010 - 88191661　QQ：2242791300

总 序

“中南财经政法大学‘双一流’建设文库”是中南财经政法大学组织出版的系列学术丛书，是学校“双一流”建设的特色项目和重要学术成果的展现。

中南财经政法大学源起于1948年以邓小平为第一书记的中共中央中原局在挺进中原、解放全中国的革命烽烟中创建的中原大学。1953年，以中原大学财经学院、政法学院为基础，荟萃中南地区多所高等院校的财经、政法系科与学术精英，成立中南财经学院和中南政法学院。之后学校历经湖北大学、湖北财经专科学校、湖北财经学院、复建中南政法学院、中南财经大学的发展时期。2000年5月26日，同根同源的中南财经大学与中南政法学院合并组建“中南财经政法大学”，成为一所财经、政法“强强联合”的人文社科类高校。2005年，学校入选国家“211工程”重点建设高校；2011年，学校入选国家“985工程优势学科创新平台”项目重点建设高校；2017年，学校入选世界一流大学和一流学科（简称“双一流”）建设高校。70年来，中南财经政法大学与新中国同呼吸、共命运，奋勇投身于中华民族从自强独立走向民主富强的复兴征程，参与缔造了新中国高等财经、政法教育从创立到繁荣的学科历史。

“板凳要坐十年冷，文章不写一句空”，作为一所传承红色基因的人文社科大学，中南财经政法大学将范文澜和潘梓年等前贤们坚守的马克思主义革命学风和严谨务实的学术品格内化为学术文化基因。学校继承优良学术传统，深入推进师德师风建设，改革完善人才引育机制，营造风清气正的学术氛围，为人才辈出提供良好的学术环境。入选“双一流”建设高校，是党和国家对学校70年办学历史、办学成就和办学特色的充分认可。“中南大”人不忘初心，牢记使命，以立德树人为根本，以“中国特色、世界一流”为核心，坚持内涵发展，“双一流”建设取得显著进步：学科体系不断健全，人才体系初步成型，师资队伍不断壮大，研究水平和创新能力不断提高，现代大学治理体系不断完善，国际交流合作优化升级，综合实力和核心竞争力显著提升，为在2048年建校百年时，实现主干学科跻身世界一流学科行列的发展愿景打下了坚实根基。

“当代中国正经历着我国历史上最为广泛而深刻的社会变革，也正在进行着人类历史上最为宏大而独特的实践创新”，“这是一个需要理论而且一定能够产生理论的时代，这是一个需要思想而且一定能够产生思想的时代”①。坚持和发展中国特色社会主义，统筹推进“五位一体”总体布局和协调推进“四个全面”战略布局，实现“两个一百年”奋斗目标、实现中华民族伟大复兴的中国梦，需要构建中国特色哲学社会科学体系。市场经济就是法治经济，法学和经济学是哲学社会科学的重要支撑学科，是新时代构建中国特色哲学社会科学体系的着力点、着重点。法学与经济学交叉融合成为哲学社会科学创新发展的重要动力，也为塑造中国学术自主性提供了重大机遇。学校坚持财经政法融通的办学定位和学科学术发展战略，“双一流”建设以来，以“法与经济学科群”为引领，以构建中国特色法学和经济学学科、学术、话语体系为己任，立足新时代中国特色社会主义伟大实践，发掘中国传统经济思想、法律文化智慧，提炼中国经济发展与法治实践经验，推动马克思主义法学和经济学中国化、现代化、国际化，产出了一批高质量的研究成果，“中南财经政法大学‘双一流’建设文库”即为其中部分学术成果的展现。

文库首批遴选、出版二百余册专著，以区域发展、长江经济带、“一带一路”、创新治理、中国经济发展、贸易冲突、全球治理、数字经济、文化传承、生态文明等十个主题系列呈现，通过问题导向、概念共享，探寻中华文明生生不息的内在复杂性与合理性，阐释新时代中国经济、法治成就与自信，展望人类命运共同体构建过程中所呈现的新生态体系，为解决全球经济、法治问题提供创新性思路和方案，进一步促进财经政法融合发展、范式更新。本文库的著者有德高望重的学科开拓者、奠基人，有风华正茂的学术带头人和领军人物，亦有崭露头角的青年一代，老中青学者秉持家国情怀，述学立论、建言献策，彰显“中南大”经世济民的学术底蕴和薪火相传的人才体系。放眼未来、走向世界，我们以习近平新时代中国特色社会主义思想为指导，砥砺前行，凝心聚

① 习近平：《在哲学社会科学工作座谈会上的讲话》，2016年5月17日。

力推进“双一流”加快建设、特色建设、高质量建设，开创“中南学派”，以中国理论、中国实践引领法学和经济学研究的国际前沿，为世界经济发展、法治建设做出卓越贡献。为此，我们将积极回应社会发展出现的新问题、新趋势，不断推出新的主题系列，以增强文库的开放性和丰富性。

“中南财经政法大学‘双一流’建设文库”的出版工作是一个系统工程，它的推进得到相关学院和出版单位的鼎力支持，学者们精益求精、数易其稿，付出极大辛劳。在此，我们向所有作者以及参与编纂工作的同志们致以诚挚的谢意！

因时间所囿，不妥之处还恳请广大读者和同行包涵、指正！

中南财经政法大学校长

目　录

第一章　谈判魅力：艺术的展现

第一节　谈判学的基本内容与基本特征

一、基本内容

谈判学是介绍谈判的基本常识，揭示谈判的一般规律，探讨谈判策略技巧及其应用的一门综合性边缘学科。

谈判学的基本内容可以分为以下几类：

1. 揭示谈判活动的一般规律

谈判是人的理性行为，对人的行为的认识是任何谈判的基本问题。人的行为千奇百怪，变化多端，但是在谈判人员的每一个行为和由行为引起的反应后面，都隐藏着满足某种需要的动机和愿望。这些动机和愿望也是谈判的目的，而满足需要是一切谈判的共同目标，这种共性能够为我们研究谈判学提供一种规律性的结构。谈判既是普遍存在的社会现象，又是一种具有独立特点的特殊活动，这种活动的进展依赖于某些特定方法，这些特定方法具有某种程度的适用性、一般性和规律性。谈判学的内容之一，即揭示这些谈判活动的一般规律。

研究谈判的一般规律的主要内容有：

（1）谈判学的基本特征与主要内容

（2）谈判学的研究学习方法与基本要求

（3）谈判的基础、要素与分类

（4）谈判学的产生与发展

2. 分析谈判策略和技巧

谈判是一种复杂多变的活动，也是一个艰难曲折的过程，谈判是一门妥协的艺术，任何成功的谈判都需要理论指导，都要遵循谈判的规律和特点，都有一定的策略和技巧。这些策略和技巧的形成基于心理学、管理学、经济学，等等诸多学科，提炼而成谈判的规律手段，反映了谈判的目的，以一种科学的方法去规制谈判的进程和追求谈判的“双赢”结果。因此，分析谈判的策略和技巧也是谈判学的主要内容之一。

谈判的策略和技巧可以分为以下几块来进行把握：

（1）现代谈判者的一般特征

（2）谈判角色对谈判活动的影响

（3）谈判阶段对谈判活动的影响

（4）谈判策略解析

3. 探讨谈判策略和技巧的应用

谈判是参与人员技巧的展现、智慧的较量，是其各种能力的综合运用。这些智慧和能力在具体的谈判过程中就体现为策略和技巧的运用上。谈判成功与否，并不在于谈判人员的专业知识是否过硬，而是谈判策略的运用是否得当。谈判策略和技巧的应用需要因时、因地、因人、因事而异，如何在具体的谈判过程中应用各种策略和技巧，怎样才能把每一种策略和技巧应用得恰到好处，这是一门复杂的学问，也是谈判学的基本内容之一。①

谈判策略和技巧的应用可以分为以下几块：

（1）谈判结构和谈判背景

（2）谈判过程

（3）谈判思维

（4）不同谈判对象对应的谈判策略和技巧的应用

（5）不同谈判场景对应的谈判策略和技巧的应用

（6）不同谈判阶段对应的谈判策略和技巧

（7）特殊情况下适用的谈判策略和技巧

二、基本特征

谈判学主要有以下四个方面基本特征：

1. 准确性

谈判学主要服务于谈判活动，而谈判活动的角色、内容、目的、地点都是特

---

① 罗杰．费希尔．谈判力［M］．北京：中信出版社，2009.

定的，都有自己的特征，谈判学即基于这种特殊的方方面面做出准确的具体的分析。谈判学的准确性就体现在它针对不同的谈判角色、谈判内容、谈判目的、谈判地点做出不同的分析，准确提出哪种情形下应适用哪种谈判技巧和策略。

2. 针对性

谈判学所提出的谈判策略和技巧都是极具针对性的，针对不同的谈判角色、谈判内容、谈判目的、谈判地点，都有不同的谈判策略和技巧去应对。对对方的各种意见进行归纳整理、集中概括，然后逐一有针对性地进行突破，绝对不能答应对方的第一次报价，“寸土不让，除非交换”，具体问题具体分析，见招拆招，谈判的目的不是“取胜”，而是“成功”，只有有针对性地见招拆招，才能获得双赢。

3. 灵活性

谈判活动是发生在人与人之间的，以事实数据为支撑，以语言来进行的一场交流活动。人本身就是具有灵活性的动物，而人的语言更是丰富多彩，因此谈判学也是极具灵活性的。当情况发生变化时，谈判学可以指导我们相应地做出改变。实际上，谈判过程中经常会出现各种“突发状况”，例如对方更换了谈判人员、更改了条件、变换了地点等等，都属于始料未及的事情，而这时我们的谈判策略并不是机械的不可变的，我们会根据最新的谈判角色、谈判内容、谈判目的、谈判地点等进行谈判策略和技巧的新选择，而这一切都可以从谈判学中找到答案，使我们灵活应变。

4. 适应性

无论你愿意与否，你都在时刻进行着谈判，谈判是生活中无法避免的现实。和上司商量提高工资，和小贩讨价还价，和家人争论新家的装潢风格……谈判无处不在。而谈判学的适应性即体现于此。它可以帮助我们得到自己想要的东西而又不失风度，让我们公平有理的同时又能保护自己不被对方利用。无论是维护自身利益的普通人还是致力于维护和平的政治家，都可以从谈判学中获益。它的适应范围十分广泛，可以应用于生活的方方面面。

谈判学是一门典型的边缘学科，其涉及面之广，可以说任何一门其他学科都难以企及。它涉及历史学、法学、经济学、社会学、心理学，乃至控制论、一般系统论、对策论、决策论、语义学、口才学，以及传统和现代的行为科学等诸多科学，而对其影响较大的，有“需要”理论、心理学和发散思维三门。

谈判学复杂的学科属性和其赖以发展的实践背景，决定了其以下四个方面的特性：

一是应用性。谈判学自产生以来，其发展与完善的各个阶段都始终与现实社会生产及社会生活等多方面保持着紧密的联系，其理论与原理无不来自实践经验的总结和科学研究的结果。

二是复杂性。一次谈判往往要涉及大量的资料和专业知识，因此对谈判者提出了极高的要求。由于涉及的学科面广，一个人的能力很难全面顾及，因此必然要求在某些重要的或大型的谈判活动中，由各方面的专家协同配合以发挥各自的专长来形成集体的谈判优势。事实上，随着参与谈判的人员数量的增加与谈判背景的变化，谈判的组织和协调会变得越来越困难。这种复杂的形势对未来谈判者的素质和知识面以及谈判班子人员之间的协调配合能力是一种全面的考验。

三是科学性。谈判学的理论、原理及其实践应用，都必须努力把握住谈判的一般规律性。通过谈判者的努力，将这些理论和原理结合特定的实践背景来运用。实事求是地针对具体的问题采用具体的方法处理。

四是艺术性。由于谈判的主体是人，这就决定了不管谈判的具体内容如何，都必须首先通过“与人打交道”这个环节来进行。

在谈判中，谈判者需要经过一系列的磋商，既有让步又有争取，既可能有顺利的过程，也可能有紧张的僵局，变化的外部形势和实力的消长，使谈判者不仅要应付实质性的谈判议题，还必须具有处理人际关系的技巧。

谈判者应该善于将原则性与灵活性结合起来，既有理性，又有感情，以理服人，以情感人。谈判者拥有谈判知识，恰当运用这些知识的智慧对谈判者来说是至关重要的。一个谈判艺术修养极深的谈判者，并不是一味地以自己的理由去说服对方，而是更注意根据对手的具体情况，抓住一切可能的机会巧妙地与对方沟通感情，进而影响对方的看法和立场。

第二节　谈判的基础知识

一、谈判的基础

所有的人际互动都是谈判。谈判是满足双方需求的一种相互交往，讲求共同利益和契合利益的获得。谈判正面的结果是双方均从中获得利益，共同创造并分享更大的物质成果。

谈判概念的基本含义主要包括：①谈判总是以某种利益的满足为目标，是建立在人们需要的基础之上的，这是人们进行谈判的动机，也是谈判产生的原因。②谈判必须是两个或两个以上的参与者之间的交际活动，只有参与谈判的各方的需要有可能通过对方的行为而得到满足时，才会产生谈判。③谈判是寻求建立或改善人们社会关系的行为。④谈判是一种协调行为的过程。

劳动谈判的主要特点有：一是谈判对象的广泛性和不确定性；二是谈判双方的排斥性和合作性；三是谈判的多变性和随机性；四是谈判的公平性与不平等性。

谈判的存在前提是什么？用一句话概括，就是产生于有关各方的“需要”。有了这样的前提，在特定的环境条件下，人们才可能走到一起，进行谈判。

当谈判各方的“需要”产生时，他们将积极地寻求满足这种需要的方式和途径。但是，谈判各方或某一方在考虑这些方式和选择实现满足需要的途径时，并不会从一开始就采取谈判的形式。从满足需要的难易性和资源消耗来考虑，他们当然会首先选择容易满足需要和资源消耗少的形式。比如强权干预、行政命令、非正常渠道或不正当竞争等等。谈判者由于受到社会规则的约束或强大的社会压力或外部威胁，他们会考虑在方式和途径上进行某种变通。当各方的“需要”之间存在着某种形式的交换余地及交换的可能性时，谈判才可能产生。客观需要、可谈判性、谈判意愿、谈判环境是谈判活动的存在基础。

客观需要实际上是不以人的意志为转移的谈判需要。当这种谈判需要产生时，它将以不同的形式去促使当事人寻求、了解对方，将各自带有差异性的需要联系在“共同利益”的纽带上。

可谈判性主要是指自己的需要与对方的需要之间可交换、可妥协的余地和可能性。只要还存在着被某一方（或某几方）所意识到的比这种交换和妥协更好的解决办法，谈判都不可能在事实上存在。（某些形式上存在的谈判实际上只不过是谈判者在实现自己意图过程中施放的烟幕或手段上的需要。）

谈判意愿是指当事人愿意把自己的需要付诸交换以及在交换过程中期望对方作出让步的程度。当这种意愿不被对方认可时，它只能作为一种形态而构成单方谈判意愿。单方谈判意愿可能出现在某一阶段，它不是谈判的结束，更不是谈判的绝境。当这种意愿被参与谈判各方认可或不同程度地认可时，它便构成了双方谈判意愿。谈判意愿也可以多边形式存在，在一定的条件下，它们之间可以彼此转化。

谈判环境是指谈判需要进行交换或妥协的外在客观条件。这种环境可能自然形成，也可以通过人为的作用造就出来。①

二、谈判要素

谈判要素，通常由谈判主体、谈判客体、谈判背景、谈判目的和谈判结果 5 个要素组成。

1. 谈判主体（参与谈判的当事人）

谈判当事人是指参与谈判双方派出的人员。另外，有些谈判是一种代理或委托活动，代理人充当卖方（或买方）的发言人，在买卖双方中起中介作用，在这种情况下代理人也成为谈判的当事人。当事人是谈判的主体。

2. 谈判客体（谈判的议题及内容）

谈判议题，是指谈判需商议的具体问题，是各种物质要素结合而成的各种内容。谈判议题是谈判的起因、内容和目的并决定当事各方参与谈判的人员组成及其策略，所以，是谈判活动的中心。没有议题，谈判显然无从开始和无法进行。

3. 谈判背景

谈判背景是指谈判所处的环境，也就是进行谈判的客观条件。任何谈判都不可能孤立地进行，而必然处在一定的客观条件之下并受其制约。因此，谈判背景对谈判的发生、发展、结局均有重要的影响，是谈判不可忽视的要件。

4. 谈判目的

谈判目的是指谈判要达到的具体目的，它指明谈判的方向和要达到的目的、企业对本次谈判的期望水平。谈判的目的主要是以满意的条件达成一笔交易，确定正确的谈判目的是保证谈判成功的基础。谈判目的是一种在主观分析基础上的预期与决策，是谈判所要争取和追求的根本因素。

5. 谈判结果

谈判结果通常从两方面进行分析，一是双方是否达成交易，实现或部分实现己方的谈判目的；二是经过谈判双方关系发生何种变化。

---

① 张强. 谈判学（第二版）［M］. 武汉：华中科技大学出版社，2003：10.

三、谈判的分类

对谈判活动进行分类的目的在于认清不同谈判的性质，避免谈判手段的片面性。

（1）按照谈判的规模，即谈判项目的多少、谈判内容的复杂程度和涉及谈判的人员范围等，可以将谈判分为大型谈判与中、小型谈判。这种划分并没有严格的界限，英国谈判学家比尔·斯科特提出，通常情况下，谈判项目数较多，谈判内容较复杂，并且当各方参与的人数超过 12 人时，即可认为是大型谈判。如果各方参与的人数在 4—12 人，则可认为是中型谈判，如果各方人数都在 4 人以下，就是小型谈判。

事实上，就谈判各方而言，还有一些协助谈判的非正式成员，如官员、技术专家、顾问等，在划分时这些人不应计算在内。一般管理原则认为：在复杂多变的谈判形势下，任何一个管理者，最多只能有效地领导 3—4 人。随着参与谈判的人员的增加，协调、组织、保密和决策会变得困难，而谈判内容的复杂化和谈判外部环境的变化又会对谈判的领导人提出严峻考验。因此，谈判者们不得不花费相当大的精力去平衡和处理众多的非谈判问题以使谈判能得以进行。大量的谈判实践表明，如果没有特别的原因，力求谈判规模的小型化比较有利于谈判班子的协调和控制。

（2）按照谈判所涉及的利益性质，可将谈判分为经济性谈判和非经济性谈判。经济性谈判是以某种经济目的为谈判议题、内容和目标的谈判。非经济性谈判是指以非经济目的为谈判议题、内容和目标的谈判经济性谈判与非经济性谈判有时可能互相交织，但经济性谈判与非经济性谈判各自所遵循的原则、策略和方法往往有较大差异。谈判内容体现在各个方面，除了劳动谈判以外，其他经济性谈判如商品贸易、技术贸易、工程承包、加工贸易、补偿贸易、运输、保险、索赔、拍卖、代理，商标与专利等的转让，非经济性谈判主要有外交事务、政治纠纷、边界划分、人质释放、家庭事务调解等。

（3）按谈判的时间长短，又将谈判分为长期谈判与中、短期谈判。这种时间上的划分也是没有严格的界限的（据一份调查结果显示，相当一部分谈判者认为一年之内出现结果的谈判可以认为属中、短期谈判）。通常一次性谈判都是短期的，而循环性谈判或部分的非经济性谈判可能是中期或长期的。谈判者通过主观努力和有力的外部环境的配合，缩短谈判的时间，就可以有效地节约谈判资源，提高谈判的经济性。

（4）按谈判各方的相互关系的好坏与对立程度，可将谈判分为对抗性谈判（争议性谈判）与非对抗性谈判（非争议性谈判）。对抗性谈判与非对抗性谈判的差异不在于它们的谈判议题、内容和目标有什么不同，而是根据在特定谈判议题、内容和目标情况下各方的相互关系以及由这种关系决定的谈判立场来判断的。[①]

对抗性谈判（竞争性谈判）通常倾向于以市场上的讨价还价为模型进行谈判。在对抗性谈判中，谈判双方通常采取极端的强硬立场，在知道己方的诉求不会得到允诺的情况下运用狡诈、欺骗与虚张声势相结合的手段，以求将损失降低到最小。

合作性谈判（“双赢”谈判）试图通过提供与传统对抗性谈判不一样的谈判策略与技巧来发展现有的谈判结果。竞争性谈判假定双方所获得利益的总量是一定的，由谈判双方各凭本事来分配。而合作性谈判经常试图在谈判过程中创造价值。它关注两方的利益，将谈判视作解决双方共同的问题而不是一场单方作战的战役。

合作性谈判的双方一般有着高度的信任和成熟的关系。谈判过程包含了解决问题的新思路，能让双方受益（见表1－1、表1－2）。

表1－1　　对抗性谈判与合作性谈判比较

	对抗性谈判	合作性谈判
预期的目标	短期，双方目标不协调都在争取眼下的实利，无视长期关系的发展	长期，同时强调眼下实利和长期合作关系
对对方的观感	不信任，怀疑，相互提防	开诚布公，倾向于相信对方
谈判的导向	强调己方的要求和谈判的实力地位	设法满足对方的要求，认为这样对达到自己的目标更有利，努力增进至少不损害双方的关系
让步妥协的做法	让步越小越好	愿意妥协让步，旨在促进关系
谈判时间	时间用作谈判手段，用以压迫对方让步	时间看作是解决问题的手段，尽量和对方沟通，让对方有考虑余地

① Against Gridlock：The Viability of Interest－Based Legislative Negotiation，Gregory Brazeal，Harvard Law & Policy Review（Online），vol. 3，p. 1（2009）.

表 1－2　　　　对抗性谈判与合作性谈判中的谈判者比较

对抗性谈判中的谈判者	合作性谈判中的谈判者
（1）视谈判对手为敌人 （2）追求的目标：获得谈判的胜利 （3）不信任谈判对手 （4）对谈判对手及谈判主体均采取强硬态度 （5）借底牌以误导谈判对手 （6）对谈判对手施加压力 （7）坚持立场 （8）以自身受益作为达成协议的条件	（1）视谈判对手为问题解决者 （2）追求的目标：在顾及效率及人际关系下达成需要的满足 （3）对对手提供的资料采取审慎的态度 （4）对对手温和，但对谈判主题采取强硬态度 （5）不掀底牌 （6）讲理，但不屈服于压力 （7）眼光摆在利益上，而非立场上 （8）探寻共同利益

（5）按谈判内容与谈判目标的关系，可以将谈判分为实质性谈判与非实质性谈判。实质性谈判是指谈判内容与参与谈判的各方的谈判目标直接相关的谈判。非实质性谈判是指为实质性谈判的顺利进行而事前就议程、议题、地点、时间、范围、级别、形式、人数等的安排进行磋商，事中进行各方具体事务的协调与联络，事后对各方在实质性谈判中形成的决议、协议、观点、立场进行技术处理等的事务性谈判。谈判越是复杂、大型、国际化，实质性谈判与非实质性谈判的关系就越是紧密。因此不能错误地认为非实质性谈判只是从属性的、服务性的、无关紧要的谈判。在某些情况下，事务性的、技术性的处理往往对实质性谈判有极大的影响作用。

（6）按参与谈判各方代表的身份与对谈判议题和内容的准备和关切情况，可将谈判分为正式谈判与非正式谈判。通常正式谈判中各方代表的身份象征着官方或某一利益集团，对谈判议题和内容有较充分的准备，对所涉及的内容持积极关切态度。正式谈判的特点是对级别和形式较为重视，谈判班子中的各成员都是专门负责某一方面工作并具有丰富经验的谈判老手，“官多兵少”，各方通常派出最优秀的人才进行谈判，以在谋取有利的谈判结果的同时，显示管理、教养、文化素质及专业方面的实力。正式谈判的另一特点是效率高、节奏快。正式谈判成员的高素质以及他们所代表的组织的高级别，决定了其在谈判中的快节奏。参与正式谈判的工作人员习惯上都很注意将谈判过程中双方的意见随时记录成文字，或立即形成会谈纪要并译成相应语言，而决不是会后补写或凭回忆整理。往往主谈者口头介绍、解释某种方案或开出某种交易条件之后，助手们马上将此形成译文或用本国文字记录下来以供研究。对文件的翻译及用词的选择、理解都很重要。随谈随写随改随认可，为高效率的谈判创造条件。非正式谈判通常是接触性、试探性的，它不一定要求对谈判议题和内容有充分的准备，一般地起通报情况、解释立场、沟通关系的作用。非正式谈判的形式也可以是多样化的。它往往是为正式谈判探索前景，扫除障碍，或者当形势与条件不适合举行正式谈判时采用。如友好团体、政府特使、知名人士、第三方渠道、有关国际机构等都可以作为非正式谈判的代表。

（7）按谈判各方的交往方式，可分为直接谈判与间接谈判。直接谈判是各方当事人直接进行的谈判（如信函、电报、电传、电话及面谈等）。间接谈判是各方当事人或某方当事人不直接出面，而通过委托人或谈判代理人（如法律诉讼、聘请顾问、代理商、经纪人、监护人等）进行的谈判。

（8）按有无第三方作为中间人介入，可将谈判分为“受调停谈判”与“无调停谈判”。一般地说，谈判都要受到可能存在的外部介入者的影响。这个介入者必须首先得到谈判各方某种程度的认可方能起到中间人的调停作用。当存在着两方争议人时，习惯上称介人方为“第三方”。当存在着 n 方争议人时，习惯上称介入方为“（n+1）方”。受调停谈判通常都是对抗性谈判；无调停谈判则既可能属对抗性谈判，也可能属非对抗性谈判。受调停谈判中介入的第三方或（n+1）方与间接谈判中的受委托人或谈判代理人的区别在于：介入的第三方或（n+1）方在争议各方中是持中立立场的，而受委托人或谈判代理人却是代表某方利益，不持中立立场的。

（9）按谈判各方对谈判的意识，可将谈判分为有形谈判与无形谈判。有形谈判是指谈判各方对于谈判议题、内容、各自的目标都有比较清晰的认识并且对与之相应的谈判原则、策略、方法等也有比较充分的准备的谈判。而无形谈判则是指某一方或某几方对于谈判的议题、内容、目标缺乏清晰的认识且对谈判的原则、策略、方法没有充分准备的谈判。有形谈判一般比较容易辨识，无形谈判则往往以会议、思想政治工作、劝说、舆论、宣传、广告、电视、报纸、杂志、广播、服务、流言、谣言、群体影响、风俗习惯等方式来实现的，一般不易辨识和察觉。

（10）按谈判各方的诚意，可将谈判分为真实谈判（中心谈判）与非真实谈判（陪衬谈判）。当谈判的具体目的与谈判者的真实目的相一致时，则是真实谈判；反之，就是非真实谈判。一般地说，真实谈判与非真实谈判是谈判者为了一定的战略或战术目的而同时采用的形式。谈判者在处于暗处时，对于处于明处的若干个谈判对手，通过某些非真实谈判的陪衬作用，向真实谈判中的对手施加压力和影响，从而获得对自己有利的结果。

（11）按照谈判地点对谈判环境和对谈判者心理的影响，可以将谈判分为客座谈判、主座谈判及第三地谈判。客座谈判是指在谈判对手所在地进行的谈判。客座谈判由于受到环境的影响容易在时间控制、权限运用、通讯汇报、让步方式等方面产生困难。主座谈判则是指在谈判者自己所在地进行的谈判。主座谈判由于在自己熟悉的环境里进行，从谈判的时间安排、各种谈判资料的准备、新问题的请示及与外部环境的配合上均比较方便，因此主座谈判人员在自信心、应变能力和应变的手段上均占有一定优势。如果主方善于利用自己“主人”的地位，摆出东道主在非实质性谈判中惯用的主导地位，无疑对实质性谈判会带来有利影响。由于运用“礼貌”的办法制造气氛，会促使客座谈判者考虑主座谈判者的各种要求，还能有效地增强这种技巧所产生的效力，它无疑会成为主座谈判者的一张有力的牌。由于客观条件的限制和双方关系的原因，谈判者往往可能选择在第三地谈判。第三地谈判由于可能引进第三方的参与，促使谈判各方的关系会发生一系列的变化，在谈判姿态上和最后作出决定的问题上，容易留下充分的余地。

除了按上述标志对谈判进行分类外，还可以根据时间上的特征将谈判分为约定性谈判与偶遇性（机遇性）谈判；根据参与谈判的集团或个人在数量上的特征将谈判分为双边谈判与多边谈判；根据谈判的公开性程度，分为秘密谈判与公开谈判，等等。①

第三节　谈判的艺术性

一、谈判与辩论的区别

谈判有广义与狭义之分，广义的谈判是指除正式场合下的谈判外，一切协商、交涉、商量、磋商等等，都可以看做谈判；狭义的谈判仅仅是指正式场合

① 张强．谈判学（第二版）[M]．武汉：华中科技大学出版社，2003：12－18．

下的谈判。谈判是有关方面就共同关心的问题互相磋商，交换意见，寻求解决的途径和达成协议的过程。常见的形式是集体协商（谈判）会议。

辩论是指把对人进行考查后所作的鉴定加以认真分析。彼此用一定理由来说明自己对事物或问题的见解，揭露对方的矛盾，以便取得最后的认识或共同的意见。常见形式为辩论赛。

二者的区别主要表现在以下几个方面：

1. 范围不同

谈判是有关方面就共同关心的多个问题互相磋商，交换意见，寻求解决的途径和达成协议的过程，辩论是指就某个问题或观点进行争论，双方交流的焦点不至于达成某个目的而是强调双方的见解使双方对某一问题或观点的统一认识。

2. 人的角色的不同

辩论完全不考虑对手想法关注收益、输赢，只要能赢就行不会强调辩论取得的结果。而谈判要考虑对手不是理性人，要适当满足对手的要求，手段相较辩论平和，谈判讲究的是筹码，谈判的筹码越多那么谈判的结果就越如意。

3. 性质不同

谈判的性质划分，可以分为一般性谈判、专门性谈判和外交性谈判。一般性谈判是随意的、非正式的，双方无须作过多的准备，日常生活中几乎到处存在，比如公共场合、家庭场合等。专门性谈判是指各个专门领域中的谈判，包括教育领域中合作办学的谈判、金融领域中的信贷谈判、科技领域中的技术转让谈判、生产领域中的产品开发谈判、商业领域中的贸易谈判等等，劳动谈判就是一种专门性谈判。

谈判寻求的是在双方利益的重叠区达到意见的同意使双方都能获利。

辩论是双方就某一件事或观点发表自己的见解并争夺说服第三方的过程辩论的双方一开始便处于对立的两个方面不存在利益重叠的地方以至于辩论的根本在于用自己的观点去影响别人并说服别人。

4. 程序不同

谈判的程序主要有以下几个阶段：

谈判的准备阶段，要开始了解谈判的对象收集情报，拟定此次谈判的方案，组织谈判人员与谈判方建立友好的谈判关系。

谈判开局阶段主要是实质性谈判开始的前提和准备，主要目的是建立良好的谈判关系留下良好的谈判印象。

在谈判进行中主要包括：摸底谈判、磋商谈判和成交谈判。

最后便签定符合双方权益的协议或合同，全程进行得比较平和。

辩论的过程一般有开始、展开、终结这三个阶段，缺少其中任何一个阶段都不是一场完整的辩论。而且，一场完整的辩论一般应由论题、立论、驳论、结辩四个部分组成。

辩论开始前双方必须收集有关与辩论题目的相关信息充分了解对方辩友的辩论方向以及应对措施，辩论进行时就自己的观点进行陈述其次是选择对方的两名辩手进行攻辩然后双方进行自由辩论最后便是双方总结陈词。全程比较争锋相对，思想碰撞较为激烈。

5. 态度上的不同

谈判追求的是利益的交换和妥协，双方根据自己掌握的筹码可以随时终止谈判，在实际的谈判中双方经过协商达到统一实际上就是交换筹码的过程，有时候为了达到某一共同认识双方能够还有可能做出让步，是一种比较柔和的协商模式。辩论追求的是观念上的说服，辩论双方希望自己的观点能够说服听众，并不存在利益成分。并且从这个意义上看，谈判的过程是双方博弈的过程而辩论的过程是观点碰撞的过程。

6. 最终的发展方向不同

谈判双方经过谈判后可能会形成对某一问题的统一看法并签定最后的协议，谈判的目的达到并终结或者说谈判目的没有达成但是双方还是会希望谈判关系不会破裂。

而辩论在没有说服对手时是没有终结的，所以一般的辩论大赛讲究的是辩论对除对方辩手以外第三方的说服，对某一问题的看法对导致辩论的开始并且双方不可能达成一致的意见，辩论便不会终结。

在技巧的使用上。谈判是基于双方掌握的筹码为基础进行的，双方在进行谈判时试探对方此次谈判的筹码并希望以此进行磋商并预设了自己的底线，为自己准备了谈判的让步措施，谈判的技巧讲究的是搜集对方情报，洽谈中试探对方的谈判意图、内容及实力，把握自己的谈判方针和让步底线，最终使谈判能达成双方满意的地步。

辩论讲究的是如何在对自己有利的情况下成功压倒对方。常见的辩论技巧有攻击辩手（从表面、理论、价值等问题上准备问题并对辩手提问）、攻击组织（在结束陈述结束后就对方组织的结论进行反驳，打击其组织的团结性）防守技巧（自由辩论阶段有人主攻有人防守才能抵挡对方辩手的攻击）反客为主的技巧，（在辩论赛中变被动为主动。在赛场上，被动是常见的劣势也往往是败北的先兆。几种反客为主的技巧包括：借力打力、移花接木等）。攻击的技巧还分：主动引申、逼入死角、多方追问、以矛攻盾等，攻击的风格主要有情绪型、理智型、稳健型，不同的性格可能会选择不同的攻击风格，但是从实际的辩论中看稳健型的辩手更受欢迎（见表1－3）。

表1－3　　谈判与辩论的区别

	谈　判	辩　论
含义	以某种利益的满足为目标，是建立在人们需要的基础上的，寻求建立或改善人们的社会关系的行为，也是人们通过讨论对某事取得某种程度的一致或妥协的行为或过程	对立观点的辩驳。根据相关的各种资讯来阐述客观的观点，所谓的真理都是经历讨论而慢慢的被认同下来的，辩证两个方面都是存在的，只是通过辩论这种模式来进行深入一步的剖析
特点	（1）谈判是“给”与“取”兼而有之的一种互动过程 （2）谈判同时含有“合作”与“冲突”两种成分 （3）谈判是为达到“互惠”的目的 （4）谈判是“公平”的尽管谈判的结果不是绝对均等的	（1）辩论人员的双边性：辩论是双边活动，最少两人参加，单一方面只能是议论而已 （2）辩论观点的对立性：双方观点是对立的，或是或非，这样才有辩论的可能 （3）论证的严密性：只有合乎思维逻辑的辩论，才可能获胜 （4）追求真理的目的性：辩论目的是追求真理，取得共识，辩论双方没有对错之分
基本要素	（1）双方都关心对方的目标 （2）双方都对事不对人 （3）双方都觉得对方会守信用 （4）双方都觉得自己赢了	（1）辩论中存在着持不同意见的双方或多方 （2）辩论必须针对同类事物或同一问题，即存在着同一论题 （3）辩论的诸方有或多或少的共同认识或共同承认的前提

续表

	谈　判	辩　论
技巧	谈判的技巧在于试探及掌握对方的底线，发现什么是他可以接受的，什么是他不能接受的，然后尽可能地逼近对方的底线而又不至于使其放弃谈判	对方的底线已知，就是给定的“观点”。利用各种手段打击对方或引诱其露出破绽，一旦发现对方弱点，抓住不放，务求把他逼过底线
最终目的及本质	需要对方认同你的观点，否则谈判破裂 谈判其实是一个让步的过程，坚守底线的让步。双方通过互相让步，达到一个双方都能接受的位置，不将对方逼过底线	无须对方认同你的观点，只要观众和评委认可即可 将对方逼过自己的底线

谈判的特点：

（1）谈判是“给”与“取”兼而有之的一种互动过程双方之所以要谈判，根本原因是双方都有从对方那里获取一种或几种需要的愿望，谈判的双方也都要有所给予，使对方的需要得到直接或间接的满足。这就是谈判的“给”与“取”的一种互动。但是，单方面的“给”或单方面的“取”，不论是自愿的还是被动的，都不能算作谈判，只能说是援助、受援、赠送、笑纳、授予、接受等。

（2）谈判同时含有“合作”与“冲突”两种成分任何一方都想通过谈判达成一个满足自己利益的协议。为了达成协议，参与谈判的各方均必须具备某一程度的合作性，缺乏合作性，双方就坐不到一块来。但是，为了使自身需要能获得最大的满足，参与谈判的各方又必然会处于利害冲突的对抗状态中，否则，谈判就没有必要，尽管在不同的谈判场合下，合作程度与冲突程度各不相同，但可以肯定的是，任何一种谈判均含有一定程度的合作与冲突。

（3）谈判是为达到“互惠”的目的，但并非绝对均等正常情况下，互利互惠、皆大欢喜是谈判的一般结局。那种企图造成所谓一方全赢或全输的谈判，势必导致谈判的失败以至今后交往的中断。大量实践表明，这不是谈判发展的趋势。谈判的结果应是互惠的，但是这种互惠又不是绝对均等的，有可能一方获利多一些，另一方获利少一些。造成这种谈判结果的主要原因在于：双方的需求有差异，对利益的认识、分析、评价标准也不一致。同时，谈判双方所拥有的实力、地位与谈判的技能也各不相同，因而不可能达到谈判利益的绝对均等。

（4）谈判是“公平”的尽管谈判的结果不是绝对均等的。而且不论这个结果是多么地不均等，但是，谈判作为一种竞技活动，在智力的较量，策略、技巧的运用上，双方是各具自由度的。同时，谈判的双方对谈判结果均具有否决权，因此，可以说谈判是“公平”的。

辩论的基本要素：

（1）辩论中存在着持不同意见的双方或多方。有不同意见的双方或多方存在才能实现思想交锋。一个人不可能自已同自己辩论，一个人头脑中几种方案或做法的权衡和比较，那是思考或思辨而不是辩论。

（2）辩论必须针对同类事物或同一问题，即存在着同一论题。如果各方谈论的论题不同，就不能实现有意义的辩论。例如，一个人说“法律是有阶级性的”，一个人说“市场经济就是法制经济”，由于两人所认识的对象不同，因此两个观点不能构成辩论。只有当一个人说“法律是有阶级性的”，另一个人说“法律是没有阶级性的”这样两个判断才构成辩论。因为这两个判断所认识的对象相同，又是相互对立的思想，而这两个判断至多只能有一个为真，不可能都真。这样就有了谁是谁非的问题，就必然要引起辩论。

（3）辩论的诸方有或多或少的共同认识或共同承认的前提，如思维的同一律、不矛盾律、排中律和充足理由律以及正确推理的方法等，以及如社会公理、科学规律等是非真伪标准和价值取向。没有这些共同承认的东西，辩论只会是一场混战，不可能得出结论。总之，辩论诸方有共同的话题，而又有不同意见。从哲学观点看，辩论的诸方是一种对立统一的关系。

二、谈判是一门艺术

谈判是一种复杂的，需要运用多种技能与方法的专项活动，有人称谈判为艺术一点也不为过，

（1）谈判的艺术性，表现在要求谈判人员具有较高的素质，包括掌握各种知识，有较高的修养，善于与人相处，能灵活的处理各种问题。从来没有两项谈判活动，是以同一种方式进行，人们也不可能事先准确预测到谈判的结果，谈判的成功与否在很大程度上取决于谈判双方人员的能力和水平的发挥，取决

于谈判人员的策略技巧的应用。谈判也有别于某一种劳动技能的训练，劳动技能操作的次数越多，动作越固定，越熟练劳动技巧就越高。谈判的核心应当注意灵活性，变通性，创造性。

（2）裁判也是沟通的艺术，谈判双方的信任与合作是建立在良好的沟通基础上的，沟通的内容十分广泛，既包括交流双方的情况，反馈市场信息，维护对方面子，运用幽默语言，活跃谈判气氛，倾听对方的讲话，控制自己的情绪，建立双方的友谊与信任等。在跨国公司与外资公司中，还要注意不同企业文化，不同民族国家文化，习俗，语言和行为方式的理解与尊重。谈判地点，时间和实际的选择，谈判场所的布置安排，都有一定的策略性，善于谋划和利用这一点，会收到事半功倍的效果。

（3）谈判的艺术性表现在人们的语言应用上。谈判是一种交际活动，语言则是交际的工具，怎样清晰准确的表达自己的立场观点，了解对方的需要，利益巧妙的说服对方以，都需要良好的语言表达技巧。

既是科学又是艺术，它广泛的应用与借鉴了当今世界最新的学科理论与研究成果，总结了适合于谈判活动的原则与方法，从而形成了较为完整的学科体系，他的艺术性的充分表现在谈判策略谈判者的语言以及各方法的综合应用与发挥的技巧上。

第四节　谈判学的历史与发展

一、谈判的起源

在原始社会中期以前，人类的谈判只是一种自发的、简单的、原始的协调活动，但是其已经具备谈判的基本属性，这就是谈判发展的雏形，也是谈判活动的萌芽。在原始社会的后期，人们解决冲突，缓解纷争主要是通过非武力的手段来进行的。不管当时的人们有没有意识到，实际上他们已经在运用谈判的思想和技巧来解决冲突。

从古书中发现的最早的有关谈判的记载在大概是炎黄部落在涿鹿战胜东夷

族蚩尤后，蚩尤部“乃说于黄帝”，即蚩尤向黄帝部落求和。而到了我国的古代，“傅别”“质剂”“书契”“券”“约”“契符”“总账”“具结”等词语都是与谈判合同相近意思的表达。而“合同”和“契约”是体现谈判结果的文书。由此可见，在约3000年以前，谈判就已经发展到了一个比较成熟、完善的水平。

在一些古代的文字资料和书面记载中都能够说明在奴隶社会中后期，谈判已经成为了比较常见的交际活动。而且那时谈判的方式、程序都已经比较完备，随着人类社会的发展，谈判学逐步发展，谈判的思想也在不断的进步和完善，越来越广泛的应用于各个领域。

二、研究的学派与分支

谈判是管理者的重要活动，而学者们对谈判学研究的起源有不同的认识。

学者们对谈判学的研究有各自不同的划分。Brams J. S 认为谈判学研究分为经济学、政治科学、社会心理学及管理科学四大流派；L. Lim 和 I. Benbasat 认为谈判学应划分为对策论、经济学、政治学以及社会学四个分支；H. Raiffa 则把谈判学研究主要划分为对策论与行为科学两大学派；C. Dupont 将谈判学的研究总结为四个学派：心理学/社会心理学/社会学理论、经济理论和对策论、谈判过程的理论和实用性研究。①

1. 主要的研究学派

对策论又称博弈论，是研究决策主体的行为发生直接的相互作用时的决策以及这种决策的均衡问题，对策论划分为合作对策和非合作对策。20 世纪 50 年代时合作对策发展到鼎盛时期，J. Nash 和 L. S. Shaplay 提出讨价还价模型，G. Shapley 提出合作对策的概念等。同时非合作对策也开始出现，Nash 发表两篇非合作对策的论文，Tucker 1950 年提出“囚犯困境（Prisoners' Dilemma）”问题，基本奠定现代非合作对策论的基石。接下来 60 年代时，Selten 改善了 Nash 均衡概念，引入动态分析；Harsanyi 则把不完全信息的概念引入对策论研究中。Kreps 和 Wilson 在 1982 年发表关于动态不完全信息的文章。对策论的许多概念和理论都被引入谈判学研究，取得了很大的发展。

---

① 蒋春堂. 谈判学［M］. 武汉：武汉大学出版社，2004.

谈判学的决策分析学派也是在对策论研究的基础上发展起来的。Raiffa 在 1957—1963 年的 6 年主要研究对策论与数理统计等这类问题。然而，在实地收集和分析大量的谈判案例后，他认识到谈判中的每一个案例都包括着相互影响、相互竞争的决策问题，许多情况下谈判者并不能预测出当他与对手的策略相互作用后将会有什么样的结果，在盈利的评估及对方策略的概率分布方面也难以知晓。对策论对于这样的一种困境时无能为力的。此后 10 年，Raiffa 开始重点研究另一类更简单的问题：在不相互作用和无竞争情况下对不确定事件的决策，即“决策分析”领域。1968 年后，其研究开始走向对策论与决策分析的结合上，这与实现中的谈判更逼近了：即在不假设冲突的其他方是极端理智的情况下，这样应用分析方法去帮助处在竞争冲突中的某一方。

社会学模型与社会心理学模型是谈判学模型的另一重要分支。G. C. Homans 研究认为，谈判的社会学模型基础在于人们都在争取和维持一种公平条件。O. J. Bartos 认为 Nash 求解原则与 Homans 的公平概念是一致的，因此谈判者起先要价与再次还价的中间点就是他们应努力争取的结局，并以此建立起了社会学模型理论。社会心理学方面的研究包括沟通理论，如沟通媒介、沟通网络、沟通战略、沟通过程、关系沟通、认知观念以及谈判者的相互影响等方面的内容。

2. 其他研究分支

谈判的经济学模型主要研究员工与老板间的劳资谈判、商品价格谈判、贸易谈判、不动产谈判等。F. Zeuthen 认为每个交易者都是依据期望效用为基础，在每次谈判的每个环节上都根据其交易战略而评价所得与所失。在此前提下，他提出了两阶段交易过程模型，通过该模型求解出确定的结果。谈判的有效行为研究始于 20 世纪 60 年代初期，主要以 Nierenberg 的需要理论、哈佛的原则谈判法、B. Scott 的三原则理论为代表。①

三、谈判的未来发展方向

谈判学的未来研究可能出现以下特点：

（1）研究分支出现交融化和综合化的倾向。社会学/社会心理学、决策分

① 张强．谈判学［M］．武汉：华中科技大学出版社，2005.

析、经济学等研究引入对策论思想并进一步深化。

（2）谈判收益的多元化研究趋势。Steven 认为评价一个好的谈判学模型的关键在于其实用性，在于其对现实的解释程度。而谈判除目前着重考虑的经济收益外，还有方方面面的因素。

（3）谈判过程中计算机系统的支持。经济生活中谈判的日益频繁与迫切，加之人类本身受到的理性及技能方面的限制使得计算机引入谈判过程成为一种必要。

开展模拟实验与案例情景教学，丰富谈判者的经验，同时发展谈判学的理论。例如美国的“国际谈判技巧模拟计划”的国家研究项目。①

第五节　中国的劳动谈判现状与未来

谈判工资制是一种灵活反映企业经营状况和劳务市场供求状况并对员工工资收入实行保密的一种工资制度。

职工的工资额由企业根据操作的技术复杂熟练程度与员工当面谈判协商确定，其工资额的高低取决于劳务市场的供求状况和企业的经营状况。

一、薪酬谈判与集体谈判的发展

个体劳动者谈判主要是针对薪酬谈判，随着时代的发展，异质性劳动者逐渐拥有工资之外的加班时间等方面的谈判内容。

集体谈判肇始于西方国家，是工会组织代表工会与雇主组织开展的涉及工资、基本劳动条件、保险福利待遇等方面的谈判活动。

集体谈判改变了因劳动者一方单个人力量不足，无法与用人单位进行平等协商，改善劳动待遇和工作条件的弊端，实现了通过组织的团体力量与雇主的经济优势平等互动的局面，是现代社会劳动组织领域最重要的制度创新和发明。

---

① 岳艳．谈判学：历史、现状与未来［J］．电子科技大学学报社科版，2003.

自从集体谈判开展以来，西方国家已经建立相对规范、完善的集体谈判体系，有效地维护了劳动者的合法权益，受到了劳动者和工会组织的欢迎，而且被国际劳工组织以劳动公约和议定书的方式确定下来，成为世界范围内的指导性文件。

随着改革开放的不断深入和工会组织职能转变，集体谈判作为维权的抓手受到了各级工会组织的重视。

虽然我国通常以集体协商这一名词来代替集体谈判，但随着集体协商活动中利益制衡的色彩越来越多，我国已从原来从遮掩状态逐步向坦然讨论集体谈判的开放状态。

工会组织一方面通过参与立法活动，将集体协商提升为法律制度，在《劳动法》和《劳动合同法》中给予明确规定；另一方面结合本地区实际，积极探讨通过地方立法和指导性文件的形式，细化完善集体协商制度。

不过，在肯定进步的同时，也应该看到当前我国的集体谈判制度仍然不完善。不仅国家层面的法律法规制度规定可操作性差，而且在地方层面，集体谈判也处于无约束状态，集体谈判法规制定与否，集体谈判开展与否以及如何开展，基本是各行其是，体现为零散化、碎片化。

零散化体现为集体谈判没有成为全国性、地区性的统一规则，没有成为各行业、各领域的制度性安排。既有的集体协商规定也是有的地方有，有的地方无；有的领域有，有的领域无；有的行业有，有的行业无。

碎片化体现为：

首先地域性特点明显，行业集中度不足。往往是哪个地区、哪个领域劳动违法行为和侵权行为发生比较集中，开展集体谈判的动力和层面就广，反之则差。

其次集体谈判范围窄，多数集中在工资领域，而对于劳动条件、福利待遇、健康保护等领域则鲜见有具体的案例。这些都极大地限制了集体谈判制度的发展和推广，没有充分发挥出集体谈判的积极作用来。

集体谈判常态化，就是要改变目前集体谈判的碎片化状况，有组织、有计划地开展集体谈判。在集体谈判中不要重现其他方面一直存在的“头痛医头、脚痛医脚”的弊病，将集体谈判引入良性发展的轨道。不仅集体谈判的范围要扩大，成为常态化；而且集体谈判的期限要规则化、常态化。

最后，开展集体谈判应成为各级工会组织和企业的主动行动，要按时开展集体谈判。

市场经济条件下，劳动关系矛盾处理最基本的途径就是集体协商、集体谈判。

把中国的集体谈判与欧美的集体谈判进行对比，找出在参与主体、交涉内容、代表职责以及集体合同的执行等方面存在差异，走出中国特色的集体谈判制度。

二、理论与实践的探索

在实践探索中，全国高校模拟集体谈判大赛从谈判方法与谈判技巧上做了把理论推向实践的运作。全国高校模拟集体谈判大赛创办于 2012 年。大赛主要以理论联系实际及多学科交叉融合的教学理念，推动以人为本、合作共赢为主旨的集体谈判模式，提升我国劳动关系专业人才的核心素质与能力，搭建校际人才培养机制与模式交流的平台。

至 2019 年，由中国人力资源开发研究会劳动关系分会联合各高校主办的全国高校模拟集体谈判大赛已历经 8 届，来自全国高校的劳资代表队增加到 30 多所。模拟集体谈判比赛也出现了区域联合的特点，北京地区、华中地区、西北地区等也在进行区域性的高校模拟集体谈判比赛，从理论与实践中探索集体谈判活动，为我国集体谈判制度的发展寻找科学途径。

其中，“第四届全国高校模拟集体谈判大赛（浙江）”由中国人力资源开发研究会劳动关系分会（隶属国家发改委）与浙江省地方工会共同举办。这次大赛得到了多家媒体的关注，中央媒体新华社（新华网）、人民日报（人民网）、光明日报、中央人民广播电台（央广网）、经济日报、法制日报、工人日报（中工网）、中国青年报（中国青年网）、中青在线、中国劳动保障报、改革内参以及地方媒体浙江之声、浙江工人日报、浙江工运、台州日报、台州电视台、台州晚报、台州商报、玉环电视台、玉环新闻网等众多媒体等对大赛进行了报道，新浪新闻、中国学位与研究生教育网、中国教育新闻网、新华报业网、解放网、中国台湾网、凤凰资讯等多家媒体进行了转载。

全国高校模拟集体谈判大赛由最初的高校范围内的比赛逐步发展到吸纳企业的代表队参与，只有理论基础的学生比赛是对专业知识的实践与探索，具有工作经验的企业职工的比赛为学生提供了更多的指导与思考，企业职工的参与比赛与高校学生的比赛整合，高校与社会和地方工会合作，教学理论与实践结合的形式，为推进我国集体谈判制度的建设作出了积极的探索。高校劳动关系领域教学方式方法的创新探索，也是地方工会借助高校雄厚的理论和人才力量推进工资集体协商谈判的有益尝试。理论与实践结合的方式，可以促进学生的专业性与工会干部的实际经验之间的弥补、交流、学习和促进。

2019 年 6 月，广西柳州市总工会组织各县、区总工会工资集体协商指导员在柳北区地王国际财富中心召开区域性工资集体协商示范观摩会，推广柳北区总工会聘请律师、司法人员、劳动监察人员兼职担任指导员介入工资集体协商，破解楼宇小微企业职工不敢谈、老板不愿谈难题的做法与经验。

2019 年 8 月沈阳市举办全市规模的集体协商竞赛，是加强集体协商人才队伍建设，推进依法维护职工权益、构建和谐劳动关系，深化集体协商工作提质增效的具体举措。

2019 年 8 月由南京市总工会、市协调劳动关系三方委员会办公室组织举办南京市首届集体协商竞赛。此次竞赛旨在以赛带训，培养一批敢于协商、善于协商的优秀协商人员，来自南京市各区、产业共 12 支队伍参加。通过比赛来带动建立和完善集体协商工作的长效机制的目的。

2019 年 10 月山东省青岛市总工会举办了首届集体协商竞赛，历时 3 个多月，共有 16 支工会队伍参与竞赛，此次竞赛旨在以赛促训，加强工会集体协商人才队伍建设，推进集体协商提质增效。竞赛以给定案例为背景，分企业和职工方协商代表，围绕协商议题进行现场模拟集体协商，考察参赛者对法律法规的掌握、协商策略技巧的运用及处理劳动关系矛盾的能力水平。

2019 年 8 月，湖北省武汉市、区、系统工会分层举行集体协商专题培训，邀请有关专家讲授集体协商理论和实务、模拟演练和情景教学，在此基础上层层选拔。特别选拔出一批具有丰富工作经验和广泛代表性的集体协商指导员和工会干部组成市级集体协商参赛队伍。这些队伍具有广泛的代表性，既有区级工会和街道工会集体协商指导员，也有央企和地方国有企业、合资企业和民营企业工会干部。来自全市的 18 支代表队 90 余人进行了激烈比赛，比赛中，参赛队围绕工资增长、福利待遇、劳动保护、技能培训、健康体检、女工保护、搬迁安置、企业文化建设等与职工权益紧密相关的议题开展协商谈判，经过培训的集体协商指导员和工会干部能够娴熟地运用相关法律知识，结合他们自身的工作经历和生活经历，就提供的案例进行了深入的分析，根据自己在协商竞赛中的角色定位进行精彩演绎。

2019 年 11 月由中华全国总工会主办，浙江省总工会、宁波市总工会承办的首届城市工会集体协商竞赛决赛在宁波圆满落幕。来自全国的 19 支城市代表队和 1 支高校代表队 100 余人进行了激烈比赛。

此次集体协商的培训和竞赛将对今后基层开展集体协商工作起到非常重要的指导作用，从案例分析和模拟讨论中学习到信息收集和协商谈判技巧，让参赛者能够学会坐下来谈判，以理服人，让企业和职工获得双赢。”

比赛主要对参赛队员的分工与整体配合是否和谐、思路是否清晰、表达是否准确等方面进行考核，通过模拟协商、知识竞赛的方式来锻炼和培养人才，以提高工会干部的协商能力水平。

本届竞赛为新形势下创新推动集体协商工作提供了有益借鉴，更好地激发了各级工会干部、专职集体协商指导员推进集体协商工作积极性，“以赛促学”“以赛代训”，进一步加强集体协商人才队伍建设，促进集体协商工作提质增效。

2019 年 11 月，浙江安吉县总工会在昌硕街道开展首次物流行业工资集体协商试点。

2019 年 11 月江苏省淮安市总进行专题调研，在推出医疗互助、爱心驿站等一系列关爱举措的同时，指导淮安市快递行业工会与快递协会开展集体协商，通过充分讨论、反复沟通，最终达成一致，形成一份行业综合性集体合同文本。

在全总和各级工会的努力推动下，目前集体协商动态建制率保持在 80% 以上，百人以上企业动态建制率保持在 90% 以上。与此同时，全国逐步建立起由 4 万余人组成的专兼职集体协商指导员队伍。

第二章　谈判禀赋：如何培养有效的个人谈判力

第一节　基本素质：我们都是谈判者

一、谈判概述

谈判有广义与狭义之分。广义的谈判是指除正式场合下的谈判外，一切协商、交涉、商量、磋商等等，都可以看作谈判。狭义的谈判仅仅是指正式场合下的谈判。但总的来说，谈判是有关方面就共同关心的问题互相磋商，交换意见，寻求解决的途径和达成协议的过程。

谈判的6个基本特点：

①谈判总是以某种利益的满足为目标，是建立在人们需要的基础上的，这是人们进行谈判的动机，也是谈判产生的原因；

②谈判是两方以上的交际活动，只有一方则无法进行谈判活动；

③谈判是寻求建立或改善人们的社会关系的行为；

④谈判是一种协调行为的过程；

⑤任何一种谈判都选择在参与者认为合适的时间和地点举行；

⑥谈判是指双方或多方互换商品和服务，并试图对他们的交换比率达成协议的过程。

从谈判的过程上来说，主要可以分为开局阶段、实质性阶段和签约阶段两大阶段，开局阶段是指谈判双方见面后到进入具体实质性谈判之前的那段时间和经过，主要包括建立谈判气氛、交换意见和陈述方案3个内容。

谈判的实质性阶段是指谈判双方依据所提的交易条件进行广泛磋商的阶段。

这个阶段是谈判双方开始真正地根据对方在谈判中的所作所为来不断调整各自策略的过程，也是一个信息逐渐公开，筹码不断变化，障碍不断清除，努力走向成交彼岸的过程。

当谈判到了快要成交的阶段时，进入到最后的签约阶段中，将所有谈判的结果形成文字，包括技术附件和合同文本。并约定好签约的时间和方式等具体操作性问题。

二、谈判者应具备的基本素质

1. 优秀的品德素质

素质是个人身心条件的综合表现，是个人生理结构、心理结构及其机能特点的总和。在人的整体素质中，德是人的灵魂，有德无才可能会误事，但有才无德则会坏事。谈判双方都想谋求自己利益的最大化，但若采取不正当手段便可能会让谈判变成一场零和博弈，无法实现共赢目标，甚至最终损害己方的利益和形象。因此，谈判者具备良好的思想修养和道德情操，是谈判成功的首要条件。一个合格的谈判者应树立正确的人生观、价值观，除公民应有的遵纪守法、诚实正直、谦逊礼貌等社会公德外，还必须用职业道德约束自己。要遵守基本的商业道德规范，正确处理好国家、集体和个人之间的关系，处理好企业与个人的利益关系，不能为了个人私利而放弃原则。在谈判过程中，要以诚信为本，坚持互利互惠原则，忠于职守，不为诱惑所动摇，以强烈的事业心和责任感积极谋求己方利益，以独具魅力的人格素养赢得对方的尊敬和信任，这样才能促使谈判获得成功。

2. 较高的知识素质

谈判涉及的问题方方面面，丰富的知识，文雅的谈吐是谈判者控制谈判局面，掌握主动权的坚实基础。不同类型的谈判对人员的知识结构有不同的要求，但从总体上看，合格的劳动谈判者应该具备“T”形知识结构，即在横的方面有广博的知识面，在纵的方面要有精通的专业知识。知识的广度是人的才能和智慧的基石，往往决定一个人的修养、风度和适应能力，而专业知识的深度则往往决定一个人的本职工作的能力。所以，谈判者要掌握如政治经济形势、科技发展水平和发展趋势、哲学、法律、心理学、中外历史，文学艺术、伦理道德等方面的知识，以及商业贸易、市场营销、企业管理、金融、谈判等方面的知识等等。总之，知识面越宽，洞察力就越深，分析力就越强，回旋余地就越大。如果谈判者孤陋寡闻、知识贫乏，即使他手中掌握着决策权，往往仍是事倍功半。而一个全能型的谈判者由于有知识的底蕴，就能在谈判活动中挥洒自如，游刃有余。这在气质上、精神上就能引起谈判对手的敬重，博得对方的好感。这种知识素养的力量有助于确立自己的谈判地位。

3. 杰出的能力素质

知识与能力密切相关，如果说知识是一个人的内涵，那么能力则是一个人的外在表现。知识只有在实践过程中有效地加以应用，才能转化为能力。一个成熟的谈判者必须以能力作保证，这就要求谈判者应当具备：

（1）敏锐的洞察力和敏捷的应变能力。劳动谈判需要与各种人打交道，对方的言谈举止往往反映其思想愿望和隐蔽的需求。因此，谈判者要善于察言观色，注意捕捉对方思维过程的痕迹，观察对方细微的动作，及时掌握对方的变化，弄清对方的真正意图。要能够随时根据谈判中的情况变化及有关信息，透过复杂多变的现象，抓住问题的本质迅速做出判断，及时调整对策。如果缺乏这种敏捷的反应力、清晰的逻辑分析和灵活的应变能力，就很难驾驭谈判甚至会坐失良机，贻误大事。

（2）较强的沟通说服能力。谈判是一个信息交流的过程，也是一个沟通说服、试图达成共识的过程。谈判沟通是谈判双方达成使双方均获得局部利益的一致协议而进行的信息交换与信息公享的过程。双方在向对方提供一定信息的同时，也从对方获得一定的信息；在接受对方观点的同时，也努力使自己的观点被对方所接受。因此，谈判者必须具备较强的沟通能力，正确运用语言和非语言形式，恰当地传递信息，及时准确地理解和接受对方的有关信息，并充分利用有利于己方利益的信息为谈判目标服务。同时，谈判沟通的目的是为了对方接受己方的观点，说服是谈判中最艰巨、最复杂，也是最富技巧性的工作，它常常贯穿于谈判的始终。能否说服，怎样说服对方，是谈判成功的关键。所以，谈判者的说服技术尤其重要，并且也是标志其谈判能力的大小和水平的高低。在谈判过程中，谈判者要能够客观公正、有理有节地阐明己方的立场观点，向对方晓之以理，晓之以利，并用真诚打动对方，通过有效地说服，促使对方接受己方观点。

（3）较强的社会交际能力。谈判是一种社会交往活动，需要和不同的人发生联系，良好的人际关系，优雅的气质，潇洒的风度有助于树立起良好的形象，有利于谈判的顺利进行。从人的自然心理看，如果互相产生好感，棘手的问题也好解决。否则，并非十分原则的问题，也会互相刁难。在谈判桌上，要举止温文尔雅，言谈诙谐幽默，不卑不亢，不拘谨，不张狂。要保持沉着冷静、潇洒自如，使谈判始终能够保持在一种轻松愉快、耐心和谐的气氛中进行。

4. 良好的心理素质

谈判是人的精力、智力和心理的较量。自制力是谈判者在环境发生巨大变化时克服心理障碍的能力。由于谈判涉及到各自的经济利益，双方都希望获得己方有利的结果，因此，紧张激烈的唇枪舌战往往不可避免，僵持局面也常常出现，这必然使谈判者心理承受很大的压力。如果没有良好的心理素质，就必然导致情绪波动，使自己处于被动的弱势地位。而一个成熟的谈判者应善于在激烈的论辩中与对手周旋，在随时变化的局势中驾驭自己的情绪，控制自己的行为。处难不乱，遇暴不怒；不因顺利而喜形于色，不因挫折而心灰意懒；沉着镇定地应对一切，显示出岿然不动的英雄本色。意志力是为实现某种目的而自觉克服困难的能动性的主观条件，是人的一种支撑力量和推动力量。谈判如同作战，是充满艰辛的过程，除了制定合理的目标和周密的计划，还要有谈判者坚韧不拔的毅力，百折不挠的精神和不达目的绝不罢休的自信心和决心。在谈判中，双方的利益是你进我退，如有委曲求全的之意，对方就会得寸进尺。因此，当谈判顺利时，要乘势前进，扩大战果；遇僵持局面时能够坚持原则，据理力争，以维护己方的最大利益，同时表现出足够的耐力和坚强的意志品质，表现出不为困难所屈服的强者风范。谈判人员的优良素质不是天生的，而是在后天的实践中锻炼而成的。因此，谈判者应该自觉加强理论修养和实战磨练，不断积累经验，努力把自己塑造成为适应时代发展需要的德才兼备的谈判人才。

第二节　谈判人员的培养与提高

一、培养方式

关于谈判培养可以分为两个阶段来进行培养与提高。

第一阶段是营销式的沟通，第二阶段是策略式的提升谈判能力。

1. 第一阶段：营销式的沟通。

营销式的沟通无处不在，从员工到领导、从客户到家人等等，怎么让事情更快更迅速的推进，与沟通是密不可分的，那么营销式沟通就凸显重要。

（1）要做功课。在见对方之前或者在正式的营销型沟通之前一定要先预习对方的情况，他所在行业与行业中主体思路与方式，出生的年龄与可能的习惯，籍贯所在地以及出生背景等。如果是临时性的沟通，可能来不起做这些工作，那么主要是聆听，“听话听音”，从对方谈话中寻找对方的真实意图。最差的情况是，人家心不在焉的听你说，也不搭话的情况怎么能使对方的注意力稍稍集中，这主要看个人能力，简单的一条的是介绍他认识的朋友或者领导或者商业伙伴。有时候还面临这种情况，对方不说话，你不断的引入话题，但气氛始终起不来，那么就要搞清楚对方的兴趣点，人家的兴趣点很明确，你就不要老打断他。还有一种情况是公平的交流时，不要怕冷场，对方也会想一些办法来活跃气氛，让场面更加活跃。

（2）要采用一些小的技巧：

①坐姿。让对方感觉到你和他的距离有多远。

②试探。寻找兴趣点。

③绝不让步或者稍微让步以换取对方的善意。比如说谈年金的问题，稍微让步可能让人感觉到我们毕竟想把事情做成。强调自己让步可能造成的影响。

④沟通的频率。减少时间，增加次数，多次沟通。

⑤对待女性的沟通，尊重女性，强调专业与流行，尤其是强调世界观的重要性。

⑥对待上级的沟通，多准备，并且不要说不知道，要多说“让我想想”“让我再考虑考虑”“我在想，这件事情怎么做最好”，对待下级，要从容、多倾听，不要匆忙答复。

⑦对长者，不要耍滑头，坦诚；对待年轻人，要看到时代在变化，不能以老观念来看待问题。

⑧对于威胁，要仔细听，但要不重视，注意紧张就落入圈套了。让对方知道，威胁既是破裂，提出新方案，促成一致。如果遇上特别坚持的人，这一招可能不管用，那就需要用简练的语言来概括他的核心价值观，从而引起共鸣。

（3）在进行系统学习之前，学习沟通高手所提出的建议：一定不要提前亮出你的底牌；我们就像导演，剧情中各有各的的角色，只有当谢幕时，我们看到我们演员、导演、嘉宾等，就会有巨大的成就感。

我们一直在沟通中处于被动的局面，主要原因是因为一开始我们就把自己的目的与想法拿出来，在思路上任人宰割，肯定这种沟通方式是被动的，不要亮出自己的底牌，永远沉稳的面对佳境与绝境，要在工作、生活中不断的磨练。

2. 第二阶段：策略式的提升谈判能力。

（1）制订系统的谈判策略和树立全局观念。对谈判的难度进行充分的预估，明确自己谈判的目标，掌握途径和平衡的要领，灵活应变，权益通达，机动进取是成功的谈判者必备的能力。除此之外，战略的巧妙应用也是谈判成功的关键因素之一，只有放眼全局，明确自身目标和底线，才能利用技巧化危局。战略高于“技巧”——“攻心为上，攻城为下”。

（2）柔道策略。对事不对人，就事论事，拉近与对方的距离，化解敌意。明确谈判的关键在于找出解决办法，盲目争吵没有结果，善于站在对方的角度考虑问题，并适时的提出自己的方案，以此获得双赢的局面。

多发问，迫使对方陷入自己本身的问题当中，从儿陷入被动之中，同时也使对方丧失了攻击目标，从而在谈判中赢得主动地位。

（3）心理战术。“知己知彼，百战不殆”，利用人的心理对行为的影响作用，在谈判中察言观色，注意对手的神态表情，一方面防止掉入对方的陷阱，另一方面，揣测对方的真实意图，寻找机会进行发挥，在对手处于弱势的情况下，适时的提出折中的方案，取得预计的谈判果。

二、培养口才

我们知道，口才是一项能力，而能力一定是通过训练才来修炼成的。所以，看进去的东西，不是口才；讲出来的，才是口才；吸收进去的，不是口才，表达出来的才是口才。这就要求我们经常开口，所谓：拳不离手，曲不离口，学习口才也要不断地开口开口再口。不要怕自己没有词汇，不要怕自己没有阅历，其实每个人的故事，每个人的经历都可以成为你讲话的素材。关键是要敢讲，多讲，多运用新名词去表达。不要怕失败，不要总是追求完美，一切总有个过程。

科学家试验证明：一个新的词语，只要你在公众面前讲出5次以上，这个词语就会永远变成你脑海中的一个词条，以后就是属于你的词汇了。

请注意：一定是讲5次以上，而不是看5次以上听5次以上。所以，大胆地去表达吧，讲多了，口才自然就来了。

所以在平时的生活中，我们要经常运用各种渠道去讲，抓住一切机会去挑战。多和陌生人去沟通，多发名片，即使在公交汽车上也要尝试去交流。不管人多人少，一个人也可以自己训练，两个人、3个人以上就是一个小团队，就可以主动挑起话题，主动进行一些训练。

三、培养声音

（1）朗读。自己读书，大声地读出来。每天坚持朗读一些文章，既练习口齿清晰伶俐，又积累一些知识量信息量，更重要的是对身体大有裨益，清喉扩胸，纳天地之气，成浩然之身！大家多读一些积极向上的文章，找一篇正能量的文章，读熟背透。每天坚持朗读半小时以上，坚持2—3年，你不是大师也成大师！

（2）对着镜子训练。建议你在自己的起居室中或是办公室某一墙面安装一大镜子，每天在朗读过程中，去对着镜子训练，训练自己的眼神，训练自己的表情，训练自己的肢体语言，这样效果更好。

（3）自我录音摄像。如果条件允许，我建议你每隔一周时间，把自己的声音和演讲过程拍摄下来，这样反复观摩，反复研究哪儿我卡壳了，哪儿手势没到位，哪儿表情不自然，天长日久，你的口才自然进步神速。看一次自己的摄像比上台10次20次效果都好。

（4）尝试躺下来朗读。如果你想练就一流的运气技巧，一流的共鸣技巧，我教你一个非常简单的方法，就是：躺下来大声读书。当我们躺下来时，必然就是腹式呼吸，而腹式呼吸是最好的练声练气方法。每天睡觉之前，躺在床上大声地朗读十分钟，每天醒来之前，先躺在床上唱一段歌，再起来。坚持1—2个月，你会觉得自己呼吸流畅了，声音洪亮了，音质动听了，更有穿透力了，更有磁性了。

（5）速读训练。这种训练目的，是在于锻炼人口齿伶俐，语音准确，吐字清晰。

方法：找来一篇演讲辞或一篇集体谈判的纪要，《集体谈判演练技术——赢在共赢》一书中有前几届全国高校模拟集体谈判大赛的原文记录，根据原文的来龙去脉搞清楚、弄明白，然后开始朗读。一般开始朗读的时候速度较慢，逐次加快，一次比一次读得快，最后达到你所能达到的最快速度。读的过程中不要有停顿，发音要准确，吐字要清晰，要尽量达到发声完整。因为如果你不把每个字音都完整地发出来，那么，如果速度加快以后，就会让人听不清楚你在说些什么，快也就失去了快的意义。我们的快必须建立在吐字清楚、发音干净利落的基础上。我们都听过体育节目的解说专家宋世雄的解说，他的解说就很有“快”的功夫。宋世雄解说的“快”，是快而不乱，每个字，每个音都发得十分清楚、准确，没有含混不清的地方。我们希望达到的快也就是他的那种快，吐字清晰，发音准确，而不是为了快而快。

（6）即兴朗读。平时空闲时，你可以随便拿一张报纸，任意翻到一段，然后尽量一气呵成的读下去。而且，在朗读过程中，能够注意一下，上半句看稿子，下半句离开稿子看前面（假设前面有听众）。长期以往，你发现自己记忆力加强许多，快速理解力和即兴构思能力也在加强。

（7）背诵法。背诵，并不仅仅要求你把某篇演讲辞、散文背下来就算完成了任务，我们要求的背诵，一是要“背”，二还要求“诵”。这种训练的目的有两个：一是培养记忆能力，二是培养口头表达能力。尝试去背诵一些文章，一篇一篇地去完成。天长日久，那些文章字句自然就转化为自己的词语了，练到一定时间就能张口就来口出成章。所谓：熟读唐诗三百首，不会作诗也会吟。

（8）复述法。复述法简单地说，就是把别人的话重复地叙述一遍。可以找一位伙伴一起训练。首先，请对方随便讲一个话题，或是一个故事。自己先注意倾听。然后再向对方复述一遍。这种练习在于锻炼语言的连贯性及现场即兴构思能力和语言组织能力。如果能面对众人复述就更好了，它还可以锻炼你的胆量，克服紧张心理。

（9）模仿法。我们每个人从小就会模仿，模仿大人做事，模仿大人说话。其实模仿的过程也是一个学习的过程。我们小时候学说话是向爸爸、妈妈及周围的人学习，向周围的人模仿。那么我们练口才也可以利用模仿法，向这方面有专长的人模仿。这样天长日久，我们的口语表达能力就能得到提高。

①模仿专人。在生活中找一位口语表达能力强的人，请他讲几段最精彩的

话，录下来，供你进行模仿。你也可以把你喜欢的又适合你模仿的播音员、演员、相声表演家等的声音录下来，然后进行模仿。

②专题模仿。几个好朋友在一起，请一个人先讲一段小故事、小幽默，然后大家轮流模仿，看谁模仿的最像。为了刺激积极性，也可以采用打分的形式，大家一起来评分，表扬模仿最成功的一位。这个方法简单易行，且有娱乐性。所要注意的是，每个人讲的小故事、小幽默，一定要新鲜有趣，大家爱听爱学。而且在讲之前一定要进行一些准备，一定要讲得准确、生动、形象，千万不要把一些错误的东西带去，否则模仿的人跟着错了，害人害己。

③随时模仿。我们每天都听广播，看电视、电影，那么你就可以随时跟着播音员、演员进行模仿，注意他的声音、语调，他的神态、动作，边听边模仿，边看边模仿，天长日久，你的口语能力就得到了提高。

④要求要尽量模仿得像，要从模仿对象的语气、语速、表情、动作等多方面进行模仿，并在模仿中有创造，力争在模仿中超过对方。在进行这种练习时，一要注意选择适合自己的对象进行模仿。

（10）描述法。小的时候我们都学过看图说话，描述法就类似于这种看图说话，只是我们要看的不仅仅是书本上的图，还有生活中的一些景、事、物、人，而且要求也比看图说话高一些。简单地说，描述法也就是把你看到的景、事、物、人用描述性的语言表达出来。描述法可以说是比以上的几种训练法更进一步。这里没有现成的演讲辞、散文、诗歌等做你的练习材料，而要求你自己去组织语言进行描述。所以描述法训练的主要目的就在于训练同学们的语言组织能力和语言的条理性。在描述时，要能够抓住特点进行描述。语言要清楚，明白。

（11）角色扮演法。在我们的培训过程中，经常让学员进行角色扮演，组织角色语言去演讲，叫“情境模拟训练法”，比如扮演律师，扮演市长答记者问，扮演领导开动员会等等，还可以选择小品中的角色扮演。这种训练的目的，在于培养人的语言的适应性、个性，以及适当的表情、动作。

（12）讲故事法。对于口才培训，可以训练能够讲 100 个以上的职场故事，不同时候要能够讲不同的故事，而且现场就能想出符合场合的故事。这就要求我们积累大量的素材。同时还要讲得动听，讲得精彩，熟能生巧，讲多了口才就来了。

（13）积累知识，多翻翻字典、成语词典。建议各位办公桌上和家里都放一本《新华字典》和《现代汉语成语词典》，有空就翻翻，不认识的字多看看，认识的字也再看细些，你会发现中国的文字博大精深，坚持下去，你的词汇量会越来越多，你的口才自然越来越棒。

（14）对口才产生兴趣。兴趣是最好的老师。当你的焦点在口才训练上时，你必然就会关注平时生活工作中的口才技巧。兴趣在哪里，焦点到哪里；焦点到哪里，学问到哪里。这种方法进步更快。即使看电视，也在注意台词的优美，交际的仪态，幽默的笑眼，必然进步神快。

（15）写日记。写日记是最好的自我沟通的方法，每天写上1000多字，既整理自己的思路，反省当日之进步与不足，梳理自己的情绪，释放一些不快，又可以学会遣词造句，天长日久，手能写之，口必能言之。

（16）多找机会上台。很多人认为生活中缺少锻炼的舞台，没有公众场合发言的机会。其实，这是一种误区，我们平时生活工作中，公众演讲的机会太多了，只是我们没有发现，没有这个意识去参与。

如果想突破口才瓶颈，一定要多找机会讲话。每次开会，必定坐第一排，必定要举手发表一下自己的观点；有机会就给自己的员工、小组成员开开会；有机会还可以开开家庭会议，把家庭打造在学习口才的舞台；现在每逢节假日，路演比较流行，一有机会你就上台去参与，不要管那么多，只是在锻炼自己而已。放下自己，放下一切时，就会发现学习口才就这么简单。

学习口才最“吊诡”的地方在于：很多人知道、明白、了解、懂得，但是仍然开不了口，无法去表达。我们要明白：“知识”不等于能力。能力，一定是训练出来的。

第三节　语言技巧的训练

一、不开口的谈判技能：倾听

古希腊哲学家苏格拉底说“上天赐给人两只耳朵两只眼睛，却只有一张嘴，就是要人多听多看少说”。寥寥数语，形象而深刻地说明了倾听的重要性。对谈判来说，倾听担负着由“谈”到“判”，由“判”到“谈”的中介作用，更多地注重提高倾听的质量，是十分必要的。善不善于倾听，关系着谈判能否取得最后的成功，也关系着是否能取得对己方有利的谈判结果。

因此，为了保证谈判人员能够在谈判中及时、准确、恰当的接收和反馈信息，必须掌握谈判中“听”的技巧。

1. 优秀的谈判者——很好的倾听者

谈判是双方沟通和了解的活动，掌握信息是十分重要的。一方不仅要了解对方的目的、意图、打算，还要掌握不断出现的新情况、新问题。然而没有什么方式能比倾听更直接、更简便地了解对方的信息了。

真正的倾听并不是仅仅运用耳朵这种听觉器官听，而且还指运用眼睛观察对方的表情与动作，运用心灵去为对方的话语作设身处地的构想，运用大脑去研究对方话语背后的动机。这种耳到、眼到、脑到才能称之为倾听。

因此，倾听是了解对方需要和发现事实真相的最简单有效的途径。通过倾听，可以广收信息，洞察对方的真实意图：通过倾听，可以明确应采取的策略，提高自己的说服力，同时有利于沟通，缩短谈判双方的距离，推动谈判进程。

在谈判中，倾听是重要的，也是必需的，一个优秀的谈判者必定是一个很好的倾听者。

2. 如何做到有效的倾听

倾听是谈话艺术的重要组成部分，你要掌握谈话的技巧，那么就必须学会倾听，善于倾听，这是一个优秀谈判者的基本技能。那么，如何才能做到行之有效的倾听呢？

可以将听的技巧归纳为“五要”“五不要”。其中“五要”是：

（1）专心致志、集中精力地听。在听对方发言时要聚精会神，不可将注意力分散到研究对策上去，这样对方讲话有隐含意义时，就不好理会或理解错误，造成事倍功半的效果。同时还要用一个积极的态度去听，即使是孰知的话题，也不可充耳不闻。精力集中地听，是倾听艺术最基本、最重要的问题，这也是一个合格的谈判人员个人修养的标志。

（2）养成记笔记的习惯。人们即席的记忆并保持的能力是很有限的，为补救这一不足，听时要做大量的笔记。一方面可以帮助自己记忆有关问题，有助于在对方讲完后，就有关问题提出质询反问；另一方面，记笔记可以让对方觉得你重视他的讲话。

（3）有鉴别地倾听一般情况下，人都是边讲边想、来不及整理思路，有时为了表达一个意思，会讲许多无关紧要的内容。因此，我们在听时要会鉴别传递过来的信息的真假和重要不重要，要会去假存真，抓住重点，才能收到良好的倾听效果。

（4）克服先入为主的做法。先入为主的倾听往往会扭曲讲话者的本意，忽视或拒绝与自己本意不相投的意思。听者往往按照自己的主观框框来听取对方讲话。信息会变形地反映到自己的脑子里，以导致信息失真，判断失误。

（5）创造良好的谈话环境。人们都有一种心理，想在自己所属的领域里、自己熟悉的环境里交谈，这样就不用分心去熟悉环境；在自己不熟悉的环境里交谈，容易变得无所适从，导致不应发生的事情发生。

“五不要”分别是：

（1）不因轻视对方抢话头。人们在轻视他人时，往往会自觉与不自觉地表现在行为上。抢话不同于问话，问话是由于某个信息或意思未能记住或理解而要求对方给予解释或重复，因此问话是必要的。急于抢话纠正别人说话的错误，或用自己的观点来取代别人的观点，是一种不尊重他人的行为。因此，抢话往往会阻塞双方的思想和感情交流的渠道，会让对方产生敌意，对创造良好的谈判气氛非常不利甚至会导致谈话、谈判破裂。

（2）不要急于反驳而放弃听，让自己陷入争论。不要使自己陷入争论。当你内心不同意讲话者的观点时，对他的话不能充耳不闻而只想着自己发言。一旦发生争吵，也不能一心只为自己的观点寻找根据而把对方的话当成耳旁风。如果你不同意对方的观点，也应等对方说完以后，再阐述自己的观点。

（3）不要急于判断问题。当听到对方述说的有关内容时，不要急着去判断其对错，这样会分散精力而漏听或误听下文。虽然人的思维速度快于说话的速度，但是如果在对方还没有讲完的时候就去判断其正误，无疑会削弱听的能力，从而影响倾听效果。

（4）不要回避问题。在谈时，往往会涉及到多方面的或自己不专业的问题。可能会令自己一时回答不上来。但不可充耳不闻，因为回避对方，恰恰暴露己方的弱点。在遇到这种情况时。我们要有信心、有勇气去迎接对方提出的每一个问题。只有用心去领会对方提出的问题背后的真实用意，才能找到摆脱难题的答案。

（5）不要逃避交往的责任。交往的双方缺一不可：既要有说话者，也要有听话者，而且每个人都应该轮流扮演说话者的角色。作为一个听话者，不管是在什么情况下，如果你不明白对方所说话的意思，你就应该用各种方法让他知道这一点。在这里，你可以向对方提出问题加以核实，或者积极地表达出你听到了什么，或者使用套用法让对方纠正你听错之处。

二、语言的魔力：语音、语调与语速

英国谈判学家马什说："所谓谈判是指有关各方为了自身的目的，在一项涉及各方利益的事务中进行磋商，并通过调整各自提出的条件，最终达成一项各方较为满意的协议的不断协调的过程。"就是要善于运用有说服力的语言艺术，向对方说明自己的观点和意见，将自己的观点一点一滴地渗透。

谈判中的随机应变语言的运用要达到说服人的效果，针对说话对象、客观环境的变化加以灵活调整是十分重要的。语言的魔力或艺术性，就在于它的创造性。只有创造性的语言，才具有鲜活的生命力，才能很好地发挥语言的作用。

那么，如何展现语言的魔力呢？孔子曾说："工欲善其事，必先利其器。"谈判是借助于双方的语言交流而完成的，所以，这就要求我们掌握一定的语言技巧，并能灵活运用。

1. 谈判语言技巧的重要性

（1）语言技巧是通过成功谈判的桥梁。恰当的运用语言艺术可以使对方对你的话题感兴趣，并且乐于听下去；陈词滥调则会令人反感。而当面对冷漠的或者不诚心合作的谈判对手，通过语言技巧的运用，会使对手变得热心起来。

（2）语言技巧是谈判中人际关系处理的关键。在谈判中，谈判双方的人际关系变化主要是通过语言交流体现的。双方各自的语言都是用来表达自己的愿望和要求的，当这种愿望要求与双方实际的努力一致时，有利于维持并发展双方良好的人际关系，反之，严重的话可能导致谈判破裂。

（3）语言技巧能有效表达己方的观点。在谈判过程中谈判者要想把自己的判断、推理、论证的思维成果准确表达出来，就必须出色地运用语言技巧，同样的观点，经过不同的语言处理达到的效果会大不一样。

（4）语言技巧的实施是谈判策略的主要途径。比如在运用红白脸策略的时候，那么扮演白脸的人要做到态度强硬、寸步不让，又要以理服人，言出有据，保持良好的形象。这时语言技巧就显得十分重要了。态度强硬，并不等于蛮不讲理，平和的语气、稳重的语调以及得体的语言比蛮横无理更具有震撼力，所以谈判的过程中也必须讲求语言的艺术。

2. 语言技巧的运用

适当的语言表达技巧，包括考虑用多块的语速、何种语调、多高的音量去进行洽谈。同一句话，用不同的说话方式表达出来，有时候效果相差很大，甚至截然相反。因此，我们在谈判过程中要注意语音、语调及语速的把握掌控以及说话方式的一些细节问题，如停顿、重点、强调、说话的速度等，而这些方面往往容易被人们忽视，但都会在不同程度上影响说话的效果。语言技巧可以从以下 3 个方面进行训练：

（1）语速。语速和说话的节奏对意思的表达有较大的影响。说话太快，一下子讲得很多而无停顿，就会使对方难以抓住你说话的主要意思，难以集中注意力正确领会和把握你的实际表达，有时还会使对方误认为你在为完成某项工作而敷衍了事，于是不再费神倾听，从而导致双方的语言交流不畅、难以沟通。一般来讲，如果说话者要强调谈话的某一重点时，停顿是非常有效的。同样，说话太慢，节奏不当，吞吞吐吐，欲言又止，易被人认为不可信任或过度紧张。因此，谈判中陈述意见应尽量平稳中速进行，特殊需要时适当改变一下语速，以引起特别注意或加强表达效果。

（2）音调与音量。一个人是友好还是敌意，是冷静还是激动，是诚恳还是虚假，是谦恭还是傲慢，是同情还是讥笑，都可以通过声调表现出来，而言语本身有时倒显得不那么重要，因为词语的含义是会随着声调变化的。成功的谈判者之所以能打动别人的心，除了谈话内容精辟，言辞美妙之外，他的语调、节奏、音量都应运用得恰如其分。

说话时的语调、声音表达出不同的含义，声音的大小则反映说话者一定的心理活动、感情色彩或某种暗含的意思。在谈判中，一般问题的阐述应使用正常的语调，保持能让对方清晰听见而不引起反感的高低适中的音量。适当的时候为了强调自己的立场、观点，尤其在针对有分歧的问题表达时，可调整语调和音量来增加话语的分量，加强表达的效果。一般来说，升调表达的是一种惊讶、不可思议、难以接受或不满的感情和意思；降调则反映某种遗憾、无可奈何或失望灰心的心理活动；声音高低的起伏表明说话者的某种情绪波动。谈判中说话的音调、音量有时是有意识的表达需要，有时则是潜意识的自然流露，需对谈判对手的话语敏锐把握，同时对自己的话语表达加强控制，不能出音调、音量失控的情况，不然就不符合谈判活动的目的，也有损自己的礼仪形象了。为此，谈判人员必须注意以下两点：

①避免说话中的不良习惯。说话时，喉部放开、放松，尽量减少尖音，控制说话的速度，消除口头掸，注意抑扬顿挫，不要用鼻音讲话。恰当而自然地运用声调，是顺利交往和谈判成功的条件。一般情况下，柔和的声调表示坦率和友善，在激动时自然会有颤抖，表示同情时略为低沉，不管说什么话，都要端庄而自然，切不可阴阳怪气。用鼻音哼声往往表现傲慢、冷漠、恼怒和鄙视，是缺乏诚意的，自然会引起别人不快，所以要避免。

假如想问谈判对手一个不清楚或不敢肯定的问题，以谦虚、诚恳的语气、语调发问，对方就乐于回答，相互之间就会感到很默契；如果以居高临下的态度、冷漠傲慢的声调发问，对方难以接受，相互之间就无法沟通，谈判也难以顺利进行下去。

②强调重读的使用。重读与音量有关，说话时，为了加深对方对所接收的主要信息的印象、感受或语义理解，将主要信息的关键部分加大音量，以示说话的主要语义。重读的使用完全受交际需要的支配，谈判中，尤其在叙述、说服、辩论时，己方要强调的内容要使用重读，以保证信息能准确、完整地被对方所接受。

（3）停顿。谈判过程中需要适当的停顿。首先，你避免了在对方仅仅是在讲话中间调整气息还要继续讲话的时候插话进行打断的风险和尴尬；其次，你向对方展示出自己对他（她）所讲的每一个词都听得非常认真和仔细，而不是没有经过思考就草草地打断插入自己的意见；最后，停顿实际上使你可以更好地聆听对方的讲话。他（她）讲的言辞可以更深入地渗透入你的大脑，这样你才能更清晰地理解他或她的真正意图。通过停顿，你可以把自己标榜为一个有才气的健谈者。

一般来讲，如果说话者要强调谈话的某一重点时，停顿是非常有效的。试验表明，说话时应当每隔几秒钟停顿一次，一是加深对方印象，二是给对方机会，对提出的问题进行思考或加以评论。当然，适当的重复也可以加深对方的印象。有时，还可以运用加强语气，提高说话声音以示强调或显示说话者的信心和决心。这样做要比使用一连串的形容词效果要好。

当然在谈判中，谈判者不仅需要灵活运用语言技巧，在有些特殊环境里更需要辅之以必要的姿势、手势、眼神、表情等肢体动作来表达无声语言，恰到好处地表达出自己的观点，可以取得意想不到的效果。

（4）声音训练技巧：

①呼吸训练。正确的呼吸训练方法，既不是用两肩上抬、胸廓紧张的浅胸式呼吸法，也不是用腹部一起一伏、胸部僵硬紧逼的纯腹式呼吸法，而是打开口腔用胸腔和腹腔联合运动而完成呼吸动作。其吸气要领是：吸到肺底—两肋打开—腹壁站定；呼气要领是：稳劲—持久—及时补换。不过，要掌握好这一方法是有一定难度的，通常要经过专业训练。

②发声训练。发声训练有一些简单易行的方法，如：平心静气地去闻鲜花的芳香；突然受到惊吓时的倒吸冷气；模拟吹灰尘。还可以利用早上起床的时间做一些训练，具体方法是：

全身平躺在床上，尽力伸展身体，收缩腹部，把一只手平放在横隔膜上，将另一只手放在胸骨上，然后尽力吸气，吸气的同时说“哦，哦，哦”，呼气的同时说“哈，哈，哈”，这样练习几次，能够使气息充盈全身。然后再说出“早—上—好”，说的时候，手要能感觉到胸腔是在振动。

然后坐起，双脚紧贴地面，保持身体挺直，再说几次“早—上—好”。最后，站起来在房间里来回走动，连续说“早上好，早上好”。注意在说的时候，要对自己充满自信。

③共鸣训练。人的口腔、胸腔等发音器官就像一个音箱，搭配使用得当就能发出具有磁性的嗓音。为什么有的人说话的声音穿透力特别强，即使房间里噪声很大，也能听清他在讲什么，这就是共鸣的原因。你的声音必须是通过胸腔共鸣产生的，而不是堵在嗓子眼里被憋出来的。

共鸣训练要注意对发音器官的控制练习，以达到好的音质音色。首先要练习如何张开嘴说话，而不是发声不动嘴，咬着牙齿说话。我们会注意到歌手唱歌时都是张大嘴，这样才能够清晰地唱出每一句歌词。讲话时你也应该尽力做到这一点。开始训练时，朗读以下的内容大声进行练习：

胸腔共鸣练习：暗淡　反叛　散慢　计划　到达

口腔共鸣练习：澎湃　碰壁　拍打　喷泉　品牌

鼻腔共鸣练习：妈妈　买卖　茂密　农民　纳米

在练习时要注意仔细体会发音时胸腔、口腔、鼻腔共鸣的感觉。

最后是吐字归音训练。强调的是对发音动作过程的控制，是一种经过加工的艺术化的发音方法，目的是要做到吐字发音准确清晰。在培养歌手的录音室里，歌手要在一个规定的非常低的音量范围内，让人听清楚他唱的每一句歌词。吐字不清晰的人，即使声音很大，别人也听不清你在说什么，更谈不上谈吐有魅力了。

不管你原来的嗓音是什么样的，通过练习都能使嗓音体现出魅力、能力和个性，也能让坐在最后一排的听众进入你的声音磁场。

三、无声的表达：肢体语言

1. 肢体语言的基础

肢体语言是沟通中的主要方式，它包括眼睛、脸部和身体语言，读懂体态语言会有助于改善沟通效果。眼睛的主要功能是接受信息。在我们所有的知觉中，最依赖的是视觉。同时“眼睛是心灵的窗户”，喜怒哀乐能同时表现在眼睛和脸上。伯德惠斯特尔研究认为，人类的脸部可以做出 25 万多种不同的表情。因此在谈判沟通中要善于捕捉谈判对手发出了体态语言信息。

在不同的文化中，这种非语言表达方式也不同。文化的差异会导致不同国家或地区的谈判者在形体语言、动作语言的运用上有着巨大的差异，甚至同样的动作语言传递着截然相反的信息。例如，绝大多数的国家都是以点头方式来表示赞成。但在印度、尼泊尔等国则以摇头表示肯定，即一面摇头，一面微笑表示赞成、肯定之意。有些人只是以斜着抬头方式为之还算好，有些人则口中一面频称“You are right！ You are right！”但却一面不断地摇头，常令对方摸不清楚其真正的想法。可见谈判者形体、动作、语言、认识的差异，会给谈判中的沟通带来障碍。

2. 肢体语言在谈判中的作用

（1）增强有声语言的表达力。人们运用语言行为来沟通思想，表达情感，往往有词不达意或词难进意的感觉，因此需要同时使用非语言行为来进行帮助，或弥补语言的局限，或对言辞的内容加以强调，使自己的意图得到更充分，更完善的表达。例如，当别人在街上向正在行走的你问路时，你一边用手指点方向，帮助对方领会道路方向，达到有效的信息沟通。

（2）代替有声语言。在一定条件下，肢体语言还是具有能够取代自然语言，而且无法被自然语言取代的独特作用。如《三国演义》中的诸葛亮面对司马懿的兵临城下，命令打开城门，让一群老弱残兵清扫街道，而自己却稳坐城楼之上饮酒弹唱，神态自若，曲调悠扬。司马懿反复观察，思考再三，认为城中必定设有伏兵，便急忙引兵撤退。空城计的成功，充分显示了肢体语言具有自然语言不可取代的独特作用。

（3）能迅速传递，反馈信息，增加互动性。在沟通交流时，非语言行为可以维持和调节沟通的进行。如点头则表示对对方的肯定：抬眉则表示有疑问：当眼睛不注视对方时，意味着谈话结束了。简而言之，调节肢体语言动作可帮助交谈者控制沟通的进行。因此，非语言暗示，如点头，对视，皱眉，降低声音，改变距离，所有这些都传递信息。

成功的谈判都是谈判双方出色运用“语言”艺术、营造融洽友好的气氛的结果，以达到谈判共赢的目标。

第四节　谈判风格

“谈判”一词的历史悠久。自从人类社会存在以来，谈判就存在于人类活动的方方面面。政治、文化、教育、婚姻、家庭和社会经济活动，甚至是在日常生活中，谈判无所不在。在涉及员工薪金与福利的讨论时，还需要借助集体谈判的力量。

谈判风格，主要指的是谈判者在谈判活动中所表现出来的气度和作风，谈判风格不仅体现在谈判者谈判过程中的行为、举止和控制谈判进程的方法、手段上，还体现在在谈判过程中谈判人员所表现出来的处事方式以及习惯爱好。

其中有如下几层含义：首先，谈判风格是在谈判场合与过程中表现出来的关于谈判的言行举止；其次，谈判风格是对谈判人员文化积淀的折射和反映；再次，谈判风格有其自身的特点，与不同国家或地区的风格存在显著的差异；最后，谈判风格历经反复实践和总结，被某一国家或民族的谈判人所认同。

谈判风格在谈判过程中起到非常关键的作用，其对于谈判过程中谈判双方的交往方式、交往关系，甚至谈判结构都有着直接的影响。造成谈判风格的差异的原因是多种多样的，比如有对谈判风格有最根本影响的文化的差异，还有诸如个人本质化的差异以及性别的差异。

第五节　谈判者的差异化分析

一、个人本质化差异

众所周知，不同的人具有不同的神态和气质。每个人的性格本质各不相同，说话风格、谈吐气质自然也不相同，在谈判过程中所展现出的谈判态度、个人特质各有差异。因而也就具有不同的谈判风格。①

谈判既是集体的合作，更是个人的发挥，个人在谈判中拥有巨大的作用，有时是反败为胜的关键，谈判更加是个人主导的，最终致使谈判达成。

了解每个人的性格特征，进而熟悉他的谈判风格，才能在谈判过程中做到应对自如，知己知彼，百战不殆。

根据谈判者不同的风格和特点，可以大致分为四种：支配型、表达型、亲切型与分析型。

虽然参加谈判的人各种各样，风格和特点各异。但我们可以根据他们的不同风格和特点，采取不同的方法来面对，以便更好的掌握主动权，使谈判达成共识，达到真正的双赢（见表2－1）。

表2－1　　　　四种不同类型的人及其对策

类型	特　点	对　策
分析型	表达能力差，情感度也非常低，喜欢有自己的私人空间	尊重他对个人空间的需求，做事不要过于随便，要公事公办，在着装上要更加正统和保守，与他交流的时候，要摆事实，确保它的正确性，做好周密的准备
支配型	喜欢发号施令，绝不容忍出现错误。不在乎别人的想法。做事比较冷静、独立，以自我为中心	要准备充分，以事实说话，不能挑战他的权威，采取哀兵政策，可以作为弱者，给他两到三个方案供其选择

① 刘承华．文化与人格［M］．合肥：中国科学技术大学出版社，2003.

续表

类型	特　点	对　策
亲切型	表达程度低，表达能力比较差，但是情感度非常高，喜欢与别人打交道，待人热心、做事比较有耐心	语速相对放慢，以友好非正式的方式跟他沟通。通过提供个人的帮助，建立与他彼此信任的关系
表达型	情感度高，表达能力强。充满激情、有创造力，重感情，乐观，任何事情都理想化。喜欢参与，做事条理性比较差	要精力充沛，要不断提出新的和独特的观点。给他更多的时间让他说话，在做工作的时候，要以书面的形式与他确认

二、谈判风格与文化差异

1. 文化与文化差异

总体来说，文化是一种社会现象，是人们长期创造形成的产物，同时也是一种历史现象，是社会历史的积淀物。具体而言，文化是指一个国家或民族的历史、地理、风土人情、传统习俗、生活方式、文学艺术、行为规范、思维方式、价值观念等。霍夫斯泰德（1991，1999）认为，文化是同一环境人们共同的心理程序，而非个体特征，是具有相同教育和生活经验的人们所共有的心理程序。在不同国家或地区，人们接受的教育和获得的生活经验不同，这种心理程序具有差异，所以不同国家或地区存在文化差异。从文化角度分析，影响跨文化沟通的主要因素具体表现在以下 4 个方面：①

（1）意识形态：主要是指历史和世界观，包括人们的信仰、价值观和宗教。

（2）社会化情况：主要是指人们如何学习的身份，包括：教育水平、文化融合和文化适应，初级与中级社会化水平，关于人和学习的理论。

（3）沟通形式：主要是指人们所优选的沟通形式，包括：

A 语言的功能：a 信息与关系　b 谈判与等级　c 团体和谐与个人利益。

B 非语言沟通：a 身势动作　b 空间的利用　c 时间观念。

（4）面子系统：即社会组织，主要是指人们所优选的人际关系，包括血缘关系、自我概念、团体内外部之间的关系、社区与社会。

---

① 胡文仲. 跨文化交际学概论［M］. 北京：外语教学与研究出版社，2002.

2. 东西方文化差异

世界各国的文化不同，所以不同国家的合资企业、外资企业中的劳动谈判的文化差异比较明显，东西方文化差异主要体现在以下 7 个方面：

（1）沟通形式的差异。美国学者 Edward T. Hall（1976）从语境的角度分析跨文化沟通的差异，并指出中国是具有高语境文化的国家，其特点就是人们处于高语境文化国家，其沟通非常经济、快速、高效并能够使彼此紧密联系在一起，但是人们需要很长时间才能学会这种沟通。人们处于低语境文化国家，其沟通较为客观，不太具有人情味，但却是一种能够在没有共同经历的人们中，有效地传递信息的方式。西方国家比如美国就是具有较低语境文化的国家，美国人在参与国际谈判时需要把所有的信息都说得很清楚。

在沟通方式的差异上，语言表达与非语言表达的差异也需要特别注意。首先，语言表达因国家而异，如はい（常译为：是，是的）在日本其不是表示认同，而是表示“我注意到了”“我知道了”“我听到了”等。其次，非语言表达也因国家而异。比如手势：拇指和食指合成一个圈，其余三个手指头伸直或者略屈（OK 手势），在中国表示零或三，在美国、英国表示 OK（赞同、了不起），在法国表示零或没有等。与外资企业的高管谈判，谈判人员需要非常关注高低语境和语言表达和非语言表达方面的差异，做好适当有效地跨文化沟通。

（2）风俗习惯的差异。风俗习惯是指个人或集体的传统风尚、礼节、习性，是特定社会文化区域内历代人们共同遵守的行为模式或规范，包括民族风俗、宗教信仰、节日习俗、传统礼仪等。不同国家、不同民族的风俗习惯不同，谈判人员需要知晓并要尊重各国的风俗习惯的差异，做好充分的谈判准备，而且在开展外国企业谈判的过程中还要相互沟通、相互尊重，以礼相待。比如许多欧美国家过圣诞节如同中国过春节，谈判人员所选择的谈判时间最好避开像圣诞节和春节这样重要的传统节日。谈判人员还需要了解各国人民的民族特点和传统礼仪，特别需要了解各国的文化禁忌。

（3）时间观念的差异。时间观念的差异不仅表现在工作时间方面，也表现在节假日方面。主要表现在两个方面：①工作日与节假日安排的不同。世界上多数国家工作日是周一至周五或周一至周六。但由于宗教原因，以色列工作日是周日至周五，因星期六是犹太教的安息日，是全国法定休息日。多数阿拉伯国家工作日是从星期六到星期四，因星期五是穆斯林的休息日。穆斯林重视斋月，欧洲人重视节假日，每年都会有四至五周时间度假，美国人重视圣诞节，中国人重视春节。这些节假日，不同国家均有不同的看重，谈判人员应尽量避开在这些日子里进行谈判活动。②工作时间安排与守时观念的不同。欧洲人上班全身心投入，却不愿意超时工作。而在中国和日本，人们常为做好工作加班加点。多数欧洲国家和美国的人很守时，而俄罗斯人时间安排比较随意。中南美洲和一些中东国家的人时间观念不强，而阿拉伯人对待则更顺其自然，甚至要“看上帝的安排”。亚洲人很守时，多提前到场，但菲律宾人常迟到。埃及人的时间效率很差，会让人等待很长一段时间。

（4）价值取向的差异。价值取向是指一定主体基于自己的价值观在面对或处理各种矛盾、冲突、关系时所持的基本价值立场、价值态度以及所表现出来的基本价值倾向。其中比较突出的是集体主义与个人主义价值取向。香港学者许志超和美国学者特里安迪斯具体分析了两种价值取向的特点，指出个体主义是以个人为中心的价值取向，而集体主义则是以集体为中心的价值取向，并从基本单位、关注焦点、冲突和结果处理四方面分析了个人主义和集体主义的区别。美国是典型的个人主义社会，而中国是典型的集体主义社会。谈判人员需要充分了解不同国家人员的价值取向特点和差异，做到知己知彼，同时，在谈判中做到有的放矢。

（5）思维方式的差异。在东西方各国思维方式的差异方面，欧美国家的人员通常采用形式理性和直线的思维方式来思考和推理问题，即直接分析事物之间的客观联系，注重严密逻辑推演和经验事实的验证，习惯直线式的思维方式和从小到大、从部分到整体的分析思维，但很少考虑与之有关的人际关系等因素。亚洲各国特别是中国人更侧重采用实质理性和曲线的思维方式，偏向于形象思维和经验感悟，习惯曲线式的思维方式和从大到小、从整体到局部的综合性思维程序和方法，这种思维不仅考虑事物本身之间的关联，也会考虑可能涉及的各种人为因素，尽可能实现多角度全方位的分析与思考。

（6）行为规范的差异。东西方各国在行为规范上亦存在差异，这种差异突出体现在：欧美各国的文化比较重利、重法，强调普遍规范，却淡情义、轻道德；而亚洲各国，如中国在文化传统上重义、重情，却轻法制、淡合同，注重特殊的关系和规范。欧美各国的客户在谈生意时，会非常认真地研读合同，哪怕有一处微小的拼写错误，也不会放过；在执行合同时，也会严格行驶合同权利和履行合同义务。与此相比，中国的人员较为重视合作伙伴之间的人际关系，关于合同则是在建立起良好的人际关系之后顺理成章的事情。

(7) 礼仪规则的差异。东西方各国的礼仪规则具有一定的差异，具体表现在西方礼仪强调社会的个人特性，突出差异性，鼓励冒险精神；而东方礼仪则强调社会的集体属性，突出统一性，讲求团结和谐。欧美国家看重个人的签名，欣赏不同的观点；而在东方，如在中国，单位的公章显然更受到欢迎，同时，在集体活动中，总会出现“枪打出头鸟”之类的评价。

在面子系统方面。礼仪规则也有所不同，西方人士会欣然接受对方赞扬以避免损害对方的积极面子，这是礼貌的；而中国人会通过贬低自己，以示谦虚，这样会给对方面子。最后，在对待个人隐私方面，西方各国人士非常强调个人隐私，而在东方各国的文化中，个人隐私却是人们经常提及的话题，而不觉得有所冒犯，如个人工资等话题。①

三、个体性别差异

荷兰人类文化学家吉尔特·霍夫斯泰德曾提出了文化差异的5维度模式：个人主义—集体主义（Individualism/Collectivism），权势距离（Power Distance），不确定规避（Uncertainty Avoidance），男性倾向—女性倾向（Masculinity－femininity），时间导向性（Time Orientation）；经研究发现，这5个维度模式对影响谈判风格具有重要的意义。此处，我们主要来谈谈性别对谈判风格的影响。

人格是构成一个人的思想、情感及行为的特有模式，这个独特模式包含了一个人区别于他人的稳定而统一的心理品质。包含气质、性格、认知风格、自我调节等方面。

男女人格是存在差异的，而且对大部分男和女来说差异还是很明显的。人格差异的原因就和人的能力一样，是先天的和后天的因素共同起作用的结果，在遗传基因的基础上，再加上后天环境的作用。不过我个人觉得后天环境的作用十分明显，而且非常重要，后天的也是我们能改变的。人在出生以前就已经决定了性别，这就是基因的作用。

相对来说，如有雄心、有干劲、富于竞争一般被认为是典型的男性品质，

① 连淑能．论中西思维方式［J］．北京：外语与外语教学，2002（2）．

而被动性、乐于照顾他人、情绪化则被看作是女性品质。不过女人的痛觉和触觉阈限低于男人，对声音和气味比较敏感；男人更擅长涉及体力行的活动等。这些都被认为是性别的差异。

男女性别的差异也极大程度上映射在谈判风格上。比如，男性更喜欢积极、激烈的活动，他们喜欢寻求刺激，喜欢占主导地位，喜欢冒险。而且，在思维特点上，更注重理性的思考。在行为上，攻击性行为要明显多与女性。自然而然在谈判的时候，男性通常表现的比较激烈，对把握主导地位的欲望也会更强烈；而女性则喜欢多愁善感，喜欢保守，他们喜欢寻找稳定而不是刺激，他们喜欢被主导，喜欢“小鸟依人”。在思维思考方式上，是从感性出发，即使有攻击性行为，多数也不会像男生那般激烈。

四、美日两国人的文化差异

文化是一个涉及内容较复杂多样的概念，其特点因国家、民族而异。

跨国公司中的谈判受到各国文化背景的影响，其文化差异具体表现在沟通形式、风俗习惯、时间观念、价值取向、思维方式、礼仪规则、行为规范7个方面的差异。谈判风格与谈判的文化息息相关，在谈判关系的建立、谈判的决策程序、谈判者的时间观念、沟通方式与礼仪规范、思维方式和行为规范等方面也具有显著的差异。在跨国公司中谈判人员需要熟悉不同国家谈判人员的文化差异和谈判风格，为谈判做好充分的准备，努力实现高效的谈判。

1. 美国人的文化观念

（1）崇尚个人主义。个人主义是美国文化的核心，其主要内容是自主动机自主抉择，通过自力更生达到自我实现。在美国人的价值观念中极为推崇自我奋斗型的成功，交往中，美国人的自信心和自尊感都比较强，加之他所信奉的自我奋斗的信条，让人更能感受到美国人的自我优越感。

美国人喜欢对世界上的事物评头论足，发表意见，并勇于坚持他们的正义和道义，这些也招致了其他国家人们的不满和批评，对美国民主和文化的评价有褒有贬，讨人喜欢的一面是富有幽默感，大方随和，充满自信，才华横溢，讲究民主，成就辉煌，受人批评的一面是人人讲究个性独特个人价值的自我实现是特立独行，变化无常，高傲自大。

（2）推崇自由与平等。美国人的价值观念中与个人主义联系最密切的是自由和平等的价值观，对美国人而言，平等是企求一个更美好的世界的基础，是崇高与道德的基础，意味着永远不受专制压迫，不受干涉，不受强制的自由，意味着在法律面前人人平等和人人都有改善自己生活条件的权利，美国人自认为不受任何人的恩惠，也不强加于别人，不拘泥于等级的礼节，也不要求别人施予这些。

平等和自由表现的另一面，就是美国人拒绝专制，拒绝政治专制，也拒绝文化和知识的专制，实施的是民主政治文化，美国人不崇拜权威，也不相信救世主，他们靠的是自己解放自己，自己的事情自己做，要想达到目标就创造条件去实现，而不是等待期望和祈求。

（3）讲究实际，注重利益。美国人的价值观还体现为实用主义的一面，实用主义体现在美国社会生活的方方面面，不玩花样，不讲情面，不喜欢客套，不讲究排场，注重实际追求利益是社会评价的主要标准。

2. 日本人的文化观念

（1）文化与人格的双重性。举世公认，日本人的性格上具有双重性，日本人在交往上十分的谦卑，但骨子里却是不服气不服输，在日本人的性格中，有诸多相互矛盾的东西，表面上看有某一种特点，但实质上可能又是另一回事。具体的表现有：爱美而又黩武，尚礼而又好斗，喜新而又顽固，服从而又不驯。

（2）等级森严，利益繁多。在发达国家中，日本应当是等级制度比较深远的国家，每个人在社会中都处于不同的利益集团，并恪守集团中的行为规范和道德约束。

日本公司的人际交往，建立在一个十分和谐和融洽的基础上，但这并不意味着人们都是以平等的身份交往，即便是外国人，你要懂得礼仪的重要性，并从内心尊重和理解，日本人才会接纳你。

（3）群体意识形象，不提倡公开竞争。日本文化所塑造的日本人的价值观念与精神取向，都是集体主义的，以集体为核心，日本人很注重团结，推崇集体主义精神，但是日本人的团结是建立在对自己人认同的基础上，日本人的自我认同标准也非常严格，要在系统上、法律上、能力上都是日本人才可以。

日本人并不喜欢公开的竞争，认为竞争并不有助于加快工作进度和提高工作质量，反倒会降低工作效率。日本人不提倡公开竞争，其深层的根源在于日本人的“耻感”文化，在竞争中必然有失败者和胜利者，对于失败者来说会因失败而蒙羞，这种羞耻感，在欧美人身上没有多大的负面效应，反倒是表现为一种动力，但对于日本人则严重得多，这会成为危险的信号，他们或者丧失信心，萎靡不振或者怒发冲冠，“拔刀相向”，日本人对失败和无能等有损名誉的反应极其敏感，高度戒备和自我防御，因为对于他们来说，承认错误和失败，就必须为此付出代价，辞职或者是退休。

第六节 具备基本的劳动法知识

对于一个优秀的劳动谈判者，我们之前提到了许多提高个人谈判力的方法。我们注重自己谈判风格的培养，争取能独树一帜，我们练习自己的语音语调，希望做到掷地有声。但如果要成为一个优秀的谈判者，仅仅有以上的素质还是不够的，我们需要做到“内外兼修”，在注重谈判方式的同时能够具备更多的“硬”技能，即掌握基础的劳动法知识。

考虑到劳动谈判的特殊性，无论我们是代表工会还是代表管理层，如果在劳动法的相关问题上出现了原则性的重大错误，那说明我们的职业素养还不能达标，那么我们发言的说服力将会大打折扣。在这样的情况下，我们想通过谈判达到设定的目的时将会更加困难。

一、掌握我国劳动法的发展史

自 1949 年新中国建立以来，我国劳动立法经历了曲折的发展历程，大致可以分为 3 个时期。

（1）劳动法的建立和形成时期（1949—1956 年）。国家在保障工会地位，解决失业人员的救济和安置工作，以及处理劳资关系等方面分别颁布了相应的法律法规。

（2）劳动立法由复苏到低谷时期（1957—1976 年）。1957 年初，我国开始起草《中华人民共和国劳动法》的准备工作，但在 1966—1976 年，10 年动乱时期法制遭到践踏，我国劳动立法工作进入低谷时期。

（3）劳动立法的恢复和快速发展时期（1976 年至今）。1976 年粉碎“四人帮”，结束“文化大革命”，国家进入新的历史发展时期。这一阶段的重要法律法规不胜枚举。在劳动法范畴里，2007 年以来劳动立法更加繁荣。《中华人民共和国就业促进法》《中华人民共和国劳动合同法》相继出台，这些法律为当前拉动关系的规范和协调及促进劳动就业，提供了强有力的法律依据。总之，现阶段我国劳动法正向日益完善的方向迈进。

二、熟悉我国劳动法体系

劳动法是调整劳动关系以及与劳动关系密切联系的社会关系的法律规范总称，我国现有的劳动立法可以分为以下几类：

1. 《中华人民共和国劳动法》

《中华人民共和国劳动法》是为了保护劳动者的合法权益，调整劳动关系，建立和维护适应社会主义市场经济的劳动制度，促进经济发展和社会进步，根据宪法，制定本法。

1994 年 7 月 5 日第八届全国人民代表大会常务委员会第八次会议通过。根据 2009 年 8 月 27 日第十一届全国人民代表大会常务委员会第十次会议《关于修改部分法律的决定》第一次修正。根据 2018 年 12 月 29 日第十三届全国人民代表大会常务委员会第七次会议《关于修改〈中华人民共和国劳动法〉等七部法律的决定》第二次修正。

2. 劳动关系标准方面的立法

（1）职业培训法。该部分的法律有《中华人民共和国职业教育法》。还有大量的部门规章，主要有《就业训练中心管理规定》《职业技能鉴定规定》《就业资格证书规定》《企业职工培训规定》等。

（2）《中华人民共和国就业促进法》与劳动力市场管理制度。这方面的立法主要是 2008 年 1 月 1 日实施的《中华人民共和国就业促进法》。劳动部根据国务院的政策，制定了一些部门规章，如 2000 年 12 月 8 日发布的《劳动力市场管理规定》，2000 年 5 月 14 日发布的《境外就业中介管理规定》等。另外，还有 2007 年 2 月 14 日国务院发布的《中华人民共和国残疾人就业条例》《关于全面推进零就业家庭就业援助工作的通知》等。

（3）工作时间与休息休假法。这方面的专门立法主要是国务院的行政法规，也有少量的部门规章。行政法规包括《国务院关于职工工作时间的规定》《全国年节及纪念日放假方法》《职工带薪年休假条例》等。

（4）工资法。《中华人民共和国劳动法》有相关规定，加上劳动部还制定了规章，如《企业最低工资规定》（1993 年 11 月）、《工资支付暂行规定》（1994 年 12 月）等。

（5）劳动安全卫生法。其中法律包括《中华人民共和国矿山安全法》《中华人民共和国职业病防治法》《中华人民共和国安全生产法》等。国务院的行政法规包括：《工厂安全卫生规程》《职业职工伤亡事故报告和处理规定》《禁止使用童工规定》《劳动部关于女职工晋级劳动范围的规定》《未成年工特殊保护规定》等。

（6）社会保险法。除了《中华人民共和国社会保险法》外，还有大量的行政法规和部门规章。主要的行政法规有：《中华人民共和国劳动保险条例》《社会保险费征缴暂行条例》《失业保险条例》等。部门规章主要有：《企业职工生育保险试行办法》。

3. 协调劳动关系方面的立法

（1）《中华人民共和国劳动合同法》。2007 年 6 月 29 日，全国人大常委会第 28 次会议表决通过了《中华人民共和国劳动合同法》。2008 年 1 月 1 日，《中华人民共和国劳动合同法》开始实施。

（2）集体协商与集体合同法。除《中华人民共和国劳动合同法》有相关条文规定外，还有劳动部颁布的部门规章，包括《集体合同规定》《工资集体协商办法》等。

（3）工会与职工民主参与法。现行《中华人民共和国工会法》颁布于 1992 年 4 月，在 2001 年 10 月根据全国人大常委会的决定进行了修改。此外，《中华人民共和国公司法》对职工民主参与有所涉及，《中华人民共和国劳动合同法》也有相关条文规定。

（4）劳动争议处理法。主要立法是 2008 年 5 月 1 日起实施的《中华人民共和国劳动争议调解仲裁法》。在此法律实施之前，主要还有《中华人民共和国企业劳动争议处理条例》《劳动争议仲裁委员会组织规则》《劳动争议仲裁委员会办案规则》等法律法规。

（5）劳动监察法。这方面没有专门的法律，只有一些部门规章与地方立法。原劳动部与 1993 年 8 月 4 日颁布的《劳动监察规定》，对劳动监察的职权、内容、程序都做了具体规定。

第三章　加薪谈判：员工福利的提升

第一节　步入工作岗位的谈判

通常，企业在正式录用员工之前，都会与其就薪酬、职位、福利待遇内容进行谈判，谈判的成果往往关乎员工在企业的起步和后续的发展。倘若入职前薪酬定得过低，往后的加薪、涨薪幅度将会受到很大影响；倘若最初的岗位要求过低，也会使今后的升职、绩效等大打折扣。由此可见，在步入工作岗位前进行科学有效的入职谈判，对员工的后续发展起着至关重要的作用。

实习期一般是员工进入企业的第一道关卡。

部分企业实习期员工的待遇要远低于正式员工，但任务却较繁重。在这种情况下，我们应该就实习期的工资福利、培训机会、休假制度等情况与企业进行理性地谈判。

同时，好的谈判能够事半功倍，坏的谈判却只能事倍功半。在谈判过程中我们也要注意谈判技巧，如表现出你的能力让企业因“惜才之心”加大对你的培养、提高你的待遇。

在谈判过程中，要根据自身的实际情况向企业提出有关要求。切忌盲目地谈判要价。现代管理企业注重实习期员工的培养，关心员工的诉求，在理性考虑的基础上能够接受实习期员工的理性谈判。

入职谈判通常包括面试定岗级别谈判、薪酬谈判以及劳动合同谈判。

一、定岗级别谈判：如何与面试官谈岗位

我们首先引入商务谈判中的概念“开价”，“定岗”与“开价”，一个人是

否勇于及善于为自己开价，既关系到对个人利益的维护，也关系到对个人贡献的肯定。同样，一个人是否勇于及善于为自己“定岗”，对其录用结果以及今后的晋升都有重要的影响。

1. 开价的高低

入职谈判通常要把“开价”放在前面，准确地说，是把聘用和被聘用双方的权利义务关系明确下来。一旦明确，工作就有了依据和保障。问题是：事前如何把握开价的高低?

其中有两忌：一忌开价过高。开价如过高，对方马上会认为你狮子大开口，或是敲竹杠，或是不自量力，或是诚意不够。总之，会在较短的时间内失去对你的信任，而增加对你的怀疑．那也就意味着你失去了为自己直得利益的机会。二忌开价过低。即自己没有正确看到自身的价值或没有着力去表现以让对方认同。因此，很随意地为个人开了低价。甚至在内心设想：低价容易让对方接受，如果我干得好，对方会考虑升职或加薪的。这种思路和做法严格地说是商品意识差和对自己主动权的轻视。而且，虽然低价把“晋”（晋升）人的门槛修低了，可却会在一定程度上让对手抬高心理优势且同时降低对你的看重乃至无视你未加烘托的“行市”。

因此，“开价”成为既有风险又充满技巧的一个中心环节。为达成一个理想的岗位级别．首先，你要从侧面了解对手的可接受的岗位。通常，这个岗位要在对手的可承受能力之内；其次，你要争取让对手先开价。这样，你是就此加价还是令其开第二次价，都较主动；再次，你的开价必须经一定的铺垫，不会使对方感到太突兀或缺乏心理准备。为达此目的的方式就是把谈判的时间拉长，或分成二次、三次。另一种方式是把整块的开价分割，从几个角度来说明各项收益的合理和必不可少。最后，你必须承担可能由此带来的失败的风险。若没有这个意识，或只强调了自己的信心而忽视了对手的老辣，就可能先丧失主动，后放弃原则。

2. 与“开价”相关联的自身条件

通常，开价高低以及对方最终是否接受你的开价，主要取决于你的自身条件，因此，这就关系到自己要很好地认识和宣扬自身条件。先用你的条件去打动对方，包括已有的业绩、未来的雄心和将要给对方做的工作。然后要从几个方面来重点剖析你的长处，如动脑能力（创意、策划、应变），动口能力（推销、公关），动手能力……，使对方认识到你一旦加入工作将会产生的积极意义。最后，是要给对方一个综合的、整体的印象，包括诚恳、沉稳、精力充沛、思维敏捷、表述清晰，等等，而避免虚浮、冲动、思维杂乱、言无条理。

在此之前，你必须要很好地评判自己的实力和潜力。比如，具体运作某一件事能达到对方的要求吗？若自己独立开拓某一个领城，有大概的思路吗？再如，对方若把自己当作能人看待，自己能够从哪些方面体现能人的风范呢？因此，古人说知人者智，知己者明可以视为对“开价”的一个很好的注脚。如果离这一要求愈近，“开价”成功的可能性就愈大。反之，只能成败由人。

3. “开价”要考虑到让对方接受的方式

除了自身条件，如何让对方接受你的“开价”便成为谈判的重点。一般情况下，对手总会认为你的“开价”过高。而正确的开价点也应该是比对手所能够接受的“价格”略高一些。因此，除了把握自己的开价幅度外，还要重视对手的反应，寻找一种最有效的能够迅速跟对手接近的方法，使谈话始终扣紧主题。通常要做的是：

（1）烘托自己。根据对手的理解能力和偏好，有目的地表白和展示自己。比如，让对手称你是某方面的专家；或让对手感觉到你有令人信服的实力。因此，这种表白和展示必须是巧妙的，是一贯的自信和一时的刻意的结合，是可以捉摸又略带神秘的结合。如能达到这一点，对方便会相信你说的话和乐意接受你提出的条件。

（2）提示事件。要把自己与对方所关心的事件或未来的工作结合起来。围绕这一中心阐述你的想法、计划乃至操作思路，从而使对方明确地认知你在这一事件中的重要性，这将成为你“开价”成功的一个重要基础。

（3）替对方着想。在必要的时候可以替对方算一下开支的经济合理性。如能在这一角度措辞有力，显然是大裨于事。但如这一考虑在事前是难以说明的，那么必须提醒对方应具有风险意识。实质上，这种话对于“明白人”提一下就可以了。然后你提出一个自信有把握的百分率，主动帮对方降低风险，从而使你的“开价”条件显得顺理成章。

4. 开价要留有回旋和解释的余地

在谈判中若不留有一定的余地就可能使彼此陷入僵局，就可能使自己葬送掉期待已久的机会和眼下超越利益之外的收益，同理，留有余地也是自己把握主动争取成功的最有效的办法。因此，开价的高低和选择令对方接受的方式都应有一定的普通性和让步的可能。虽然这并不意味着要轻易让步。

二、薪酬谈判：如何与面试官谈薪酬

薪酬福利是每个员工都关注的问题，也是提升员工满意度的关键因素之一。在于面试官进行入职谈判之前，首先要对薪酬福利有基本的了解：

硬性的：工资、固定津贴、国家强制性保险、公司内部统一的福利项目和带薪休假等。

弹性的：奖金、铁成、特殊补贴等。

软性的：培训、进修、工作环境、班车、食堂、健身中心等。

隐形的：弹性上班时间、在家办公、成长空间、带着小孩上班等。

当面试双方已经进入谈薪阶段，就应当抓紧机会，委婉地说出自己的期望值。除了上文中提到的懂得为自己“开价”之外，应聘者还应该注意以下四点：

1. 勇于谈判

“我更看重的是发展机会，而不是薪水。”如今，这种面试指南似乎太违心了。随着 CPI 指数一再走高，房贷、车贷、生活成本也一路上扬，你不得不放下身段，为未来多收三五斗而折腰了。薪水毕竟是你价值的体现，你完全可以与未来老板进行积极有效的谈判。在这个开放的年代，不要因为害怕失去工作机会而不去谈判。绝大多数的雇主都期待你与他谈判，只要你谈判的方式公平合理。当然，这并不是一场非赢即输的对抗性游戏，你的最终目标应该是双方达成一致，从而为发展良好的工作关系打下基础。

2. 摸清自己的底牌

在薪酬谈判中，是由价值决定价格的，你的价值便是谈判中的底牌。拥有一副出色的底牌自然可以让你胜券在握。

（1）如果你已经是绩优股——拥有特殊的技能、经历，丰富的行业经验，而且接受过很好的训练或者专业培训，你的底牌自然可以让你信心满满。

（2）如果你没有太多可以拿得出手的条件，但是你能证明你是潜力股，有潜力有决心，你的底牌便是给老板更多期许。

总之，在薪金谈判前，先称过自己的斤两，清楚自己的底牌，并准备好底线与方案，这样就可以从容上阵了。

3. 心里有杆秤

什么都替代不了事前的准备工作。如果你准备充分，在谈判中，你就会信心百倍、胜券在握。在开始谈判薪水前，你必须了解以下几个方面的内容：

（1）行业中相似岗位的平均薪酬水平。

（2）目标公司的薪金范围，或者该职位前任任职者的收入。

（3）目标公司所在地区相似岗位的平均薪酬水平。

当你把本企业本行业本地区的薪酬状况都了解清楚时，你在谈判时心里自然就有杆秤了。当然，要了解这些信息有一定的难度，不妨通过猎头等专业机构去了解详细信息。

需要注意的是，薪水不仅是 offer 上的几个数字，要考虑的是整体薪酬。包括未来公司的福利待遇，如完善的商业保险，弹性工作时间，灵活的休假计划等等。此外，新机会带来的增值效应也是一笔无形资产。如果你更看重工作与生活的平衡，更看重将来的前途与机会，只要未来老板开的薪水在你可接受范围内，就没必要在细节问题上锱铢必较了。还应注意不要虚报目前收入。许多公司有简历审查的程序，会让录取员工拿出原先单位的工资单以做核实。因此，在说明目前薪水时，要尽量做到真实。

4. 适度“讨价还价”

其实，大部分老板对于“讨价还价”都是有心理准备的。但以价值问题为重点进行公正、合理的谈判，通常都能够改变应试者本来的不利处境。适度的“讨价还价”可以帮助你向雇主表明立场，至少可以让他们了解你是如何评价自己的。即使当时没有给你涨工资，雇主也会提供一段试用期，试用期结束后再根据你的表现重新定薪金标准。即使你“降价”接受了该职位，也要表明你的决定是因为看重这一机会以及其他因素，为以后谈判薪金打下伏笔。最好是给出整个薪资结构，对以前以及将来的薪资结构进行解说。

给出灵活的薪酬。每个雇主在询问求职者期望薪酬之前，心里已经有了大致的给付标准，他们会根据求职者的回答，在这个范围内灵活调整。当求职者给出期望薪酬后，雇主往往会直接选取底线的价格。因此对求职者来说，一方面给出的薪酬底线要高于实际期望值，另外一方面，要注意保持薪酬的灵活性。可以说：“结合我的工作经验，我希望我的薪水比前面一份工作高出 20%—30%，不知道是否与你的薪酬标准相吻合？”这样就既灵活，又委婉。

谈薪酬，可以侃薪水的小窍门[①]：

（1）推迟讨论：面试时，应聘者应该避免一开始就谈论薪资。当双方的沟通还不够时，就盲目说出数字，往往会破坏谈判的可能性。

（2）双赢博弈：尽量理解雇主的观点和立场。然后制订一个既能满足雇主的愿望也能实现你自己需求的策略。

（3）保持灵活：不要在细节问题上锱铢必较，只要有可能尽量达成或妥协。如公司主要关注的可能是“基本薪金”。你可能更在意“全部收入潜力”。那么一个双赢的解决方案可能是达成基本薪金较低而提成或奖金较高的薪金结构。

（4）仔细斟酌：如果你需要时间重新考虑这桩交易，不要感到难为情，应要求雇主再多给你24—48小时斟酌一下。

三、劳动合同谈判：如何与面试官谈劳动合同

1. 劳动合同的定义

劳动合同，也称劳动契约、劳动协议，它是指劳动者同企业、事业、机关单位等用人单位为确立劳动关系，明确双方责任、权利和义务的协议。根据协议，劳动者加入某一用人单位，承担某一工作和任务，遵守单位内部的劳动规则和其他规章制度。企业、事业、机关、团体等用人单位有义务按照劳动者的劳动数量和质量支付劳动报酬，并根据劳动法律、法规和双方的协议，提供各种劳动条件，保证劳动者享受本单位成员的各种权利和福利待遇。

2. 劳动合同谈判

一份合法、有效的劳动合同应该是用人单位与劳动者之间各自权益的“双赢”。在目前就业压力较大，劳动者处于弱势地位的情形下，这种双赢的结果不可能靠企业“施舍”，相反，得靠劳动者主动争取。求职者应聘成功以后，接下来的就是和单位谈聘用合同了。了解以下几种情况，会让你在谈判中最大限度地争取自己的利益。

求职者应聘成功以后，接下来的就是和单位谈劳动合同了。了解以下几种情况，会让你在谈判中最大限度地争取自己的利益。

① 晓篱．与未来老板“侃”薪水［J］．人力资本，2007（11）：78－79.

（1）了解你的需要和你未来雇主的需要。劳动合同谈判需要权衡与协调，要在这类谈判中成功，你首先要权衡自己的能力。你想要什么？你是否自信能达到既定的标准从而得到奖金？了解你自己的需要将有助于你选择公司的类型，每个公司所能给的报酬和福利都有许多由来已久的制约，了解公司在其运营能力和预算范围内所能给予的，将有助于你取得更大收获。

（2）了解特定谈判的不同变化。有时你这样的人才在市场上并不多见，企业通过面试发现你是惟一的人选，便会很快聘用你。如果这时你推迟劳动合同谈判的话，你的优势地位将增强。你可能是企业的几个候选人之一，企业愿意聘用任何一个人。报酬是决定聘用的关键因素，权衡一下形势，了解每一方的相对形势将有助于你决定如何进退。

（3）永远不要说谎，但要利用你的优势。诚实是非常重要的。如果在谈判中说了谎，一旦被人发现，你就失去了所有的信誉，将处在非常不利的位置。另一方面，你也不要直截了当地回答某个问题，除非这样回答能使你获益。

（4）未知也可以成为你的优势。如果一个雇主不能确定怎样才能聘用你，他所给的报酬有可能是最好的报酬。如果你泄露了太多的信息，那么报酬有可能没有原来那么高。如果不告诉雇主你确切的报酬，这将迫使他提出最好的条件。

（5）善始善终，把握最佳结束谈判时机。在谈判时你得到了你期待的，这时你应该感谢与你谈判的人。如果你还没有意识到此时应该停止谈判，那么你可能会让公司觉得他们选错了人。

（6）打有准备之仗。在进行劳动合同谈判时，劳动者至少应具备劳动法相关的基本常识。

3. 签订劳动合同

劳动合同的签订，不仅事关个人在薪酬、福利、保险等方面的物质利益，还涉及到诸如培训、晋升等个人长远发展问题，因此必须慎重对待。劳动合同是劳动者与用人单位确立劳动关系，明确各自权利和义务的协议，也是劳动争议发生后处理争议的重要依据。因此，在签订合同前，劳动者至少应具备以下3个方面的常识：

（1）提前准备。在劳动合同订立前7天，可以要求用人单位提供合同文本，以便对合同文本内容有充分的了解，特别是对于双方协商约定的条款，尤应引起高度重视。

（2）把握内容。从全面保护个人利益出发，应尽量了解《中华人民共和国劳动法》的内容，这一点虽然对大众来说有很大的难度，但从合同本身出发，应清楚劳动合同的条款要包括两部分：一是法律规定的条款，包括劳动合同期限、工作内容、劳动保护条件、劳动报酬、劳动纪律、劳动合同终止的条件、违反劳动合同应负的责任共 7 方面的内容；二是双方认为有必要明确约定的条款，应明确写明。

（3）重点了解。在把握合同条款的基础上，还应该清楚了解事关自身利益的两部分内容。一是在什么情况下解除劳动合同劳动者可以获得经济补偿以及补偿标准。关于这一点，《中华人民共和国劳动法》列出了 7 项内容，可向劳动部门查询。二是在什么情况下单位不得与劳动者解除劳动合同。《中华人民共和国劳动法》第二十九条对此做出了明确规定。

4. 劳动合同签订后的工作

在签订劳动合同后，还应积极做好善后工作。明目张胆的不公正合同比较好防范，即使在签订比较正规的合同时，也要洞察蛛丝马迹，以防上当。

（1）附加条款要看清。在聘用合同中，一般都是会有一些附加条款的，求职者在签订前一定要让企业拿出原文，仔细审看无异议后，还要盖章留存，作为依据。要认真检查有无遗漏的约定事项或者附加说明，需要立即补齐的绝对不可拖延。

（2）当面签字、盖章不可少。求职者拿到合同，应该让企业及其负责人同自己一起当面签字盖章，以防某些企业利用先后签字的时间在合同上做手脚（更改数字、时间等）。同时，仔细鉴定单位所盖公章，看其是否与自己即将进入的单位一致。因为事后往往发现，在同一法人单位下，会存在许多分公司、下属单位或营业部门，不少劳动者是不愿意进入所有的部门的。

（3）数字一定要大写。合同签字后，有些企业会抓住时间空隙，将合同上的数字更改让求职者吃“哑巴亏”，所以，求职者在签订合同涉及数字时，一定要用大写汉字。另外要注意合同生效的必要条件和附加条件（如签证、登记）；合同至少一式两份，双方各执一份，妥善保管；双方在签订时如有纠纷，应通过合法方式解决。

第二节　要求加薪的谈判

加薪是职场人士讨论的永恒话题，人们盼望薪水一年比一年高，但是在实际情况中，加薪并不那么容易。薪酬谈判包括工资、福利、股权、期权、虚拟股权、分红、奖金、提成、社保、住房公积金、加班费等。据调查，每年都有加薪机会的企业并不多，部分人表示已经5年没有加过薪（见图3－1、图3－2、图3－3）。

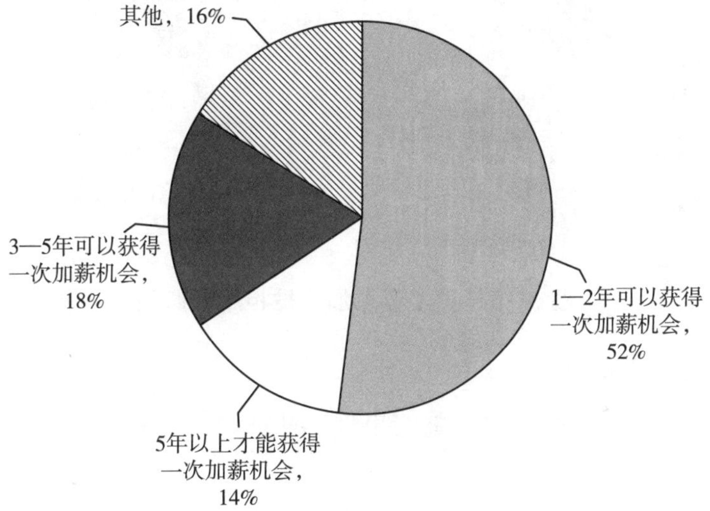

图3－1　加薪员工时间频率

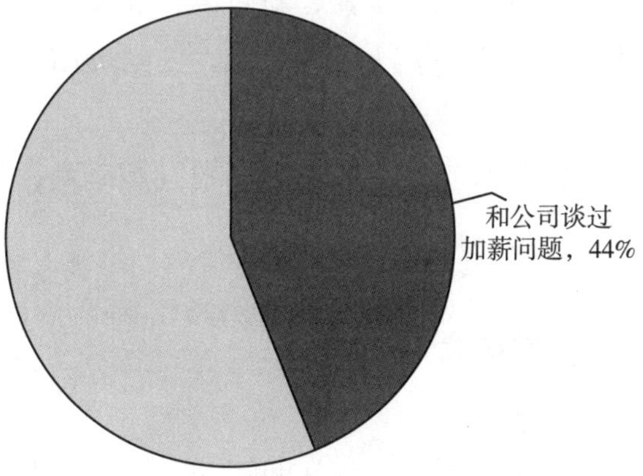

图3－2　员工提出加薪的主动性分析

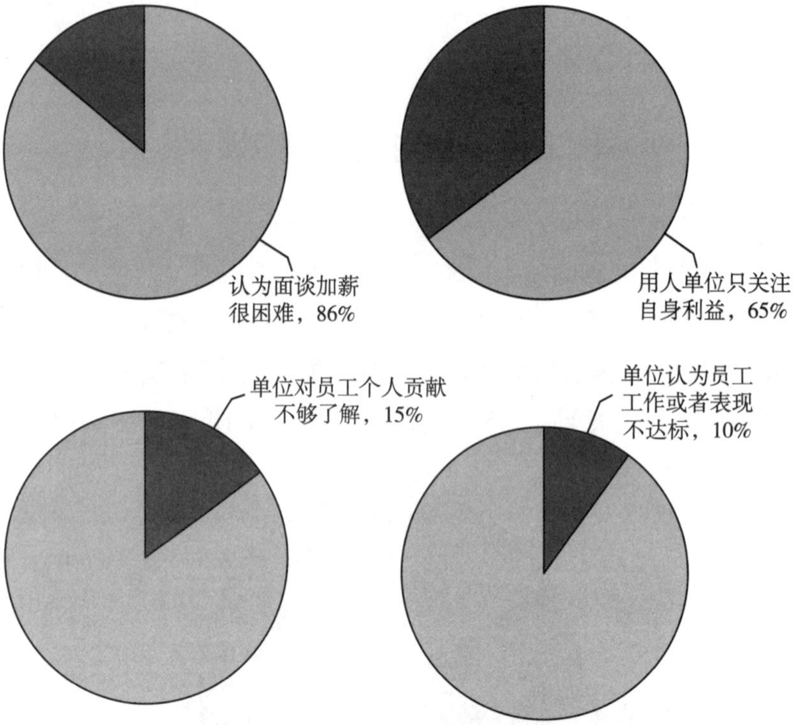

图 3－3　员工要求加薪被拒绝的原因

主动要求加薪成功率不高。

不少员工有主动跟公司谈加薪的事情，往往得不到认可，认为公司只关心自身利益。

此外，超过 63% 的受访者表示自己在公司的薪酬不公。公司认为给员工的待遇主要是根据员工的能力和贡献而制定的。职场新人还在学习阶段，薪酬增长相对缓慢，有一定工作经验的员工，起薪较高，加薪机会也相对较多。等待企业主动加薪是件不容易的事情，所以有时候，主动提出加薪是必要的，但加薪谈判同样需要做好准备。

加薪谈判是劳资双方就共同关心的加薪问题互相磋商，交换意见，寻求解决的途径和达成协议的过程。

一、加薪谈判的语言技术

谈判口才是一种技巧性、艺术性很强的才能，要靠长期的实践锻炼与经验积累，才能掌握、运用自如。加薪谈判各阶段的语言具体运用，又各有其特点，如同百花齐放。

正式的加薪谈判一般可分为6个阶段：即导入阶段、概说阶段、明示阶段、交锋阶段、妥协阶段与协议阶段。

1. 导入阶段

这个阶段主要是进入谈判席的双方代表介绍各自的姓名、职务等情况，以便互相识，初步了解。双方可以说一些表示问候、欢迎、感谢的客套话，目的在于创造一个和谐的气氛，为双方找到共同的语言与心理沟通做好准备，这个阶段为时极短，但语言要热情，大方，友好和气，轻松愉快。

2. 概说阶段

谈判正式开始，各自把目的与想法概要的概要地介绍给对方。当然不能和盘托出，只是概括说明总的意图，而某些关键性的内容则暂时隐藏着。这个阶段为时也不长，语言要求是简洁、明了，原则性强，语速不宜太快，要清晰、流畅并充满自信，目的在沟通必要的信息，树立信赖感、软化谈判态度。

3. 明示阶段

概说阶段交待了基本一致的想法，但双方是因为还有不同的想法才需要进行谈判。因此明示阶段双方都会提出各自不同的想法及其理由，但语言仍多为心平气和的委婉表述。明示阶段的主要目的在于寻求兼顾双方利益的协议，而进行过渡性的铺垫，从而使谈判能顺利进行下去。

4. 交锋阶段

这是谈判出现对立的阶段，也是最能体现谈判者的智慧和即兴口才的阶段。在一系列的磋商过程中，双方代表都为己方争取尽可能多的经济利益而一展口才，利用施与受兼顾的原则找出双方都可能接受的妥协范围。双方代表都会抓紧各种时机来论证己方主张的合理性，语气难免较为强硬，有时甚至带点火药味，但谈判高手往往能沉着应对，运用严谨的逻辑判断与巧问智答的口才，绕过一处处暗礁与险滩，最终达成较圆满的协议。

在这个矛盾冲突随时可能一触即发的敏感阶段，谈判者应注意两点：一是专心倾听对方发言，尽量从对方的言谈中发现问题，分析其真实意图；最好不要急于发表针锋相对的反对意见，老跟对方磨擦、正面冲突，从而加剧紧张气氛。这就需要防止急躁情绪，克制过于激动的感情。二是积极开动脑筋，根据互利互惠的原则，多提出几个方案，耐心协商。当某些关键问题一时无法立即取得共识时，则全面权衡利弊，在次要问题上作适当妥协。待事态有所进展，互相信任有所增强时，再换一个角度重新提出原则性的建议。

这个阶段的语言特色，的确是软硬兼有；但即使原则性颇强的语言，也是外柔内刚。至于讽刺、挖苦、讽刺的语言，绝不能使用。

5. 妥协阶段

紧张的交锋持续一段，就应当逐渐转入妥协阶段，必要的妥协、让步是最终能够达成协议的前提条件。既不放弃己方的主要利益，同时兼顾对方的需求，合作的大门重新敞开，谈判的语言比交锋阶段温和得多了。双方发言都在对前面的谈判内容进行归纳与总结，并为正式签约的条款进行磋商、补充、完善。

这个阶段的语言原则性与艺术性更强，有 3 点需要注意：

（1）让步与要求同时并提，并希望对方予以回应，作出相应的让步。或直接提出交换条件，或暗示己方愿意这样做，但要以双方的某种让步作为交换。

（2）对双方所谈的内容、共同使用的概念、术语，要有一致的理解或解释，以免产生不应有的遗留问题。

（3）要明确暗示对方作出最后决定。假如对方仍拖延不作决定，就要询问原因，并告知对方，再不当机立断，可能前功尽弃。

6. 协议阶段

经过一系列的谈判之后，又恢复了风平浪静。双方认为己方目的已经基本达到，谈判过程宣告结束。这时的气氛又如同导入阶段一样友好、和谐、融洽，双方皆大欢喜，握手言欢。

二、方法策略

（1）审时度势很重要：你必须在时间、地点、场合条件都具备的情况下提出加薪。否则，突然提出，只会使老板反感。最佳谈加薪时机一般是公司每年年底都进行的业绩评估时，在评估结果出来之后，如果发现自己有加薪的空间，那么可以以业绩为资本向老板提出加薪，这样做成功的可能性较大。

（2）抓住业绩是关键：必须向公司证明你值得加薪，而不是你需要加薪。抓住自己所做出的业绩，表现出足够的信心。先说服了自己，你才有可能说服老板。

（3）摸准加薪的时间表：掌握公司的加薪时间是很重要的。大多数公司会在年初加薪；有的公司人数相对比较少，操作比较容易，会一年加两次，1 月和 7 月。如果你遇到加薪不定期的公司，可要小心了。这说明，公司在短时间内不会考虑加薪。还有两种可能是，公司刚刚起步，暂时拿不出这么多钱发工资；或是公司不景气，要想加薪就会很困难。

（4）加薪多少要考虑：提出加薪时，你也需要诚实地为自己估价，不要漫天要价。先做些调查，了解自己的行业和所在位置的工资水平。如果你身处热门专业，你要求加薪的幅度就可以适当提高。如果公司不同意，和老板谈一下，是否能以其他方式补偿，比如奖金、休假、交通费等。

下面就是一个非常成功的谈判案例：

史黛丝以优异的成绩毕业于美国著名大学，在出版业、业务拓展和通信方面都有过相当的工作经历。现在，她获得一个不错的去欧洲工作的机会。但是，史黛丝没有草率决定，她想要在这个新公司争取更高的薪酬。谈判似乎有些风险，史黛丝知道，即使她采取务实的态度，比较美国类似职位的薪酬，招聘公司也不太可能会改变他们的最初提议。她想，最有可能的结果就是拒绝她的加薪要求。

新工作的薪酬情况如下：在 2013 年，公司每个月支付的工资是 6000 美元（年薪大约 7.2 万美元）。然后，在 2014 年，薪酬不变，季度奖金是 1200 美元（年薪一共 7.68 万美元）。史黛丝确定两件事：第一，大多数公司在薪酬问题上都留有余地，通常他们也希望求职者能够满意；第二，如果对薪酬持有异议，还价的时机就是现在。

史黛丝提出的请求，以下是她提出请求的部分内容："我非常感谢你们提供的工作机会，非常期待与你的团队一起工作……关于薪酬问题，我已经做过市场调查，希望薪酬范围能在 8.6 万—9.6 万美元。据调查，我所在行业的这个职位的中间工资水平大约每月 7800 美元，如果贵公司每个月只支付 6000 美元，那么我的收入在相似职位中处于最后的 25%。"

随后她附上调查结果，这个结果显示和她具有同样教育背景和从事相似职位的人的每月平均工资超过 8000 美元。她继续写道："鉴于我之前的工作经验，优秀的业绩（配合两个案例），如果你们能够重新考虑我的薪酬，我将非常感激。"

招聘团队回复史黛丝：公司的起薪是固定的，无法改变，但关于奖金方面还有商榷的余地。另外，他们希望不再通过电子邮件交流，改为电话联系。

招聘方拒绝提高起薪，这让史黛丝感到很失望，尽管她能理解这其中的理由。在紧张地等待对方电话的同时，史黛丝对自己以前从没打过主意的奖金感到非常好奇。

随后的电话谈话非常顺利。招聘公司坚持他们的政策，起薪不变，但是在2014年，史黛丝可以在一月份获得一次性奖金5000美元，季度奖金为1800美元。这意味着到2014年史黛丝的年薪从7.2万美元升到8.42万美元。

史黛丝说，招聘经理主动提出帮她在公司的公寓里找个地方暂时安顿下来，她不仅可以两个月房租全免，而且飞机票也由公司支付，2014年7月还有机会参加薪资评估。

一切尘埃落定，所有的薪酬加起来只是略微低于她最初的理想水平。史黛丝也发现，她以前从未考虑的季度奖金、一次性奖金、差旅费用、绩效评估等，都为她带来了意想不到的收获。

薪酬谈判的关键在于方法正确：表现专业，呈现数据，态度灵活。正如史黛丝所言，“谈判氛围和气，让我有安全感和自信，敢于提出要求。”

三、不同阶段谈判加薪的方法

1. 职场新人谈加薪

公司新人，当然是指工作经验和阅历都比较浅的上班族。对新人来讲，比谈加薪更重要的是在新公司能否找到适合自己的职位，学习更多新鲜有用的知识和技能。以长远目光来看，新人能力的积累，绝对比收入的增加来得更为重要和宝贵。况且，许多公司也没有对新人谈加薪的惯例。

真正对公司新人有帮助的建议是：面试时不需要谈加薪，先进入适合自己的公司，做好适合自己的职位，让主管们若到你出色的表现和实力，到时候公司自然会给你加薪。特别在大型企业，每年都有一定的加薪幅度，公司在权衡这些加薪比例该分配给谁时，那些工作努力、业绩明显但薪水还没有跟上其表现的员工，更容易成为优先的调整对象，新人就是其中之一。

2. 职场好手谈加薪

业绩做得好，在原公司谈加薪，其实难度比跳槽时谈更高。

（1）了解主管的态度。要说服主管加薪，条件不外乎自己在公司的表现、贡献、价值，以及自己与同事的比较。当你准备好这些谈判的条件，在向主管摊牌的同时，一定要观察主管是否认同你的说法。主管的态度决定了你接下去谈判的顺利度，如果主管根本不认同，那就免谈。

（2）给自己设一条底线。在谈判之前，一定要把所有可能发生的状况都想清楚，给自己定条底线。假如主管不准备给你加薪，却答应改善你的工作环境，你愿意以此代替并接受吗？如果你不接受，有打包回家的心理准备吗？

（3）把握谈判时机。尤其要当你在工作中有重大表现、业绩显著，资任加重时，最容易争取加薪。

（4）提条件时留些弹性空间。除了当面谈，还可以通过电子邮件向主管简单地提出加薪的想法，具体数字可以不提，多留点空间，主管同意的意愿也会更高。

员工提出加薪也不要忽视一些谈判技巧，比如：谈话方式。

有这样一个案例，小刘说“前不久我刚和上司提过加薪的事，不过被堵了回来。其实我的业绩向来不错，人事关系也很好，领导在公开场合也表扬过我。”

但老板的意见是：“其实刘兵是符合我们公司加薪条件的，只是他当时和我谈的时候，说话方式有些不对，我当天心情又不太好，就给他碰了钉子。”

一般老板在和员工谈加薪的时候，员工在表明自己成绩的同时不要过分强调这点，不然好像公司所有的成就都是因为有了你。老板可能会和你商量自己的难处，这并不意味着他拒绝了，你也要心平气和地倾听，不要用强迫的对话态度。

四、加薪谈判需要注意的问题

1. 公司新人应不应该谈加薪——能力比收入更重要

公司新人，当然是指工作经验和阅历都比较浅的上班族。离开 A 公司，去 B 公司面试，可以和主管谈加薪吗？如果开口谈了，主管又会怎么想呢？其实，对新人来讲，比谈加薪更重要的是在新公司能否找到适合自己的职位，学习更多新鲜有用的知识和技能。以长远目光来看，新人能力的积累，绝对比收入的增加来得更为重要和宝贵。况且，许多公司也没有对新人谈加薪的惯例，即使你想谈，也没得谈。

真正对公司新人有帮助的建议是：面试时不需要谈加薪，先进入适合自己的公司，做好适合自己的职位，让主管们看到你出色的表现和实力，到时候公司自然会给你加薪。特别在大型企业，每年都有一定的加薪幅度，公司在权衡这些加薪比例该分配给谁时，那些工作努力、业绩明显但薪水还没有跟上其表现的员工，更容易成为优先的调整对象。新人就是其中之一。如果新人在一开始就将薪水谈得很高，而表现一般般，那往后几年就有可能没得加了；与其对底薪斤斤计较，不如凭实力先做出点业绩来，努力两三年，有了经验积累和优秀业绩垫底，第二份工作的薪水，就有得你谈了！

2. 职场好手的加薪谈判

拿优秀业绩当条件谈？业绩做得好，方法不对未必成功。

（1）要了解主管的态度，要说服主管加薪，条件不外乎自己在公司的表现、贡献、价值，以及自己与同事的比较。当你准备好这些谈判的条件，在向主管摊牌的同时，一定要观察主管是否认同你的说法。主管的态度决定了你接下去谈判的顺利度，如果主管根本不认同，那就免谈。

（2）给自己设一条底线。在谈判之前，一定要把所有可能发生的状况都想清楚，给自己定一条底线。假如主管不准备给你加薪，却答应改善你的工作环境，你愿意以此代替并接受吗？如果你不接受，有打包回家的心理准备吗？

（3）把握谈判时机尤其重要。当你在工作中有重大表现，业绩显著，责任加重时，最容易争取加薪。但是如果谈判时机不对，比如正巧遇上公司重大调整宣布不调薪，开口谈加薪等于白白浪费。另外，谈判也不一定是正襟危坐，脸严肃，如果有机会和主管一起共进晚餐，在轻松随意的环境中，在谈笑中暗示你的加薪意愿。即使主管不同意，你也不会太尴尬。同样地，你的轻松提议也不会给主管造成压力。

（4）提条件时留些弹性空间。除了当面谈，还可以通过电子邮件向主管简单地提出加薪的想法，具体数字可以不提，多留点空间，主管同意的意愿也会更高。主管也往往不想和你“谈来谈去”，直接开个数字给你，事情就解决了。就算拒绝，也因为是轻松的表达方式，都不会给双方造成难堪的局面。

3. 提薪情况与对策

（1）付出与所得不符。能主动提出加薪要求者，心态积极；觉得自己付出很多，工作态度势必积极，但你对公司的贡献真的做得够多吗？你能用数据来证明你所谓的“付出”吗？

对策：日常就应注重积累，除了年终总结报告及日常工作报告，还应将自己对公司的贡献事无巨细地记录在案，整理成书面材料，至少自己要能说出自己做了哪些工作。记录下你在本职工作外所完成的额外任务以及相关的成果，这些任务为公司带来多少好处。

提示：使用笼统模糊的字眼说明自己的贡献。万一加薪要求被拒，请礼貌地追问老板自己哪些方面做得还不够，让他在了解自己的同时，对自己产生信任，进一步交代任务。这些就是你将来的工作目标和发展空间。

（2）薪金不能体现价值。薪金不能体现价值你值吗？你真的认为自己是唯一吗？你做到了“开源”——你为公司创造了多少财富？还是，你做到了“节流”吗？——你为公司节省了多少财富？

对策：尽可能用具体数字证明自己的工作绩效或贡献。例如，谈成了哪些项目，这些项目给公司带来的利润是多少，为公司缩减了多少成本，生产力提升了多少，商品周转率增加多少等等。在公司陷入困境时，如何做出成绩。例如，在人力严重短缺的情况下完成了哪些项目，在设备不足或是老化的情况下完成了一笔数额惊人的单子，成功化解客户的刁难维护公司形象等等。

提示：除非已经为自己留了更好的出路，否则不要采取跳槽等威胁手段。如果你在公司属于20%不可或缺的精英，可以以这个理由提出加薪。你的胜算在于虽然没有人是不可取代的，但取代你的成本却可能超过为你加薪的成本。

（3）工作量加大，薪水没加。你不说我怎么知道你工作量加大了呢？我看你还是能胜任的嘛，完成得很好很轻松啊！

对策：记录下你额外的工作任务和所占据的时间；工作量的增加，不一定就代表被委以重任，只有证明自己用更有效率，且更有创造力的方式承担了份外的工作，才能作为要求加薪的筹码。

提示：鼓起勇气和老板开诚布公地谈一谈，加薪可能仍是遥远的梦，但老板可能会让你减轻一些工作负担，至少，让老板注意到你在做额外的那些事情，让老板知道那个总埋在文件堆后的你的名字，你不再是“Linda”或者“Lily”。

（4）进公司时就对薪资不满。当初你自己都接受了，怎么能埋怨我呢？

对策：如果老板不同意加薪，你应该和老板谈一下，怎样才能加薪，或者是否能以其他方式来补偿，比如奖金、休假、交通费等等。将加薪要求转化为要求公司给你提供职业发展的机会，例如培训、转到更适合自己更重要的工作岗位上、要求参与公司较大的项目或者未来发展计划等等，表明自己为公司服务的热忱。

提示：和别的同事或者别的公司的薪资作比较。如果除了薪资，你对公司各方面都较满意，那就试图让自己在公司的作用更明显一点，跟老板谈加薪的目的不仅仅着眼于工资单上的数字，更着眼于自己将来的发展。

（5）收入与同事有差距。薪资的事情是双方事先谈好的，为什么当初不吭声，现在才埋怨?

对策：说实话，以这条理由要求加薪的危险系数较大，成功系数较低。这里只能提供两条商谈条件：可以尝试先提出加薪5%，半年后再要求增加5%；也可要求老板给予培训等其他条件“变相加薪”。

提示：永远都不要说同事做得不如自己好，甚至干脆说同事做得不好。以这条理由提出加薪，第一表明你怀疑公司的薪资制度；第二表明你怀疑老板的决策。所以，不妨先怀疑一下自己，为什么薪水低? 如果是自己的能力问题，再接再厉；如果是老板的问题，那你该走了。

第三节　要求晋升的谈判

众所周知，人才是企业中最重要的资源，人才的流失会给企业造成巨大的损失。根据调查，在众多离职原因中，晋升因素占了很大比重。根据马斯洛的需求层次理论，个人在满足生存、安全等需求后，最重要的是自我实现的需要，个人未来发展对于员工十分重要。而且，现代社会人们对晋升的关心多于对薪酬的注意。晋升对员工和公司都有极大地影响。因此，员工要积极主动地与老板就个人晋升这一问题进行谈判，争取更大的、更适合自己的发展平台。但是在谈判的过程中，员工也要注意谈判时机、谈判内容、谈判方法等问题。

一、晋升的相关概述

1. 晋升的定义

晋升是指员工由较低层级职位上升到较高层级职位的过程。众所周知，劳动分工是提高效率的手段之一，于是在企业内部就按照专业划分为许多职系，这些职系又被分为许多职位，这些职位形成层级系列，于是就有了晋升的条件。企业需要评价员工能力，看其是否能晋升到高一层级的职位上去。

2. 晋升的意义

（1）资源配置。让合适的人做合适的事，实现能力和职位的匹配，节约人力资本。

（2）提供激励。在现代社会，人们依旧认为在企业中身居要职是能力和地位印象征，将晋升当作个人成功的主要衡量标准，同时高层级职位的收入和地位给处于较低层级职位的员工提供了激励，为了个人物质和精神需求，员工会更加努力的工作。

（3）降低员工流失率。为了获得荣誉上的满足感，员工会努力工作，以求以更快的速度得到提升，他们的使命感增强，延缓了工作流动的行为，降低了工作流动的几率。

（4）个人未来发展。企业职位是个人自我实现的平台，晋升可以帮助员工扩大发展空间，提供更合适的发展平台，实现人力资本投资的预期收益。

3. 晋升的模式

（1）按工作表现晋升。在工作表现可以用若干标准衡量的企业中，人力资源经理可以依据员工工作表现是否合乎既定标准来决定是否升迁。在这种情况下，能力即是员工的工作业绩能够达到预期的标准之一。

（2）按投入程度晋升。当一名员工能约法守时，服饰讲究，遵守企业的一切规章和制度，能配合上级将工作进行得井井有条，非常出色，那么必定会受到上级的赏识。

（3）按年资晋升。按年资晋升这在表面上是只看资历，实际上是资历与能力相结合，在获得可晋升的资历之后，究竟能否晋升，完全依据对其工作的考核。这种制度承认员工经验的价值，给予大家平等竞争的机会。

二、要求晋升谈判的流程

晋升谈判和薪酬谈判是员工个人谈判的重要内容，其中，晋升谈判的难度是最大的。在和老板谈晋升之前，我们要做好相关的准备判断可行性是第一要务，随后是端正态度、选择时机、拟定谈判策略、做好谈不成的准备、开始谈判。

1. 可行性分析

（1）了解公司（单位）现在有没有升职的空间。

（2）了解你想要晋升的岗位具体的职责（建议网上查阅和自己对这个岗位在公司中的职责了解）。

（3）对自己与公司的价值有个清醒的认识。根据“职责描述”和过去一年的表现，判断一下自己在这个职位上的竞争力和不可替代性。

（4）换位思考。假设你坐到你老板的位置，怎么看你对公司的贡献，能否量化成硬指标——即无论从哪个角度看，争议都最小的指标，在晋升上是否还存在什么问题等。同时注意结合公司的整体经营情况，实事求是，不可胡乱提要求。

可行性分析的目标在于确定和老板谈加薪是否现实，以及确定要谈的话到底该提多高的要求。

2. 端正态度

要求（Ask），而不是哀求（Beg）。

公司请你做事是因为你有专业知识和技能，可以帮到公司。你和你老板的关系，应该是正常的上下级关系，而非主仆，大家都是职业人士，并不存在谁把谁踩在脚下恣意蹂躏的情形。对于个人发展的晋升需求，我们应当提出理智平和的要求而非情绪化的哀求，抱怨、要挟是不能解决问题的，反而会对你以后的发展产生极大的负面影响。一旦进入哀求模式，哪怕这次准了，你和老板的关系已经变异了，负面的影响只是时间问题。要记住，谈判是诚恳、自信地提出我们的要求。

3. 选择时机

职场就如棋局，何时攻何时守，决定的不光是这一步的胜败。谈判也一样，“天时”不对，“地利人和”都不管用了。这个时机包括两个层面：一是开始谈判的时机选择，另外一个是如果谈判进入僵局，要在合适的时机适可而止，给双方留出再次谈判的空间。

选择好谈判开始的时机，还需要谨慎应对谈判中出现的各种问题，找合适的时间中止。例如谈判进入僵局，一定要记住以退为进。适可而止，给双方留出回旋的余地，也让老板有个思考权衡的空间，为日后再谈打下基础。在什么时候开口提出加薪，也是有讲究的，千万不要撞到枪口上。比如你的老板正赶着去参加一个重要会议，你就不应该在这个时候提出要求。如果公司上下都在削减预算，也请不要提出加薪。在这枪口上提出加薪，会被认为是节外生枝、不知轻重，很有可能被直接炒掉。要知道，炒掉你不仅可以增加员工队伍的稳定性，还能为更有价值的、对公司更忠诚的员工腾出晋升和加薪的预算空间，对公司是没有多大影响的。

简单来说，对于谈判时机有这么几个可选节点：

（1）年终总结做绩效评估，是谈晋升的常规时间点。

（2）你给公司做了重大贡献（比如拿下重要客户或一笔巨大生意、运营项目获得很大成功）时，是谈晋升的非系统性时间点。

（3）你老板因为什么事儿（比如公司业绩增长）心情大好时，也是个非系统性时间点。

（4）你已到了辞职综合征的爆发临界点，再不晋升就打包走人，是个系统变化的时间点。

（5）下午下班前两个小时（一般选择周四最好），这时候老板事情事情不多，是一天心情最舒适的时间，可以营造一个好的谈话氛围。切忌不要在刚上班或者快下班的时候去找老板。

要记得，这几个时机节点并不是不相关的。在谈判的时机选择上，应该基于第一点、抓住第二点、瞄准第三点、想着第四点。除此之外，你还要注意语言策略，不要让老板认为你对公司的发展漠不关心，对公司的现状一无所知，或者只注重个人发展，忽视公司整体利益。

例如，你可以这么说；"老总，我对目前公司的运行有一些想法，希望能和你交流一下。首先，我要说的公司目前遇到了一些困难，需要削减开支，对此我能够理解，也愿意伴随公司度过眼下的瓶颈。其次呢，我真的非常感谢公司提供的成长机会，非常愿意继续帮助公司实现目标。比如这次的项目，我跟客户原来都谈的很好的，他对我们公司的项目还有我的能力都是很满意的，但是最后因为我职位太低，怕我没有决策权，对我说的话也有点怀疑，导致失去先机，损失了这个大项目。我觉得如果我的职位高一些，我在客户面前更有发言权，这次项目就不会流产，我也能给公司带来更多业务上的提升。就公司现在的状况，我觉得……（提出合理建议）"。

4. 拟定谈判策略

和老板谈晋升，是个"Crucial Conversation 严肃对话（有压力的对话）"。应当在谈判前拟定一个谈判策略。谈判策略考虑的问题，可参考以下几点：

（1）知道你老板的类型和沟通风格。

（2）回顾一下可行性分析，顺便了解一下自己在市场上的行情。

（3）确定期望的晋升幅度，涉及权利、义务、待遇等，一一列明。

（4）找个高手陪你彩排一下。

关于谈判方法，最好能够提出量化指标，数字最有说服力；辅以定性描述，侧面表现出自己的能力和需求，例如客户或同事的好评、上级对自己工作能力的评价、自己在工作中由于职位遇到的问题等。切记过分重视自己对公司的贡献，抱怨公司的待遇，这会给老板留下阴影，不利于你的长期发展。

5. 谈判地点的选择

前面说了时机，这里要说地点：

（1）正式的办公场合，你和你老板一对一，在公司里谈，这样最正规。

（2）和老板因公出差途中，最好是拿下大单的返程。

（3）公司以外的其他场合。

注意事项：别在酒桌上、K 房里谈，你的老板即使当时同意了，事后也可以矢口否认，顺便认为你是在讹他。

三、晋升谈判时要考虑哪些

“不想当将军的士兵不是好士兵。”在职场上，每个人都希望升职加薪，大展身手，但真正达到目的的寥寥无几。其实，升职的过程一个是由量变到质变的过程，它不仅需要认真工作、团结同事、能力突出等量的积累，更需要老板同意升职加薪这一质的转变。要实现这个质变，仅消极等待是不够的，有时还需要自己开口。

1. 谈判之前想清楚：你值哪个价？

和老板谈判，说得体面点是为了挖掘自己的职场价值，说得直白点其实终究是围绕着两大主题：升职和加薪，让自己的职场付出和收获尽量保持等价。既然是等价交换，意味着你必须具备与你期望收获相匹配的实力，我们把这种实力叫做工作财产。

（1）找到自己的“不可替代性”。当你成功完成一项艰巨的任务，业绩连续遥遥领先，积累了深广的人脉，为公司从竞争对手手中赢得重要的大客户，当上级职位空缺而你实际代理了此职位并完全胜任的时候，当你所从事的职位在整个公司起着至关紧要的作用时……说到底，最重要的其实是你和别人有什么不同，也就是常说的“不可替代性”，可以是你的行业资历，某项难以超越的才能，业内的关系和口碑，甚至是你与老板因为某种爱好而达成的默契。不可替代性越高，你的谈判砝码也就越重。

（2）谈判是为了锦上添花。你有什么和公司交换决定了你的价值。谈判是为了让彼此的合作更持久更稳固，一定要理智地了解这个本质，避免以下两个问题：

一忌难为情。不好意思和老板要职位，又或者你恰好碰上刻薄又不自觉的老板。难为情的结果就是心理上的不平衡将时刻跳出来影响你的工作热情，长期下来只会为你之后的职场生活造成阴影。

二忌激进。觉得自己已经够资格冲进老板办公室和他叫板。兔子逼急了都会咬人，何况是高高在上的老板，硬碰硬绝对不是上策。更有甚者，不可一世到干脆放下手里的工作，当做对老板的要挟，这样的案例十之八九都是以失败告终，剩下的一两个也不可避免地成为老板心里的刺，暂时不拔掉不是因为认同你，而是时机未到。另一方面，这样的“豪气”一旦传开，业内的其他老板也会敬而远之。

2. 越级谈判是职场大忌，却也可以直上青云

越级上访一直是职场大忌，而迈出越级上访这一步的先决条件是非常苛刻的。如果你的能力或者某项出色的工作成绩受到了大老板的大力称赞，如果你在公司具备与其直接沟通的某种特权，如果你的大老板是一个就事论事的亲民型领导，这些条件才能造就越级谈判的可能性。

请千万不要忽略你直接领导的感受，更不要刻意挑衅，否则，越级谈判将会为你打造一时的成功，永久的地狱。不管大老板如何器重你，不到万不得已也不要使用“越级谈判”这招，不管是老板或者是老板的老板，与你的关注点永远是不一样的。只有当自己考量好这所有的微妙关系，并有十足的把握时，才能使出这招“撒手锏”，以置之死地而后生的勇气开辟一条职场光明大道。

下面的案例虽然没有实现员工的愿望，但不失为一个成功的案例：

某公司张某在公司工作了5年，认为自己兢兢业业、勤勤恳恳地工作，没有迟到早退。但他一直都只是销售部的一名普通职员，眼看着跟自己同期进来的吴某已经到了销售部总监的位置，心中充满怨怼。于是他去找销售部总监约在5

天以后进行谈判，在这5天内，张某和总监都做好了充足的准备。下面是他们谈判的对话：

张某：总监你好，我这次来是希望你能对我目前的工作情况进行指导。

总监：你需要什么指导呢？

张某：我已经在这个岗位工作5年了，我认为我的工作经验已经很丰富了，但是为什么得不到晋升呢？

总监：你觉得你为什么能晋升呢？

张某（拿出了出勤表和业务表）：我一直准时上下班，并且我的工作业务也超过了其他员工。为什么我不能得到晋升呢？

总监（拿出了能力素质评估表）：我对你的业务能力一直很放心，我现在拿出来的这个表你应该清楚，是公司聘请人力资源专业设计的有关能力素质的评估表。表上显示你的执行力是很强，但是你的管理领导能力并没有很突出，即使让你当上了总监，你能管好你的团队吗？最近有一个管理能力提升培训班，我会推荐你参加，希望你能努力提升你的管理领导能力，争取早日晋升。我还是很看好你的！

张某：谢谢总监的抬举，我一定好好提升自己的能力。

四、晋升谈判的注意事项

（1）把握主动的原则。

（2）做好本职工作，让领导熟悉你，看到你为公司所作出的业绩，并对你的工作能力表示肯定与认可，是成功晋升的基本条件。

（3）不要只拘泥于工资单和职位。如果老板不同意加薪，你应该和老板谈一下是否能以其他方式来补偿，表明自己为公司服务的热忱之心。

（4）对自己的绩效要有具体表述。除了年终总结报告及日常工作报告，还应将自己对公司的贡献事无巨细地记录在案，整理成书面材料，数据化、表格化，这样上司在看的时候一目了然，会很节省彼此的时间。

（5）表达真诚。和老板谈加薪要做好两手准备，万一加薪要求被拒，可以礼貌地咨询老板自己哪些方面做得还不够，以让他在了解你的同时，对你产生信任。你的目的是加薪，而不是走人，所以无论谈判成不成功，都要表现出对企业的忠诚。

（6）掌握“谈判”的艺术。突出强势：业绩是晋升的基础，不妨结合自己的长处，配合上司的意图，多多争取表现的机会。

集中重点：将精力放在上司最重视的业绩上，重点突破。力争率先完成目标。

要求法：如果你已经取得了出色的业绩，那么不妨选择一个适当的时机，与领导直接提出晋升要求，但是在提出要求的同时，要注意与领导沟通的技巧。

（7）不能急于求成，非要当场与领导要一个结果。真正的职场谈判可需要双方的让步和妥协。

第四节　要求培训的谈判

随着时代发展，培训的优点渐渐显露，不仅对企业员工的个人发展提供机会，更是一个企业长远发展必不可少的因素。近年来，越来越多的企业也开始重视对员工进行培训的问题，员工也更加看重培训对自我能力的提升。因而，员工要积极主动地与企业就接受培训这一问题进行谈判，争取接受培训的权利。但是在谈判的过程中，员工也要注意谈判时机、谈判内容等问题。

在员工就职之后的职业生涯中，员工将会拥有企业提供的很多的关于升职晋升的培训机会。而对于员工来说，培训作为提升自己职业含金量的一个必备手段，使知识结构从“单行道”变为“立交桥”，可以不断完善自己，在社会上拥有更好的立足之地。所以在培训机会有限的时候，员工应该学会通过有效谈判来保障自己最大的权益。

一、培训的重要性

1. 培训致力于提高员工的个人素质

时代发展中科学技术日新月异，各种新的知识技能也是层出不穷的出现。员工如果不进行学习，他掌握的知识技能在 3 年后就有可能落后于时代，无法给企业带来相应的经济效益。培训能够根据时代发展中对企业的人才要求提高企业员工的知识技能素质，为企业配备优秀人才的同时，有利于员工个人的职业发展。

2. 培训有利于提高企业生产率

企业提高生产率是企业想要在市场竞争中立于不败之地的一大法宝。而提高企业员工的素质是提高企业劳动生产率的基本途径之一。“人力资本投资对经济增长的贡献远大于物质资本投资”这一观点是毋庸置疑的，早在20世纪60年代就由舒尔茨提出并进行了论证。

员工经过培训后其工作能力、技术水平等得到了提升，工作效率不断提高，加快了企业的生产效率。同时，给员工提供培训机会也是企业福利的一种体现，激励员工更加积极主动地投入到生产中，从而不断提高企业生产效率。

3. 培训能够传播企业文化

对一个企业来说，生产效率固然重要，但一个企业的文化更是举足轻重的。一个企业中上千名员工有上千种价值观、信仰、工作信仰等，不利于一个企业内的员工团结合作、共同开发。培训可以在提高员工个人素质的同时“灌输”或传达企业的价值观、理念，塑造并传播企业文化，增强员工对企业的认同感和凝聚力。

4. 培训能够提高企业的核心竞争力

随着科学技术的不断发展，当今社会逐渐向知识经济靠拢。企业在市场中的竞争不再依靠人力数量取胜，而是取决于人才质量。当今社会中，优秀的人才已经逐步成为当今社会市场竞争中企业最稀缺的资源，也在经济增长中充当核心动力的作用。系统的培训能够完善企业员工的知识体系、提高员工的实操技能，从而实现人力资本的不断增值，从而提高整个企业的核心竞争力。

总而言之，培训不仅能够提高员工个人的知识技能素质，还是企业长远发展的动力源泉。培训的重要性要求企业和员工都必须对此抱以极大的关注态度。员工在签订劳动合同时应该就培训问题与企业进行谈判，争取合理地培训权利。若在就职过程中，员工对新知识新技能有新的培训需求也该及时地向企业提出谈判，要求企业提供培训机会。因此，员工应该学会如何与企业进行要求培训的谈判，要注意到在谈判过程中应该运用的谈判技巧和各种可能会发生的情况。

二、要求培训的谈判技巧

1. 如何争取到培训机会

事实上，许多的培训机会都是需要员工自己去争取的。只有敢于表现自己的优点，展示自己的能力，突出自己能为企业做出的贡献，员工才能在众多同事之间脱颖而出获得企业的欣赏和支持。争取到培训机会的方法有如下几条：

（1）保持对企业发展状况的关注度。大多数公司在制订出年度培训计划后，会通过邮件、张贴或者员工大会等形式来进行公布，计划的内容大致是站在企业全局战略的角度阐述本年度的培训方向、预算等。而从员工的反应来看，这样的计划只是简单的框架，看不出有任何针对自己的实际安排，所以基本会忽略掉。HR 制订培训计划只是大笔勾画一下轮廓，部门经理还会拟订出更详细的内容。作为企业的一份子，员工有必要了解公司目前的发展现状，无论是经营策略还是培训计划，都能反映出企业下一步的动向。假如始终站在个人角度来看问题，对自身的职业发展没有好处。若连企业有哪些培训内容都不知晓，那培训机会自然轮不到。

（2）找上司而不是 HR。有很多人认为，培训机会是由 HR 衡量操作的，其实不然。更多时候，HR 做的是流程进度的工作，与上司沟通才是非常必要的。如果员工想参加一个证书类的培训，那就先要得到上司的支持。若是考证类的培训，在向上司申请的时候还要尽可能的淡化这张证书的特质，强化它的功能性作用以及使用性价值，不然很难得到上司的支持。

（3）主动建议培训内容。HR 不能决定是否让员工参加培训，但是却可以主动向 HR 建议培训内容。有时，HR 并不了解员工需求，因此就需要专业人才向他们提供一些推荐，因为在有些公司，培训预算用不掉也是让 HR 头疼的一件事。但是，在向他提供推荐的课程时最好是告诉他这个课程对公司有益，那当公司提供这项培训的时候，就很有可能会得到培训机会。

（4）拿出工作成绩。企业培训是否能够人人平等？回答是肯定的。这里的平等并不代表每个员工平均享有，而是表明每个员工都有平等争取的机会。企业在员工身上投资培训，最终的目标是希望得到更大的回报。个人能否获得青睐，就得看员工究竟值不值这个价，体现的方式非常简单而且直接——拿出工作成绩。

2. 恰当选择谈判时机

就培训问题与企业进行谈判一定要选择一个适当时机，争取做到事半功倍。

（1）员工在刚入职、与企业签订劳动合同时，应该关注企业的培训问题，并与企业展开有关培训问题的讨论。员工要抓住企业渴望人才这一时机，就培训问题与企业进行相关谈判，为自己争取合理合法的权利。

（2）老员工在面对自己存在知识技能老旧、需要新知识技能培训时，应该与企业进行有关培训的谈判。在要求企业对自己进行培训时，一定要选择一个恰当的时机。如：企业引进一批新的机器时，生产工人需要培训来学习操作新机器的技能时。

恰当的谈判时机能够让企业管理人员明确培训的重要性和紧迫性，大大增强谈判成功的可能性。

3. 避免谈判内容模式化、单一化

谈判是人与人之间的主观活动，会因为谈判主体的变化而发生内容变化。员工与企业之间进行的有关培训的谈判不能一概而论。

（1）不同层级的员工与企业就培训进行谈判时的内容是不相同的。企业中高层管理人员在谈判中主要要求企业提供管理技能、人际交往等培训。而基层工作人员主要倾向会计技能、生产技能等基础技能的培训。

（2）不同管理岗位的员工与企业谈判时的内容也是不同的。车间工人主要要求操作新机器的操作技能培训，会计部门要求会计知识更新的培训，办公室人员要求管理技能的培训……。员工在谈判时要避免谈判内容的模式化和单一化，要根据自身的素质能力和岗位要求分析与企业进行相应的谈判。

4. 如何进行培训谈判

在实际的职场生涯中，由于各方面的原因，培训机会并不是十分公平的，极有可能出现的情况是领导将本该属于某员工的培训机会给了另一个员工。面对这种情况，员工要做的就是保持冷静和理性，采用谈判的方式来争取自己的培训机会。

（1）确定谈判态度。作为一个员工，就培训机会与企业进行谈判时，态度应该坚定而不失尊重。因为谈判双方只是在争取一个共赢的结果而不是相互敌对，所以员工谈判时要注意自己的态度，立场要坚定，摆事实讲道理，但也不能太过决绝或者无礼。

（2）充分了解谈判对手。正所谓，知己知彼，百战不殆，在谈判中这一点尤为重要，对对手的了解越多，越能把握谈判的主动。在企业培训这一方面，企业所需要的是经过培训后的员工能够对企业做出更大的贡献。员工在谈判时，需要针对这一次培训机会做深入地了解，知道公司现在需要什么样的人才。

（3）准备多套谈判方案。谈判双方最初各自拿出的方案都是对自己非常有利的，而双方又都希望通过谈判获得更多的利益，因此，谈判结果肯定不会是双方最初拿出的那套方案，而是经过双方协商、妥协、变通后的结果。员工应该多准备几套谈判方案，先拿出最有利的方案，没达成协议就拿出其次的方案，还没有达成协议就拿出再次一等的方案。这样无论最后达成的是哪一套方案，都是员工能够接受的最好的方案。

（4）建立融洽的谈判气氛。在谈判之初，最好先找到一些双方观点一致的地方并表述出来，给对方留下一种温和的形象。这样接下来的谈判就容易朝着一个达成共识的方向进展，而不是剑拔弩张的对抗。当遇到僵持时也可以拿出双方的共识来增强彼此的信心，化解分歧。

（5）必要时服一下软。上下级谈判虽然不比政治与军事谈判，但是谈判的本质就是一种博弈，一种对抗。这个时候双方都很敏感，如果语言过于直率或强势，很容易引起对方的本能对抗意识或遭致反感，因此，员工在于上司就培训进行谈判时，可以适当表述一下自己对公司的感情，这样显得谈判更有人情味而且增加成功率。

（6）强调企业的利益而非员工的利益。企业对员工进行的培训从短期来看是员工得到的利益多，但用长远发展的眼光来看，员工经过培训后回到企业给企业带来的利益是远远超过企业当初对员工培训的支出的。所以，谈判时员工要强调培训给企业带来的收益。

（7）突出自身的优势，不贬低其他员工。很多时候人都喜欢通过贬低竞争对手来凸显自己的优秀，这是一种很愚蠢的做法。每个人都有自己的优缺点而企业是一个集体，集体的作用是协调其中每个个体的优缺点从而达到一种团结共同发展的和谐状态。在贬低他人的基础上突出自己，会让领导者觉得是个异类是个不团结的脱离集体的人，那还有什么机会能够得到呢？

三、应对老板对培训的误解

企业中并不是所有的管理人员都对员工的培训持支持态度，有许多领导对培训抱着反对与否认态度。面对上司对培训的各种否认态度时你要机智、灵活地提出反驳。对培训的错误认识主要有一下几点：

1. 培训影响员工的积极性。

有的领导认为培训会占用员工的时间，影响员工休息时间从而降低生产积极性，损害企业的生产利益。在这种情况下，员工应该就培训能够增加员工知识技能这一点进行着重强调，从长远来看是能够提高劳动生产效率的有效手段。员工因为培训造成的损失与培训后个人价值所带来的效益增加是不可相比的。

2. 员工要求培训只是为了加薪。

有领导认为培训后员工会因为知识技能的提高而要求更高的职位和更高的薪水要求。面对此类情况，员工应该仔细分析现实情况并告知领导，员工的薪酬是与生产能力挂钩的。如果培训给员工带来的工作能力为企业增加了经济效益，那么员工的待遇水平相对提高是对员工的一种激励。而如果培训效果不佳，员工也不会蛮横要求企业提高待遇。

3. 员工能力得到增长后会跳槽

有领导认为员工可能会在培训后伺机跳槽，造成企业人力成本的损失。员工可以以培训 UTC 等跨国公司为例，解释员工的培训不仅不会造成大批员工的跳槽，反而能够激发员工对公司的忠心，激励员工对公司的忠诚度。员工在谈判中应该运用摆事实、讲道理等方法消除领导对员工跳槽这一方面的担心，为员工培训赢取机会。

如果培训前期与中期缺少与员工的沟通与谈判来进行约束，企业将得不偿失，下面的案例就是一个生动的教训：

某企业为快速开拓模具设计市场，决定新培养一大批掌握先进 CDA/CDM 技术的设计人员。企业投入大量资金新建了两间现代化的电脑培训教室，120 台高配置电脑连网，高清晰度三枪投影，100 套正版 Pro/E、UG 学习软件，从多所知名大专院校的应届毕业生中挑选了近百名机械类专业的优秀毕业生，开办了工程软件应用和模具设计培训班。经过了 3 个月的封闭学习和训练，学员们熟练掌握了 3D 绘图、CNC 加工、产品及模具设计的基本知识及技能。企业以此为基础组建了颇具规模的产品及模具设计室。半年后，正当企业接到的设计订单逐渐增多，这批员工也积累了较多的设计经验，开始显出经济效益时，却出现了人才外流的现象。一年半以后，这批学员已成了设计室的骨干力量，但半数以上的人员，其中不乏技术尖子，被外企业用几乎翻倍的高薪挖走，令人痛心不已。

员工培训对员工个人和企业整体的发展都有着重要作用，员工要积极主动与企业进行谈判，同时也要运用理性地方法进行谈判。

第四章　沟通谈判：冲突管理

第一节　招　　聘

一、招聘与招聘谈判

1. 招聘及其流程

员工招聘是根据组织的具体需要，发布招聘信息，通过各种途径寻找满足空缺岗位所需人员的过程。员工招聘的是指是员工能力的采购，是从候选人能力的角度出发，形成一个候选人的蓄水池，为组织挑选合适员工提供充足的备选对象。

一个完整的员工招聘流程应该包括以下五个步骤（见图4－1）：

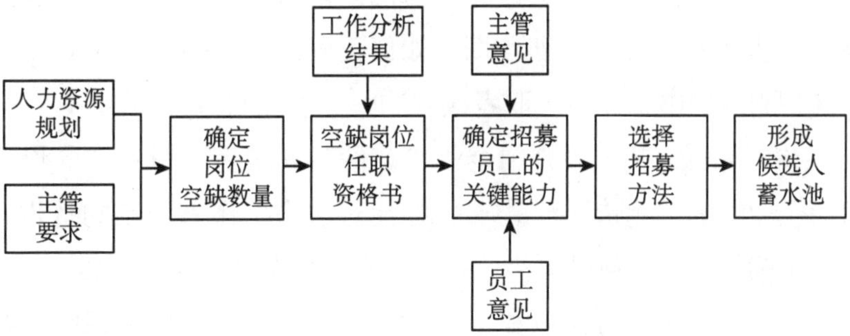

图4－1　员工招聘流程

第一步，根据组织人力资源规划和各部门主管具体需求确定组织岗位空缺；

第二步，根据工作分析结果搜集空缺岗位任职资格书；

第三步，结合任职资格书、主管意见和员工意见，设计该岗位员工应具备的关键能力；

第四步，分析影响的招聘因素，确定具体的招聘方法；

第五步，吸引求职者，形成候选人的蓄水池。①

2. 招聘谈判

在企业人力资源管理的流程中，聘用合适的人员对于一个企业的成功是至关重要的。正如斯蒂芬·P. 罗宾斯（Stephen P. Robbins）所言：一个组织素质的高低，在很大程度上是其所聘用和保有的人员素质的一种总括反映。② 企业招聘具有举足轻重的地位，却也是人力资源管理六大模块中唯一一个难以被标准化的。在这方面，结构化面试算是一个较为成功的尝试，已经被业界所普遍接受。然而，在招聘面试过程中，即使是标准化的面试也很难达到企业招聘到优秀员工的目的。纵观整个企业招聘的流程，企业招聘面试的有效性虽是制衡整个招聘流程的核心因素，也是决定企业招聘有效性的核心因素，但仍然是一个非常薄弱的环节。而如何通过最低的成本招聘到最优秀的员工，也是影响企业招聘面试有效性的重要因素之一。

纵观整个招聘流程，谈判主要发生在面试这一环节，而面试中的薪资谈判则是重中之重。

因此，如何掌控薪资谈判过程，便成了管理者提高招聘有效性的途径之一。

（1）定岗级别谈判：如何定位求职者岗位。在招聘谈判中，由于双方信息的不对称，招聘方与求职者对于岗位的定位往往存在差异。一方面，求职者希望能够达到较高的岗位，而且往往高估自己的能力；另一方面，招聘方对求职者的定岗不能达到求职者的心理预期。如何正确定岗，招聘到适合岗位需要的求职者，是招聘谈判中企业与求职者谈判的一大重要问题。

（2）定价的高低。招聘谈判中企业“定价”通常与求职者“开价”紧密联系起来，当企业明确“定价”时，求职者会对这份工作有一定的认识，也为其开价提供一定的标准。如何把握岗位定价是企业招聘谈判中的关键。

定价的高低是求职者对岗位和企业认识的第一印象，也是招聘谈判中充满技巧的一个中心环节。与求职者“开价”相对应，企业“定价”也有两忌：一忌定价过低。定价过低，对求职者的吸引力过低，难以吸引到优秀人才。求职

① 陈全明，等. 人力资源管理概论. 北京：清华大学出版社，2014.

② ［美国］马希斯（Mahtis. R），杰克逊（Jackson. J）. 人力资源管理（第九版）［M］. 赵署明译. 北京：电子工业出版社，2003：143.

者对企业的信任和满意度降低，难以看到企业的价值。二忌定价过高。企业最初定价过高，后期也难以与求职者商谈薪酬，不利于求职者更好地认识自身与企业的价值，不利于企业的长远发展。因此，准确定价是招聘过程中企业招聘方谈判的重点。

（3）与“定价”相关联的企业条件。企业如何定价取决于岗位的实际价值以及企业的盈利、工作条件、福利等实际状况。因此，企业在招聘前要充分认识到招聘岗位的实际价值，并给出符合其实际价值的价位。为了满足企业人力资源的需求，促进企业的长远发展，企业必须招聘到适合该职位的优秀员工。岗位定价的高低往往决定了求职者素质的高低。

因此，企业要充分评估自身的市场价值、盈利状况等以及岗位价值，以合适的定价吸引求职者，并在谈判过程中让求职者充分理解企业及其岗位的价值和潜力，让他们感觉这个岗位能够充分实现自己的价值。如果达到了这样的效果，“定价”的高低达到求职者心理预期的可能性大，从而有利于企业的招聘谈判。

（4）“定价”后与求职者谈判的内容。在招聘谈判中，如何让求职者接受企业的“定价”是谈判的重点。一般情况下，求职者会认为企业的定价过低，因此企业要从企业的各个方面让求职者认识到企业定价的合理性，从而让他们能够接受。

岗位价值和潜力认知。在招聘谈判中，企业招聘者要充分的向求职者介绍岗位的实际价值，并让他们了解到岗位的潜力，让他们感觉在这个岗位上能够充分实现自己的价值，从而接受这份工作。

企业文化和价值。在招聘过程中，企业还可以宣传企业文化和价值，从心理方面来得到求职者的认可。企业的招聘人员作为公司的代表，将会对公司的目标、策略、文化和价值等等的理解。企业文化主要通过价值观的塑造激发员工使企业员工具有共同的价值标准思维方式；人力资源管理则主要通过具体的措施与方法作用于员工。当这些措施方法符合员工基于企业文化所形成的价值观与思维方式时，就会行之有效，易于执行，从而有效地促进企业的发展，反之，便会受到员工对抗，效果就会大打折扣。那么在招聘的时候适当的使用一些方法对应聘人员的价值观进行测试，直接选入和企业价值观相吻合的人，就可以减少新员工磨合期，便于巩固和加强原有的企业文化。

（5）与“开价”相对应，企业“定价”也要留有回旋和调整的余地。在招聘过程中，企业定价与求职者开价往往不一致，如果双方都没有解释的余地，那么招聘很难继续下去，企业也很难招聘到优秀的员工。因此，企业应根据其实际情况，在自己可以接受的范围内调整定价。

下面是一个招聘时的谈判案例：

在某场招聘会上，一家公司的招聘官和求职者正进行对话。

“听了你的介绍，觉得你各方面条件和我们的职位要求还是比较符合的。最后我想请问一下，你对薪资的要求是多少？”招聘官问。

求职者支支吾吾了半晌，最后说：“薪资不是我的首要考虑因素，我更看重的是贵公司的发展前景。”

“那么好，我们下周一会通知你来公司面试。”

一周后，公司通知复试，复试顺利通过后，面试官让应聘者签约，并告知薪资数目。而此时应聘者表示，公司开出的薪资太低，出乎自己预料，不能接受，最后双方不欢而散。

这家公司的面试官介绍说，她本人以及很多其他公司的招聘官都遇到过上述问题。在首次面谈时，很多求职中的重要步骤，完全不需回避。不妨大胆说出你的期望薪酬，当然，这需要恰当的时机。面试一开始便开门见山讨论薪酬不够明智，但可以在被问及时如实回答。若面试官始终没有提到薪酬问题，也可以在对自己成功应聘较有把握的情况下，选个恰当的时机询问。

3. 薪酬谈判

企业招聘人员经常有这样一种感受：当应聘者顺利通过初试、复试直至终试，似乎马上看到开花结果，心里的大石也落地了。孰不知，行半里者半九十，最艰难的战役往往在最后一个环节——薪酬谈判，如果处理不好就有可能前功尽弃。薪酬谈判是招聘的临门一脚，是决定招聘成败的关键之举，更是企业和应聘者之间的心理博弈与较量，只有在谈判的时候准确把握对方心里，以“读心”代“谈薪”，才能使招聘变得事半功倍。

因此，在招聘过程中，如果出现应聘者一路顺利晋级，到最后阶段其期望值被抬升至最高而开出高薪的情况，把招聘人员推到一种非常尴尬的处境：一方面怕煮熟了的鸭子又飞了，另一方面其薪酬要求是企业难以满足的。如果打破企业的薪酬体系，又会造成内部不平衡的负面影响，则企业在薪酬谈判中应采取相应措施。

（1）“压”出谈薪空间。就是适当给予应聘者心理压力，降低其心理期望，让对方务实理性地看待薪酬。这个阶段摸清楚对方的薪酬底线非常重要。在招聘过程中，经常出现招聘人员被应聘者提供的原公司高薪唬住的现象，其实在薪酬谈判过程都是信息不对称的，90%以上的应聘者在提出薪酬时都会有上浮或夸大的成分，所以招聘人员要敢于质疑其薪酬信息的真实性。这是一场微妙的信息与心理搏弈过程，谁掌握了更多信息，就获得更多的心理主动权。

首先，招聘前期介入谈薪，企业在初试阶段就渗透薪酬谈判的意识，逐渐了解对方薪酬情况和心理底线，甚至进行初期谈判，获得更多的主动权。另外在谈判过程中企业要拆分原薪酬结构，告知应聘者定薪规则，弱化应聘者重要性。在必要的时候，企业可以点出应聘者的不足之处来实现“压价”，比如可使用以下语言：“你的竞争优势是你的薪酬水平要求不算高，而不是你的潜力和经验。如果你要求更多的薪酬，可能会导致我们要重新权衡一下你要求薪水和你所具有的经验之间的平衡点。”“如果你看到了这份工作的前景，未来的薪酬增长，以及总体的福利待遇，你可以体会出我们的条件是很优越的。当前，你不应该把薪酬看作是我们所提供条件的所有价值”。

（2）“拉”长企业优势。如果说是“压”是为了“避短”，“拉”就是为了“扬长”，即突出公司的卖点，弱化应聘者对薪酬的关注度。在招聘过程中，企业应展现“全面薪酬”，很多招聘人员在薪酬谈判时只为谈薪而谈薪，涉及的内容只与薪酬相关，而企业的很多核心价值点没有被发掘和认识，因此，在谈判过程中，招聘人员要提炼出企业尽量多的卖点，如：公司的规模与品牌、管理体系、工作挑战性、工作权限、工作环境等。另外，招聘者应描绘发展期望，抓住应聘者的需求点，强力影响。

（3）“放”慢薪酬谈判节奏。招聘方确定薪酬范围可以从“下1/3区间”开始谈，如果应聘者存在较强烈的异议再逐渐过渡到“中1/3区间”与“上1/3区间”。一般薪酬谈判都非一蹴而就，企业还可以通过设定冷却期，在每一次薪酬沟通之后，如果应聘者有异议并要求薪酬提升，招聘方不应立即回复，最好有1—2天作为缓冲。

总之，招聘谈判是一门科学，也是一门艺术，在企业招聘方和应聘者博弈的过程中，企业必须要努力提高招聘谈判的有效性，才能更好地实现企业的目标。

二、招聘谈判的意义

1. 提高招聘的有效性

经济环境的不断变化使得企业招聘已今非昔比，变得更为复杂，对于企业而言，要不断提高招聘的有效性。面试是一项现代人才测评技术，能够对人才素质尤其是高层次人才的素质进行有效的测评，使企业降低因员工素质问题所产生的经营风险，并提高人力资本投资的收益。随着面试技术的不断成熟与发展，面试为越来越多的企业甄选出大量的合格人才，面试的重要性逐渐得到越来越广泛的认同。

在整个招聘过程中，面试这个阶段，是企业招聘方和应聘者直接面对面沟通，是企业招聘方判断应聘者是否适合岗位、是否适合团队、是否适合企业的关键步骤。应聘者录用与否基本在面试结束后就会确定。但是在招聘过程中，企业招聘方和应聘者之间存在着信息不对称，双方都不是完全了解应聘者想要在众多应聘者中脱颖而出，就会在筛选中尽可能的表现自己的“硬件”和“软件”能力，塑造良好的形象以求录用，这其中不乏一些欺骗、造假的行为发生。招聘中招聘人员的任务是要鉴别应聘者的能力，判断其所答是否属实、是否符合组织的需要，即保证招聘的信度与效度，获得较为优秀的人力资源。在这个过程中，企业招聘者与应聘者的谈判会直接影响到招聘的有效性。①

2. 保证内部员工的公平

薪酬核定要遵守公司内部公平性原则。薪酬谈判的标准必须在公司整体的薪酬框架内。这就要求公司的薪酬体系要具有科学性和合理性。公司的薪酬体系原则上是根据行业标准进行设计和构建的。如果应聘者提出的薪酬水平不在公司薪酬体系框架内，招聘人员应及早告知应聘者，避免其做出错误判断；同时要告知应聘者公司相关的管理原则，促进其对公司文化有深入了解。其次，薪酬要体现应聘者自身价值，包括其能力、素质与经验。如果应聘者能力强、经验丰富，薪酬可适当提高，反之则可适当降低。在公司整体的招聘面试过程中，招聘人员通过各种方式持续不断地对应聘者进行考核与评估，主要考察应聘者的综合能力与岗位的能力要求是否匹配，进而核定应聘者的薪酬标准。同

① 葛蘅．浅谈企业如何提高招聘有效性［J］．科技资讯，2012（30）．

时，保证在公司整体的薪酬的框架内，依据具体的岗位薪酬区间，结合应聘者的综合能力的高低确定应聘者最终的薪酬标准。在这个过程中，企业招聘者与应聘者的谈判会间接影响到内部员工的公平。①

三、招聘谈判技巧

1. 把握时机，掌控主动权

这是获得满意谈判结果的根本所在。不管公司的人才需求有多么的迫切，面试人员的求贤若渴之情都不可溢于言表。否则，应聘者就会因为自己具备的“议价”优势，而把主动权从面试人员手里夺走；同样的道理，就算应聘者的条件再优越，面试人员也不可有过多赞美之词，因为这也会让聪明的应聘者认为有进一步讨价还价的可能性，从而提高自己的身价。

面试过程也是招聘方和应聘者相互了解的过程，如果双方沟通还不够充分，就贸然说出具体的薪资数目，往往会破坏谈判的进程。如果应聘者具备的条件很好，那么企业在薪资上必须大方些；反之，如果应聘者只是条件相当的可能人选之一，企业则可以把薪资适当压低些，稍稍延后谈论薪资的时间，以获得更多的相关信息和思考机会。

2. 知己知彼，百战不殆

“知己”就是了解自己企业的经营现状和薪资结构，“知彼”就是了解应聘者的真实薪资预期和他曾经的薪资待遇。同时，还得了解同类人才的社会平均薪资，甚至他的社会关系（同学、亲朋好友等）的薪资待遇。企业在全面调查、了解相关信息之后，再与应聘者谈判，则往往能够有效降低应聘者的心理预期，促其主动降低薪资要求。另外，有些应聘者接受过面试技巧的培训，掌握了许多回答问题的技巧。所以，面试人员要掌握识别这些技巧的方法，并采取行之有效的措施得到想要的信息。

3. 发散思维，合理迂回

面试人员要衡量应聘者期望的薪资水平与公司预算水平之间的差距，并采取相应的后续步骤。如果应聘者条件优秀，能很好地满足岗位要求，且提出的薪资水平低于公司的预算水平，那么在薪资谈判时可以直接予以满足，但要留

① 包建新．招聘谈判技巧浅谈［J］．人力资源，2013．

有余地。因为，高于心理预期的实际收入水平，会对应聘者产生更大的激励作用。反之，如果应聘者提出的要求高于公司的预算水平，招聘方也不要轻言放弃。必要时可以采取以下方法：

“挫折教育法”在必要时可以出些难题进一步考核一下应聘者。“整体薪酬法”大部分情况下，面试人员可以尝试用整体薪酬回报的概念来说服对方。比如，可考虑用公司的其他福利（比如年终奖金、带薪假期、交通补贴、通讯补助、住房补贴等）来说服对方，以此来弥补薪资的不足。“因人而异法”也就是设法了解应聘者极具个性的想法，看看除了薪资以外他们最看重的是哪些东西，并尽量去满足这些要求。例如对某些应聘者而言，弹性工作时间、带薪休假、培训机会等虽然不是直接的薪资报酬，却是他们决定是否接受一项工作的重要参照。如果面试人员能抓住这些突破口，设法满足他们的这些要求，就会大大提高谈判的效率。“实事求是法”，如果应聘者的期望薪资远高于公司预算的最高水平，或者应聘者目前的薪资都要比公司预算高的话，面试人员不妨实话实说。有时，应聘者可能会在被诚实告知之后，因为喜欢工作内容、企业文化等原因而在薪资上自动让步。这种诚实的做法，比那些诸如在听到应聘者喊出的高价后，再寻找其他借口拒绝应聘者的做法，更能打动人心。

4. 清晰交待，合作制胜

薪资谈判中所涉及的基本上都是与个人利益息息相关的内容，将来一旦出现问题就会比较麻烦。所以在谈判的最后，一定要明确具体的薪资待遇以及相关的报酬种类和水平。有些面试人员只谈试用期工资，当被问及转正之后的待遇时，就用“转正后再谈”之类的话搪塞过去。其实这种做法是不可取的，企业应该给应聘者一个较为明确的目标，明确告知应聘者，试用期满后薪酬待遇会有多大幅度的提高。一方面这会加大公司的吸引力，另一方面，应聘者在试用期间，工作起来会更有奔头、更有干劲。如果应聘者在试用期间就因前途不明而辞职，企业届时再去招人，岂不是既费力又费钱。所以，关于试用期的长短、试用期间以及转正之后的待遇问题，都需要在薪资谈判中交待清楚。

同时，为了规避风险，谈判结果最好能够落实为书面形式。比如可在应聘者的接收函上写明试用期限、薪资待遇等，或者干脆在薪资谈判之后，同应聘者签订相应的聘用协议或合同，明确双方共同商定的事宜。防止在后续工作中产生分歧、争议。就算将来出现劳资纠纷，双方也不至于陷入口说无凭的尴尬境地。面试人员还应该谨记一点，尊重与合作是面试过程的基础。另外，有些面试人员所追求的目标只是拼命压低薪资水平，这也是错误的。因为这并不是在为公司节约成本：一味的压价很有可能让那些能力不足的人混入公司，从而影响公司的发展。花最少的钱并不是薪资谈判的成功标准，用最低的成本为公司招聘到最优秀的员工，才是每一位招聘人员努力的方向。

第二节　应对各类员工的加薪

一、加薪及加薪谈判

1. 薪酬

薪酬是员工因向所在的组织提供劳务而获得的各种形式的酬劳。狭义的薪酬指货币和可以转化为货币的报酬。广义的薪酬除了包括狭义的薪酬以外，还包括获得的各种非货币形式的满足。企业要完善好薪酬管理，需要注重岗位评价、薪酬定位和绩效考核三个方面。

2. 加薪过程中的谈判

加薪谈判的内容包含了工资、福利、股权、期权、分红、奖金、提成、社保、住房公基金、加班费等等所有和员工在职期间付出的劳动所获取的报酬相关的项目。加薪谈判需要管理者对员工信息的充分把握，对员工心理的准确捕捉，它既是一门艺术，也是一门科学，只有以亲和的态度、开放的思维、坚定的立场，才能达到谈判的成功。

公司的薪酬是有固定的体系和标准的，但管理者似乎总会遇到这样的下属，在他的眼里自己能力超群却拿着比同事低的薪水，完成无论大小的项目后就来要求加薪。作为管理者又不想挫他的积极性，如何解决这样的问题是值得领导深思的。

作为管理者一定要有清晰的管控思路合理的考核评判标准和公平合理的薪酬体系，对于不符合调薪标准的不论他怎么叫板也不能满足他的愿望，越是叫板越是不能满足甚至一定要让其死心这叫堵住管理死角如果该加薪的不主动加薪对于来叫板的就加薪以后的管理就是一片混乱。①

二、加薪谈判的意义

薪酬收入是绝大多数劳动者的主要收入来源，它对劳动者及其家庭的生活所起到的保障作用是其他任何收入保障手段都无法替代的，同时员工薪酬水平的高低对于员工及其家庭的生存状态和生活方式所产生的影响是非常大的。员工会因为各种各样的原因向企业管理人员要求加薪，从而看见加薪谈判是非常必要的。

1. 吸引更多的人才

在公司招聘过程中，经常要谈到薪酬问题，薪酬谈判往往是决定招聘成败的关键一步，更是公司与应聘者之间的博弈和较量，只有做好薪酬谈判的充分准备，熟练运用薪酬谈判的技巧，才能在谈判的时候准确把握应聘者心理，实现最终目标。通常在招聘对企业生存发展起重要作用、与企业战略目标相关的关键性岗位上，如高层管理人员、关键技术岗位、特殊岗位人员等，都会进行薪酬谈判。这些岗位承担着企业重要的工作责任，掌握企业发展所需的关键技能，并且在一定时期内难以通过企业内部人员置换和市场外部人才供给所替代，因此给这些岗位一个好的薪酬方案，可以使企业不需要花费虚高的成本就能求得人才。

2. 挽留住公司人才

当员工在企业工作一段时间，觉得自己业绩十分突出，想要加工资。只有掌握较好的加薪谈判技巧，管理者才有可能在与员工的谈判中占据优势，才不会产生人人都要加薪的局面。

在一定程度上，一个成功的加薪谈判，能够帮助公司挽留老员工，挽留住人才，同时，也能够减少企业的招聘成本，获得较高的员工忠诚度，有利于公司的发展。

下面的案例就是一个教训：

公司的小王得知同事小刘在上个月提出加薪，这个月工资表上的数目就有了变化，小王认为，平时工作表现、能力各方面自己不比小刘差，如果加薪，

---

① 包建新. 招聘谈判技巧浅谈［J］. 人力资源，2013.

主管一定不会不同意的。小王：（敲林经理的办公室门，进去后开门见山地说）林经理，我有点事情想与你商量一下。林经理：（和颜悦色地，指示小王坐下）哦？什么事情？

小王：（有些不好意思）其实也没什么别的事，这段时间我的工作表现你觉得怎么样？

林经理：（有些不解）很好啊。

小王：那就好，我在公司工作这么长时间了，一直是勤勤垦垦，能力在这段时间自认为也得到了很大的提高，因此，我希望公司能重新评定我的薪水，你看呢？

林经理：（思索许久）噢，原来是要加薪。公司对你的表现是很满意，可是最近公司接了几笔新业务，根本没有闲置资金，你的加薪要求我会考虑，年底如果业绩好你们的奖金肯定不会少的，你放心好了。

小王：（皱着眉头，认为林经理在有意为难）林经理，这样说我觉得不妥，年底的奖金是公司理所当然应该给我们的，我理在谈的是加薪，我认为我有足够的理由！

林经理：（气氛已经很僵）就这样吧，你的情况我会报告给上司，由他来决定。

公司不知什么原因，最终没有给小王加薪。小王认为林经理是在“踢皮球”，他感到非常愤怒。没过多久，小王离开了这家工作了 3 年的公司，并带走了 3 年里已建立良好伙伴关系的客户，公司的客户关系网破了一大块，业务范围大不如前了。

三、应对员工加薪要求的谈判技巧

作为企业的领导者，会常常遇到一个棘手的问题，就是如何面对下属的加薪谈判。下属自我感觉为公司做出一定贡献，自然想到让上级给自己加薪，你当然不能有求必应，需要把握一定的标准，正确处理下属的要求，因而掌握应对各类员工加薪谈判技巧是十分有必要的。技巧如下：

1. 加薪谈判宜单独面谈

加薪是一个很敏感的话题，经理人应该和要求加薪的下属单独面谈，不要当着其他人的面讨论薪水的合理问题。否则，会让其他下属也开始考虑自身的薪水问题，很可能给你造成更多的麻烦。

2. 让下属充分说明理由

（1）不要为了封住下属的口，先讲一通公司的难处，下属把话憋在肚子里，迟早会提出来，而且工作热情也会受到极大的挫伤。

（2）在下属说明理由的时候，不要表现出任何赞同或者否定的态度，一切等他说完以后再作评论。

3. 排除干扰，抓住基本点

下属为了渲染自己的能力，经常会对工作业绩加上一些修饰成分，例如客户对他的赞扬、同事对他的拥护等等。这些都是干扰因素，经理人应该清楚地提醒：薪水等级是根据业绩水平划分的。关键看他的理由中有没有突出地提到自己的业绩。

一个业绩突出的下属，绝对不会只用花边修饰自己，会极其鲜明地说明自己作出的成绩，如果下属对自己的业绩都没有什么把握的话，那他也没有加薪的必要了。

4. 亲自考核下属的业绩

下属对自己业绩的评价只能用来做参考，因为很难保证其中没有夸大的成分。你应该亲自去相关部门调出资料，查看该下属的业绩水平。最好把下属的工作业绩有条理地打印出来，在事实面前，无论你是同意还是拒绝都有理可依。

5. 当面允诺理由充分的下属

如果下属的确做出突出贡献，有理由加薪，你就不要再找出什么借口来拖延执行了，不要把钱省在下属身上，否则，你很有可能会失去一个很出色的下属。

当面允诺下属的加薪要求，并立刻给财务部打电话通知你的决定，要有才能的下属清楚地看到只要努力就有结果，从而保持他高昂的工作热情。

6. 巧妙拒绝条件不充分的下属

敢于向你提出加薪要求的下属，必然是做出了成绩，但是下属的成绩还不足以达到加薪的要求时，你必须拒绝，但是拒绝的方式要非常巧妙。

直接拒绝只适合没有任何成绩的下属，对于成绩不足的下属则不能当面直言拒绝，要通过巧妙的方式让下属自己感觉到差距。

最好的做法，就是把该下属的业绩水平，和比他高一级的下属业绩水平同时摆在他面前，让他直观地看到自己的确做得还不够。有了明确的差异，下属的努力也就会更加明确和积极。

7. 不为“辞职威胁”所动

（1）如果下属以辞职作为威胁，和你进行加薪谈判的时候，一定要坐稳领导的位置，绝不向下属低头。宁愿是失去这样一个下属，也不能给其他下属树立一个坏榜样。

（2）你不必主动辞退下属，只表达你的意见即可：“如果你真的觉得我们公司没有给你提供满意的条件，你可以按照自己的意思另谋高就”。

（3）如果下属继续留在公司，你依然要一视同仁，不可因此而持有偏见。

8. 采用其他奖励手段

如果下属做出了成绩，但是还是无法加薪，就要用其他手段给予奖励，充分肯定。可以采用的奖励手段很多：

（1）多发奖金；

（2）更好的福利；

（3）增加假期；

（4）发放工作补助；

（5）放宽工作时间。

9. 承诺再次接受下属的加薪谈判

下属的加薪谈判如果没有获得圆满的结果，就要向下属承诺：在他做出更多成绩的时候，可以提出再次加薪的请求，你随时都会接受他的加薪谈判。给下属一个盼头，也给下属一个目标，比草草打发的效果强百倍。

10. 实践练习

面对下属的加薪谈判，可以用以下技能点来帮助人力资源管理者把握分寸：

（1）虽然下属业绩突出但是公司运营紧张就拒绝加薪（×）。

（2）自己工作比较忙让其他人代为考核下属的工作业绩（×）。

（3）觉得下属主动提出加薪是不对的（×）。

（4）以别人的评价作为加薪的标准（×）。

（5）没有加薪但是记录下下属的业绩承诺年终多加奖金（✓）。

（6）某重要位置的下属提出不加薪就辞职只好同意（×）。

（7）和下属谈薪水问题的时候支走身边其他人（✓）。

（8）先大谈公司资金的周转不灵再让下属开始说话（×）。

（9）只看了下属的加薪申请书就立刻作出决定（×）。

案例：下面是一名营销助理的整个薪酬谈判过程：

我们公司的绩效考核分为三个步骤：填写评定表，和经理讨论考核事宜，随后与高级管理阶层讨论薪酬问题。我和上级经理史蒂芬关系相处得不错，他非常支持我的加薪请求，考核已经进行到第二步，一切都进展顺利。但问题是，营销主管盖瑞完全忽视后续的薪酬会谈，两个月都未提及此事。在确定会谈时间后，盖瑞又迟到15分钟。我在网上做过相关的薪酬调查，并将所得数据提交给盖瑞。基于我所掌握的技能、承担的责任和经验，在市场上，我的薪酬范围大致是5.5万—6万美元（这名营销助理当前的薪酬是4.6万美元）。盖瑞立刻采取防御态度。他完全否定我取得的某些进步，而5分钟前他还对此称赞有加。盖瑞竟然对我说，“去年有几个项目你做得不是很理想。”然而，当我请他解释清楚的时候，他又无法给出具体的例子。我保持冷静，再次重申自己为过去几年的工作和为公司创造的价值感到自豪。根据自己的工作成绩，提出具体的加薪数额，但是盖瑞对此置之不理。毫无疑问，我感到沮丧。史蒂芬和我出去喝咖啡，我告诉了他面谈的情况。史蒂芬就像是我的导师，他表示了对我工作的肯定，并且告诉我客户对我都很满意，我是这个团队中最有价值的一员，我所提出的加薪要求合情合理。此外，他还告诉我，盖瑞素来因为很难相处而闻名，建议我不要太介意此事。

这名营销助理写信告知朋友整个过程，朋友客观地告诉她，她没做错什么。她工作努力，上司对她赞扬有加，在提出加薪要求的时候递交了相关业绩数据，完全按照公司的规定参与绩效考核，整个过程表现得非常专业。面对此类情况，员工通常会出现两种反应。第一种就是产生自我怀疑，告诉自己还不够资格获得加薪，便埋头工作，希望来年有所改变，获得上级认可。但是，这名营销助理的反应有所不同，她打起精神，决定做点什么。

几个星期之后，朋友收到她的一封电邮，内容让我感到惊喜。她这样告诉朋友：我向有过合作关系并且非常欣赏的一家营销公司自我引荐，这家公司正好有个职位空缺，我可以成为跨职能团队中的一员，工作不再局限于市场调查。虽然公司规模小，但让我有创业的感觉。几轮面试之后，他们提出给我年薪6万美元，这相当于以前的工作的最高薪酬。然而，在面试中，新公司的营销副总裁提到这份新工作可能需要较强的处理公共关系和与人沟通的能力，出差的机会也会有所增加。考虑到增加的职责范畴和我的个人能力，我向对方提出薪酬范围在6.5万—6.8万美元之间。最后协商确定为6.5万美元，而且6个月内可以参与绩效考核。最后，我获得一份不错的新工作，可以和优秀的团队一起工作，而且薪酬涨了40%。逆境得以扭转，我对自己充满信心。

第三节　应对各类员工的晋升要求

一、晋升与晋升中的谈判

1. 晋升的概念

晋升，是指有等级之分的职务、职称等，从低级别向高级别的升迁。晋升是指员工向一个比前一个工作岗位挑战性更高、所需承担责任更大以及享有职权更多的工作岗位流动的过程。其目的是为了提升员工个人素质和能力，充分调动全体员工的主动性和积极性，并在公司内部营造公平、公正、公开的竞争机制，规范公司员工的晋升、晋级工作流程。但晋升的依据也存在一些问题：以资历为依据还是以能力为依据、如何对能力进行衡量、晋升的过程是否正规化等。

2. 晋升的流程

员工提出书面申请，申请内容包括对未来工作的设想、自身所具备的能力素质、自身的工作经验等，交给人力资源部对应聘者递交的各项材料、《员工职业发展规划表》《能力开发需求表》等进行初审，通过后，交给考核管理委员会进行复审，依据《员工职业生涯规划管理办法》中各级职位复审需考察的主要因素，考核管理委员会通过后就可以让总经理签发任命通知，这样就完成了一次员工的晋升工作。

3. 晋升中的谈判

在职场中，想得到晋升就要做一个参与者，而不是旁观者。员工为了自身的职业前途，一般都会积极主动的采取行动，与管理层谈及晋升问题。在这种情况下，管理层就需要运用谈判的方式来应对员工的晋升要求，积极和员工沟通，有效地促进管理工作。管理层晋升员工的原则一般有三点：

（1）德才兼备，德和才二者不可偏废。企业不能打着“用能人”的旗号，重用和晋升一些才高德寡的员工，这样做势必会在员工中造成不良影响，从而打击员工的积极性。

（2）机会均等。人力资源经理要使员工面前都有晋升之路，即对管理人员要实行公开招聘，公平竞争，唯才是举，不唯学历，不唯资历，只有这样才能真正激发员工的上进心。

（3）“阶梯晋升”和“破格提拔”相结合。“阶梯晋升”是对大多数员工而言。这种晋升的方法，可避免盲目性，准确度高，便于激励多数员工。但对非常之才、特殊之才则应破格提拔，使稀有的杰出人才不致流失。

员工晋升一般基于三个方面，年资，绩效，和人际关系。

基于年资的晋升机制，是将工作人员参加工作的时间长短和资格的深浅作为晋升的主要标准。工作人员的业务能力水平、技术熟练程度、对本单位所作的贡献都与工作年限成正比，因此，工资应逐年增加也越应该得到晋升的机会。基于绩效的晋升机制，将员工在现任岗位上的工作表现和绩效产出作为晋升的主要标准。但管理工作与一般技术性工作不同，职位的晋升意味着管理层次的升高，而不同层次的管理者处理问题的重点不同，对人的技能要求也不同。如基层管理者要求专业技术能力，中层管理者要求沟通能力，高层管理者要求决策能力。基于人际关系的晋升机制，是指将员工与领导和同事的亲密程度作为晋升的主要标准。美国学者鲁德曼、奥勒特和克雷姆等人指出，企业内部关系网会影响企业的晋升决策。与绩效评估、奖励或薪酬分配等管理决策相比，职务晋升通常不是企业的常规性决策，不少企业缺乏明确的职务晋升标准与规范的晋升制度，企业领导往往根据晋升候选人过去的工作业绩和能力，判断他们今后的业绩和能力。根据组织公正性理论，晋升决策中的交往公正性是指领导是否能公正地对待每个候选人，给每个人平等的竞争机会。如果员工觉得领导有意偏护自己亲近的员工，将自己亲近的员工升到管理岗位，那么这种晋升不仅公信力较低而且会引起员工的不满意和不公平感。

二、晋升谈判的意义

现代企业内部管理以人本管理为主流，有效的沟通成为平衡和调节员工心理的有力杠杆，是企业内部管理的重要手段。管理层在应对员工晋升要求时，谈判能起到重要的作用。

晋升谈判是解决围绕晋升产生的纠纷矛盾的最低成本的途径。

职位的晋升资源往往是有限的，谈判可以用最低的成本解决有关晋升的纠纷，并且使企业内部形成一种和谐共赢的关系，而不是紧张对抗的局面。企业关系和谐，也有助于企业业绩的增长，这也是间接地帮助企业增加利润。①

晋升谈判是管理层和员工之间的桥梁和纽带。

管理层一般都要通过与员工进行沟通和联系，才能更好地确认员工关于其自身晋升职位的意愿，也传达了对员工的期许；员工通过与管理层谈判，清晰明确地表达出自己对晋升职位的想法，为自己争取了利益。管理层和员工通过谈判进行有效沟通，避免产生传达错误。因此，晋升谈判加强了管理层与员工之间的联系，是管理层和员工之间联系的桥梁和纽带。

晋升谈判有利于管理层科学地决策。

一方面，晋升谈判有利于管理层了解员工的晋升需求，掌握最真实最直接的信息，有利于他们在决策时进行科学分析和判断，进而做出科学的决策，做到人岗匹配。另一方面，谈判时进行的信息沟通也有助于员工了解上司所要做出的决策以便更好地理解和执行。管理层通过晋升谈判，使员工的晋升能够实现资金、技术、设备、原材料和劳动力的最佳组合，员工通过谈判协商解决工作中及职位晋升中的涉及的各种问题，最终提高绩效。

晋升谈判能够提高管理水平，增强企业凝聚力。

晋升谈判是市场经济环境下企业管理活动的一部分，科学地进行谈判可以提高企业的管理水平。企业管理活动是对企业的经营过程进行计划、组织、指挥、监督和调节，除了对外经营，还有内部协调。通过晋升谈判可以分析寻找本企业在职位管理中存在的问题，从而制订有效措施予以纠正。如果两人或以上同时竞争一个晋升职位，则具体可表现为业务活动上的竞争，这也是对管理层管理能力的锻炼。谈判除了协调行为以外，同时也是上下级感情沟通的一部分基础。情感沟通既体现出上司对下属的关心，也增强了下属的凝聚力和归属感，拉近彼此之间的距离。一方面，情感沟通有助于加深沟通双方之间的彼此的信任度，也体现上司对下属的尊重。另一方面，通过情感沟通有助于在上司

① 赵亚南．商务谈判［M］．北京：科学出版社，2012．

与下属之间消除误解和情感上的隔阂，消除冲突，使员工产生安全感和归属感，进而加强了组织的凝聚力。

三、应对员工晋升要求的谈判技巧

1. 在晋升谈判中应该注重双赢

管理层与员工谈判时，双方首先要明确的是：谈判不是对立，谈判仅仅是解决问题的一种方式，是谈判双方共同的沟通决策过程。说到底，谈判是处理双方利益关系的过程。因此，双方只有选择合作才能获得利益，但面对利益之争又会不可避免地产生一定冲突。这意味着管理层必须能够协调好冲突中的合作、合作中的冲突之间的关系，使谈判的结果同时兼顾公司的既定目标和员工的合理利益，并且有利于维护上下级良好的关系。

2. 避免单方面妥协与退让

谈判是双方的行为，因此一方完全满足另一方的要求，或者一方强迫另一方妥协，都不算是谈判。管理层可以选择强行让员工接受其决定，但在以“人本管理”为主流的现代管理中，要求企业体现出对员工的尊重，通过对员工的激励来最大程度地发挥他对工作的积极性和对企业的忠诚度。

3. 谈判双方都要有自己的利益底限

谈判双方应当坚守底线，同时更要尊重对方的应得利益，不要总想着再多要一些，因为想突破对方的底限，最后的结果大多是谈判破裂。这样一来，对双方的关系是一大损害。如果管理层认为员工的确优秀，值得嘉奖，但完全按员工的要求对其晋升确有困难，那可以在晋升方式、时机等细节上做文章，或者许诺给予晋升机会、口头嘉奖、更重要的岗位、提高福利待遇等，而不要使谈判陷入纠缠中。

4. 换位思考，对事不对人

要对员工的业绩、贡献等进行肯定，并对其晋升希望表示理解，让员工感受到管理层的理解与肯定，以便于展开氛围友好的谈判。晋升谈判是主要围绕“晋升”一事的谈判，当谈判双方各执己见时，谈判往往容易出现僵局。要将“人”与“事”区分开，不可将双方的关系与实际问题纠缠不清，而进行“对号入座”“人身攻击”。

四、标准化评价应对员工晋升谈判

员工是否得到晋升应从任职资格、能力素质和工作绩效3个方面进行评估和测试，因此管理者可以就这3个方面对员工进行评价，判断员工在哪些方面不满足这3个方面，从而对员工提出的晋升要求进行反驳并对员工进行激励。

1. 是否具有任职资格标准

任职资格标准是任职资格能力级别表现出来的特征，如知识、经验和技能等的总和。它强调的是员工在专业领域中处于什么样的位置上，是员工技能水平的标准。资格标准包括必备知识、专业经验、专业技能、专业成果4个部分。其中，专业技能是资格标准的核心。

（1）必备知识。必备知识是支持员工完成业务工作所必需掌握的知识点，它是获得相应资格的前提，是掌握专业技能的重要保证，包括以下3类内容。

①公司知识。它包括公司文化、公司制度与政策、公司组织结构及本部门的组织结构、产品种类、行业地位等公司基本概况和相关业务流程。②专业知识。它包括专业基础理论、专业动态等，是员工从事本职种工作所需要具备的专业技术知识，并包括与本职种工作相关的其他专业知识。比如熟悉环保政策及法规，熟悉环保行业特点，了解国内外的先进技术，了解客户的需求等。③周边知识。除了专业知识以外的平时在工作中可能会接触到的其他方面的知识，如从业人员需要了解的统计学知识、基础财务知识等。

另外，在必备知识标准的撰写中，针对不同的知识掌握程度，应用“了解、掌握、熟悉、精通”等术语来对各层级的人员进行知识层次的分级描述。其具体含义如下。

了解：知道；熟悉：清楚地知道；掌握：熟知并能运用；精通：透彻理解并能熟练运用。

（2）专业经验。在企业内或企业外从事本专业或相关专业的经历与时间长短，以及参与或承担过的专业活动与项目。

（3）专业技能。专业技能的要求是任职资格标准的核心内容，它是衡量一个人是否达到某个专业级别的最主要指标。包括若干个技能要素，每个要素中还包括若干个技能标准的要求。

（4）专业成果。指在专业领域取得的工作业绩。比如，工艺技术人员完成了多少个项目的方案设计；营销人员突破了某区域的历史销售额；采购人员完成多少次特殊物料的采购等，这些都是专业成果。

2. 是否具有能力素质标准

目前，一部分企业正在倡导基于 TOC 制约法的管理方式，这种管理方式注重企业绩效而忽略了员工的绩效，因此在员工职业晋升设计上，基本构成则是除任职资格外即为能力素质，能力素质是判断一个人能否胜任某项工作的起点，是决定并区别绩效差异的个人特征。而能力素质测评作为关注员工潜在能力和未来发展的项目最为关键。能力素质分为核心能力素质和专业能力素质，其中专业能力素质会依据晋升类别而不同。

由各职类各岗位的核心能力素质和专业能力素质所构成的能力素质模型是对员工进行职业晋升能力素质等级评定的依据，因而，能力素质模型为各岗位员工提供了晋升所需达到的能力素质标准规范。

同时，能力素质模型是企业核心竞争力的具体表现，推行能力素质模型可以规范员工在职业素养、能力和知识等方面的行为表现，实现企业对员工的职责要求，确保员工的职业晋升和个人发展计划与企业的整体发展目标、客户需求保持高度的一致性，推动战略目标的实现，从而赢得竞争优势。

3. 是否达到绩效标准

绩效标准也就是企业将生产、经营的既定目标分解为各项绩效要求，然后根据部门岗位的不同将这些绩效要求以指标的形式规范下来，员工处于不同的职位或级别就对应相应的绩效指标的级别。员工要想晋升到某一职位或某一级别，就需要达到企业规定的那一职位或级别的绩效考核要求。

传统的绩效考核多采取定性化的打分方式，一般分为德、能、勤、绩四个方面，简单地分为优、良、中、差、劣等层级，然后上级领导凭主观感觉和简单的考勤结果给下属打分。这并不能客观地反映一个员工的真实绩效。而目前被现代企业广泛使用的量化考核能更客观地反映员工的真实绩效。

量化考核是将所有的业绩考核指标都设计成可以衡量的考核形式，采用关键业绩指标的形式，用具体的数值、比率、时间等作为考核标准，以杜绝人为主观因素的干扰。量化考核的针对性很强，哪个方面比较差或者说比较重要，就可以考核哪个方面，它强调对关键指标的考核。

4. 综合评价

将该员工和其他竞争者的上述标准的材料进行收集，对员工是否达到晋升标准做出相关评价，并将该员工与其他竞争者进行比较，委婉地驳回员工的晋升要求，并且鼓励员工在上述几个维度继续不断学习、提升自我。

对于职场中的人士，可以建立一个坐标体系，横向是工作能力的高低，纵向是品质纯度的高低。工作能力，毋庸多言，而所谓“品质纯度”，是一个很不容易说清楚、但有经验的职场人士能够感觉到的概念，它是指一个历经职场洗礼的人、在多大的程度上仍然能够在内心深处保有对人的真诚、对事的责任。按照这样的坐标系，我们可以将职场人士划分为四个象限。

工作能力差、品质纯度低的员工：企业淘汰的对象。

工作能力强、品质纯度低或者难以判断的员工：宜慎用、少用。

工作能力差、品质纯良高的员工：可以培养、可以大胆使用，但恐短期难委以重任。

工作能力强、品质纯度高的员工：企业任用的重点对象，是我们所期望的真正的职场高手。

第四节　应对各类员工的培训要求

一、培训及培训中的谈判

1. 培训的概念

成功的培训管理需要考虑培训规划问题，人力资源培训需要精心设计、认真组织有效实施、准确评估，用最少的培训投入获得最大的培训效果。通常的人力资源培训管理包括需求分析、项目设计、培训实施、效果评估四个步骤①，如图 4－2 所示。

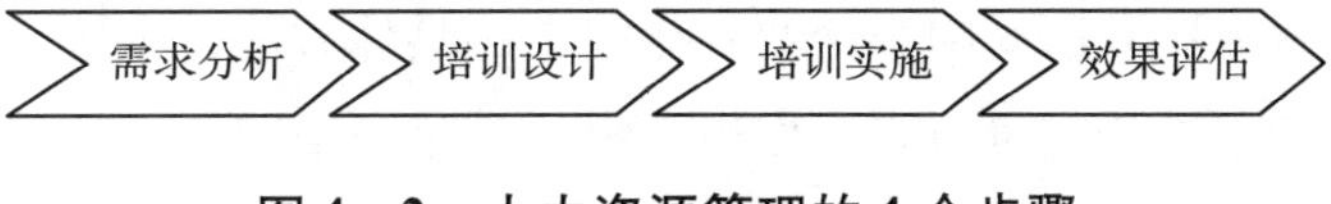

图 4－2　人力资源管理的 4 个步骤

① 陈全明，等．人力资源管理概论［M］．北京：清华大学出版社，2014．

员工培训是人力资源管理的一项重要工作。广义的员工培训通常包括两方面的内容：一是企业为了实现自身和员工个人的发展目标，有计划地组织员工学习和训练。其目的在于使员工对工作程序、产品和企业文化等有所了解，并获得目前工作所需的知识和技术，以适应并胜任现职工作；二是企业着眼于未来目标，组织员工学习未来所需的知识，以更新和提高员工的知识结构与技能，发掘和培训员工的创造力与创新精神。企业对员工进行培训，就是为了使员工通过学习调整自己的行为方式，进而提高业绩，更有利于实现企业目标①。

2. 培训中的谈判

为什么要进行培训？培训的内容是什么？培训后会产生什么样的预期效果？培训的风险有多少？这些都是企业在培训过程中需要考虑的问题，也是员工在与企业进行培训中谈判需要了解的内容。

各主体对员工培训的期待各有不同，所涉及的利益也不同。员工更多的是考虑今后自身的发展，而企业则倾向于较安全、适合本企业发展的培训。谈判是非常复杂的，各主体都会促使自己在谈判中谋求更大的利益。在企业和员工就培训问题进行谈判时，都应有一个最能接受的谈判底线。如果双方的底线有交叉或者部分重叠，我们就认为双方之间存在着一个积极的解决问题的区域，否则就是一个消极或者否定的区域。② 在谈判之前，双方对在培训中希望达成的协议，包括对培训费用，培训时间，培训风险，培训保密，培训形式等的底线都应该有清楚的认识，正确理解自己及对方底线之间的关系是很重要的。双方的利益、价值观和期望值（Interests，Values，Expectations）直接决定了彼此会在多大程度上拒绝对方的要求，承受培训有可能达不到预期效果引发的损失。因此培训中的谈判需要企业及员工达成一致，实现共赢。

人们通常把传统谈判假定为一个“对立的”谈判模型，但培训中的谈判更多的是为了双赢。日本、德国、美国、加拿大和新加坡等国都逐渐形成了各具特色的培训经验，有效地提高企业的经营能力，帮助员工获得更好的发展，实现共赢。以下是各国政府对中小企业实施培训的具体办法，主要从培训的组织、培训方式和内容、费用支付方式等作出比较（参见表4－1）。

① 中小企业员工培训问题的研究——肖向红2007年12月。

② 程延园．劳动关系［M］．北京：中国人民大学出版社，2011．

表 4－1　　　　各先进国家中小企业培训模式比较[①]

国别	组织机构	培训方式和内容	费用支付
日本	法律保障：《中小企业基本法》；各级政府和专业的培训机构及中介机构	系统培训、技术咨询等	免费提供
德国	法律保障：《劳动促进法》；各部属专门机构、研究技术支持机构、行业培训中心、中介机构	定期专业培训和进修	政府补贴
美国	国家中小企业局、地方各级政府的经济发展中心、民间的私人机构、商会、培训中介机构	聘请退休的科研技术人员提供技术咨询和系统培训	由国家中小企业局提供担保
加拿大	各级政府、中介机构、企业之间建立合作伙伴关系	政府政策扶持、中介机构及各类培训机构提供培训及管理咨询	免费提供
新加坡	国家工业职业训练局、企业联姻教育机构、行业内部及企业之间合作	所有员工工资的 2.7%、企业工资总额的 18.5% 纳入培训基金专用；各级培训中心定期全员培训	政府补贴、企业及个人出资相结合

二、培训谈判的意义

1. 预防员工流失

有调研发现，企业伴随新员工的进入，录用人数在 10 人以上的分公司有 80% 存在新员工流失现象。调查显示，“新员工导入培训不到位”，“指导人工作指导力度不强”和“对职业发展前景不乐观”成为新员工流失最重要的三项原因。[②] 可见，不仅对新员工，对于老员工之间进行员工培训谈判都是有重要意义的。员工培训谈判帮助企业了解员工诉求，企业结合自身发展需要，综合各方利益博弈，从而在谈判中达到共赢目标。

① 肖向红．中小企业员工培训问题的研究［D］．湖南农业大学，2007．
② 闵罡，吕翠．新员工导入培训中存在的问题及对策——以 B 保险公司为例［J］．中国人力资源开发，2010（4）：53－56．

2. 提高企业培训效率

企业培训是一个长期性的工作，培训可以提高员工的能力、技术水平、综合素质等，使员工更有效率的进行工作，同时减少工作中的错误。但往往企业经费和时间花费了不少，取得的效果却不太理想。培训作为一种员工福利，在一定程度上可以激励员工工作的积极性，从而提高劳动生产率。[①] 与员工进行培训谈判有利于激励员工工作积极性，增加员工福利满意度。

3. 增强组织凝聚力

企业培训通过“灌输”或强化企业的文化、价值观、理念、制度等，能够产生凝聚作用和导向作用，使具有不同价值观、信仰、工作习惯的员工团结合作，有效沟通，减少内部摩擦与消耗，为实现组织共同目标而奋斗。企业与员工进行培训谈判有利于企业在科学的培训理论指导下切合企业实际构建科学的培训体系并积极开展培训，使培训能够真正服务于企业，以增强企业的竞争力。

4. 促使企业战略实现

无论是培训前的培训需求分析，还是培训过程中新的培训需求的发现以及培训后培训效果的反馈都是以企业战略为导向的。企业培训体系应根源于企业的发展战略和人力资源战略体系，促使企业战略实现，保证在日益激烈的人才争夺中立于不败之地。与员工进行培训谈判，有利于系统定位培训在企业管理中的位置、构建员工培训的和谐环境、完善员工培训体系和有效抑制培训风险。

三、应对员工培训要求的谈判技巧

1. 招聘前期介入培训

在初试阶段就渗透公司培训谈判的意识，逐渐了解对方期望的培训情况与心理底线，甚至进行初期谈判。因为初试时应聘者竞争对手众多，其更加关注公司的整体实力与工作平台，为了获得“入场券”，他不会把培训要求得太高，而愿意作出一定的让步。招聘经理在这个阶段可以尽快“锁定”对方培训计划要求，避免其在后面故意“抬升”培训要求，因此，把培训谈判的“战线”前

① 周红云．员工培训：技术与策略［M］．北京：中国劳动社会保障出版社，2013．

移，可以获得更多的主动权。另外，这种方法也可以给对方一个心理预警与暗示。

2. 告知培训原则

有的应聘者认为企业是可以依据他们的意愿与他们职业生涯规划来进行培训，由此常常认为企业需要无偿支付完善他们自身价值的结论。这时候，企业需要明确告知员工，培训需要根据公司自身发展及员工发展来定员工培训内容及培训费用分配问题，培训的力度根据员工的业绩来定，但也不是唯一依据，公司的培训体系是在严谨的市场调查的基础上确定的。在培训谈判中应管理方的原则要求：

（1）明确培训内容，注意培训要求、培训对象和培训内容协调一致。企业的每个岗位都有明确的知识、技术和能力要求，应该根据岗位的要求，明确什么样的培训是企业需要的。注意培训目的、培训对象和培训内容协调一致，培训的时机、形式、人数、周期也应与之配套。

（2）明确培训对象的选择标准。如前所述，企业培训对象主要包括新进员工、转换工作员工、不符合工作要求员工和有潜质的员工。投资于每种类型员工对企业带来的流失风险是不一样的，应当针对不同类型的员工，在企业中制订选择标准，对每位员工一视同仁，避免培训对象选择的随意性。

（3）对于有自发培训要求的员工，提供选择性培训项目，这样可以提高企业对高素质员工的吸引力。但是对这部分员工，企业应适当与员工共同承担培训费用，或者由员工承担费用，培训后给受训者以加薪、晋升作为回报。

（4）培训中应全程控制。在培训中，企业应选择专门人员与培训人员和受训人员保持联系。通过沟通、了解受训人员的要求、表现和心理状态，一方面可提高培训的效率和效果，另一方面可有效防止培训员工流失。

（5）及时对员工培训结果给予肯定和奖励。培训不是单方面的投资，除了企业要投入资金外，员工也要投入时间和精力。因此，培训后员工总是期望能够以某种方式得到回报。如果企业给予的回报不及时，员工认为培训前后在企业中没有什么改变，就会通过跳槽选择更好的工作环境。因此，通过创造良好的学以致用的环境，提供更有挑战性的工作，提高受训员工报酬等方式承认员工通过培训努力的结果，对于留住培训员工至关重要。

（6）把合同管理纳入培训管理。合同是企业和员工权利的法律保障，加强对合同的管理，不仅保护了企业的合法权利，也保护了员工的合法权利。把合同纳入培训管理，一旦出现纠纷，企业和员工都能够通过法律把自己的损失降到最低。

3. 描绘发展期望

告知对方在企业可获得的发展前景，比如职业发展通道、薪酬提升等，可以举内部员工的实际例子来说明。强调在现有培训及公司制定的培训条件下，员工有充分的条件达成自己的职业生涯规划。有些企业认为这些话是务虚的，不需要提及，但正是这些东西反映了员工的潜在需求，会增强其心理保险系数，帮助其做出决策。企业需要将公司的培训机制（特别在个人职业生涯规划）的优势与特点传达给员工，公司首先要对员工有信心，员工才会对公司有信心，相信公司给员工的培训计划是合理的，给员工的平台是不错的，员工也会相信这一点。

4. 抓住需求点，强力影响

每位员工所看重的因素都是不一样的，培训谈判就要抓住对方最关注的需求点（薄弱点）进行重点说服，这往往能够打开谈判胜利之门。那么如何识别员工的需求点呢？一方面可以从其他员工离职原因来分析，这就是他在公司不能得到满足的部分，对于培训是否有利于他今后的发展，倾向于普适性培训还是特殊培训，培训费用分担问题等都可能是员工所关注的。另外员工的主动提问也是其关心之处，抓住这些需求点施加影响，作出适当的吸引举措是很有效的。可适当进行双赢合作，适当让步，这很可能就赢得了员工的信任。

培训在提高员工素质，提升企业核心竞争力方面具有重要作用。但由于培训存在着诸多风险，特别是员工接受培训后离职的风险，让不少企业在培训问题上进退两难。

培训作为企业的一种投资行为，不可避免地存在培训风险。其中，最让企业头痛的是，培训后员工流失风险问题。企业为员工的培训投了资，员工的知识技能得到提高，很快却被竞争对手挖走，这必然使企业的这部分培训投资无法收回，造成人力的巨大损失。因此，企业在进行员工培训谈判时最大程度维护自身利益，减少风险。

第五节　跨国公司与外资公司的谈判与沟通

一、跨国公司中劳动谈判的风格必知点

文化差异在国际谈判中有巨大的影响力。对于其中一方的谈判代表来说，时间就是金钱；而对于另一方，谈判的速度越慢，也会体现对方越高的信用度。

德国人比美国人的风格更加正式严谨。一个正式风格的谈判代表会坚持称呼对方的职位，避免聊天内容涉及对方个人私事和其他谈判小组成员的私人生活。而一个非正式风格的谈判代表会试图直呼其名，以迅速寻求建立一个私人友好的朋友关系，并且可以在谈判正式开始的时候脱去外套，并卷起了袖子。对于美国，称某人的名字是友好的行为，所以是一件好事。而对于日本，在第一次会议上称呼别人的名字是不尊重的行为，所以不好。

每一种文化都有很多属于它的特别方式去表达特殊的情感，是独属于同一种文化的人交流的另一种形式，是他们作为同一群体的人之间的通信的另一种手段。

在跨国公司或外资公司的企业文化下的谈判必须尊重相应的文化的礼仪。

（1）对内的共同性。同一个国家的谈判人员或者有着相同文化背景的谈判人员，在谈判中会体现出大体相同的谈判风格。比如，受儒家文化影响的中国人和日本人，都“爱面子”。

（2）对外的独特性。谈判风格的独特性是指特定群体及其个人在判断中体现出来的独特气质和风格。不同国家、民族，或同一个国家、同一个民族，由于文化背景、生活方式、风俗习惯等的影响，会表现出不同的特点和风格。

（3）总体的多样性。世界各国的谈判风格都受到本国本民族文化的影响，其表现均带有各自不同的文化特征。就整个世界各国所有的谈判风格而言，其在总体上各有不同，各具特色，具有差异性和多样性。

（4）成因的一致性。谈判风格常受文化背景、人的性格及文化素养等影响。人们受到本民族文化如风俗习惯、价值观念和思维方式等潜移默化的影响，形

成世界观，并由此指导自己的行为处事方式，表现该民族在特定文化背景下形成的共同气度和作风。人的性格与后天环境影响有着密切的关系，是社会化的结果，这包括社会文化的内化。个人所受的教育程度，表现为知识、修养、能力的提高等这些后天因素也发挥着至关重要的影响。谈判人员的风格不仅与其性格、民族有一致性，亦与其文化素养一致。

二、美日外资企业中的谈判风格

1. 美资企业中注重美国人的谈判风格

（1）自信心强，自我感觉良好。不少谈判专家认为，美国人意识到自己是公司的一部分之前，首先想到的是，自己是某一领域的专家，他们往往认为自己的水平比对手要高，我们既可以理解为自傲，也可以理解为自信，美国人的自信与傲慢还表现在他们喜欢批评别人，指责别人，当谈判不能按照他们的意愿进展时，他们常常直率的批评或抱怨，他们往往认为自己做的一切都是合理的，缺少对别人的宽容与理解，“我是对的，你是错的”，这是美国人的普遍心态，他们说话声音大，频率快，办事讲究效率，而且很少讲对不起。

（2）坚持区分人与问题。美国人具有较强的客观性，在谈判中或处理重大问题时，美国人丝毫不掺杂个人感情和事情完全理性化的，根据客观事实来处理情况，美国人十分愿意使用法律和经济手段解决问题，美国人喜欢签署内容明确，责任清晰的书面合同，篇幅较长，内容详尽的文件才是规范的有效的，美国人不信任任何人，他们专注于法律文件，通过这些来保护自己。

（3）热情坦率，性格外向。谈判中，他们精力充沛，感情洋溢，无论在陈述己方观点，还是表明对对方的立场态度上，都比较直接坦率，如果对方提出的建议他们不能接受，也是毫无隐晦的直言相告唯恐对方误会了，美国人常对中国人在谈判中对不满与不同意采取迂回兜圈子的做法感到莫名其妙。

（4）重视合同，法律观念强。美国人认为交易最重要的是经济利益，为了保证自己的利益最公正最妥善的解决方法就是依靠法律依靠合同，而其他的都是靠不住的，他们特别看重合同，十分认真的讨论合同条款，而且特别重视合同违约的赔偿条款，一旦双方在执行合同条款中出现意外情况，就按双方事先同意的责任条款处理。

守信和诚信是每个人的基本准则，也是企业经营的发展，深深植根于每一个公民和企业员工心中。

（5）注重时间谈判，效率高。美国人特别重视珍惜时间，注重活动的效率，美国企业各级部门责任分明，分工具体，美国人重视时间还表现在做事要井然有序，有一定的计划性。

2. 日资企业中注重日本人的谈判风格

（1）将信任作为合作的前提。许多在日本企业工作过的企业家认为，与日本人合作成功关键是看你能否成功地与他们进行结交。

日本人谈判与沟通，不是为了防止出现问题而制订细则，更多的是为了建立相互信任的关系，一旦双方十分信任了解，一定会通力合作，即使万一做不到合同所保证的，也可以再坐下来谈判，重新协商合同的条款。

（2）注重交际礼仪。尊重并理解日本人的礼仪，并能很好的适应，要在了解日本文化背景的基础上，理解并尊重他们的行为。

日本人最重视人的身份地位，人人都对身份的地位有明确的概念，在同一公司中，即使在同一管理层次中职位也是不同的，这些极其微妙的地位身份的差异对不懂日本文化的人来说，常常是看不懂的。

要面子是日本人最普遍的心理，日本人说话总是拐弯抹角，含糊其辞，日本人认为直接的表露是粗鲁的、无理的。

日本人对任何事情都不愿意说“不”，更觉得断然拒绝会伤害对方的感情或使他丢面子，日本式的谈判最大缺点在于言行不一，尽管嘴里在答应，心里却不认为正在做出某种承诺。日本，沟通中存在着“显象”和“意象”两种方式，“显象”是指看得见、听得见、注重礼貌，但并非真正的心意，“意象”是真正的心意，但需要对方去领悟体会。

对方提出要求，日本人回答“我们将研究考虑”时，不能认为此事已有商量的余地，或者对方有同意的表示，它只说明，他们知道了你的要求，他们不愿意当即表示反对，使提出者陷入难堪尴尬的境地，同样，日本人也不直截了当地提出建议，他们更多的是把你往他的方向引，特别是当他们的建议同你已经表达出来的愿望相矛盾时更是如此。

与日本人谈判要注意以下 3 点：①千万不要直接指责日本人，否则肯定会有损于相互之间的合作关系，较好的方法是把你的建议见解的表示出来，或采取某种方式让日本人自己谈起棘手的话题，或通过中间人去交涉令人不快的问题。②避免直截了当地拒绝日本人，如果你不得不否认某个建议，要尽量委婉的表达，或做出某种暗示，也可以陈述你不能接受的客观原因，绝对避免使用羞辱威胁性的语言。③避免当众提出令日本人难堪，或他们不愿意回答的问题。

（3）耐心实现谈判目标。日本人在谈判中的耐心是举世闻名的，耐心使日本人在谈判中具有充分的准备，耐心使他们手中握有利剑，耐心使他们成功地应用最后期限策略，耐心总是使他们获得谈判胜利，与日本人谈判缺乏耐心或急于求成，常会导致谈判失败。要表现的像日本人那样有耐心和时间、休会策略、疲劳战术、出其不意，都是理想的谈判策略。

3. 充分利用中间人。在谈判中使用中间人，因为双方的联系由中间人出面沟通，这为双方表述各自立场观点提供了有效途径，在中间人的斡旋下，可以将双方的意向协调起来，为正式谈判铺了路，再就是，中间人在谈判中的调停作用也不可忽视，谈判中的矛盾与冲突是经常发生的，而有中间人介入可以将事态控制在最低限度，解决的效果也是十分积极的。

第五章　概观集体谈判

第一节　集体谈判：协调劳动关系的重要手段

一、集体谈判的发展历程

1. 集体谈判起源

集体谈判这一术语由英国学者西德尼·韦布（SidneyWebb）和比阿特丽斯·韦布（BeatriceWebb）首先提出的，他们是最早尝试对工会进行分析和科学研究的代表人物。韦布夫妇研究工会和集体谈判的代表作是《英国工会史》和《产业民主》。在《产业民主》一书中韦布夫妇指出：在无工会组织的行业，劳动者个人无论是在寻找工作，还是接受或拒绝雇主提供的就业待遇时，除了考虑自身所处的紧急状况外，并没有与其同伴进行交流。为了出卖劳动力，劳动者个人不得不与雇主进行艰难的个人交涉，但如果工人们团结起来，推选代表以整个团体的名义与雇主谈判，其弱势地位将会立刻得到改变。雇主也无须再分别与每个雇员签订一系列的个别劳动合同，而只要签订一份能够满足集体意愿、规定集体劳动条件的协议即可。根据这一集体协议所确立的准则，从签订之日起，所有特定群体、特定阶层、特定等级的人员都应遵守。这一论述阐明了集体谈判制度的起源。集体谈判与工业革命所带来的经济、社会、人口的变化是分不开的，技术革新带来的机械化使一些劳动者失去了传统的技能，劳动力市场竞争加剧，形成了劳动力的买方市场，单个劳动者难以通过个别谈判、签订个人劳动合同来与雇主进行抗衡，维护自身利益，因而出现了劳动者自发组成的群体性的组织——工会的前身，并开始了集体谈判。

2. 集体谈判的法制化

欧洲工业化革命特别是第二次世界大战以后，西方市场经济国家的劳工运动和工会组织有很大发展，迫使资方对工人的劳动权利作出了一定的让步，并接受了集体谈判这种实现劳工劳动权利的重要形式。随着市场经济的法制化，有关集体谈判的劳动立法在各市场经济国家先后得以实现。美国在 1933 年，1947 年分别通过了《国家劳资关系法》《劳资关系法》。确认了集体谈判和法律效力。法国、日本、德国、英国等国家均在 20 世纪 30 年代以后先后制订了有关集体谈判的法律，使集体谈判成为了当今市场经济国家调整劳动关系、规范劳动力市场行为的重要法律手段。

二、集体谈判的重要性

1. 集体谈判与个人谈判的区别

集体谈判区别于劳动者个人为自己利益与雇主进行的个别谈判。在大多数国家的文化中，除非劳动者个人拥有企业急需但劳动力市场有十分短缺的特殊技能，否则，他们更倾向于与其他劳动者联合起来共同确立就业条件和待遇，以防止雇主提供不利于自己的劳动条件。于是，一些工人团体或工会便开始与雇主或雇主团体就工会会员的就业条件和待遇进行谈判和协商，这种行动被称之为集体谈判。集体谈判可以在单个雇主与单个工会之间展开，也可以在代表多个雇主组织与多个工会之间举行，谈判所达成的协议可以覆盖少量工人，在某些情况下也可以覆盖成百上千的工人。英国学者吉尔·帕尔墨（Gill Palmer）认为，集体谈判是“专门的雇主工会谈判委员会共同决定有关雇佣问题的制度化的协商谈判体系”，强调集体谈判的内容只限于与雇佣有关的问题，且雇主和工会必须相互承认对方作为谈判主题的资格。

集体谈判可以在不同层次上进行，涉及的问题范围也有宽有窄，但不同层次谈判所形成的协议内容却基本一致，都包含了就业协议的主要条款，都是有劳动者集体而不是个人决定的。同时，集体谈判形成的程序性规则也控制着工作场所的劳动关系，这些程序性条款涉及集体争议的处理、员工抱怨、解雇冗员、健康安全或惩戒程序等。

2. 集体谈判的作用

对雇员来讲，通过集体行动可以有效抑制雇主一些不合理的、侵犯劳动者权益的行为发生，为劳动者争得平等的地位、必要的劳动条件和基本的生活保障等一些合法权益。对雇主来讲，通过谈判的方式可以加强劳资双方的沟通与合作，促进劳动关系的稳定，推动企业目标的实现和企业效益的提高。

历史实践证明，由于集体谈判通过法定程序使劳资双方的权益纳入到一种规范化的契约轨道，有效地缓解了工业社会领域中的劳资冲突，使劳资关系从无序走向有序①。其作用主要表现在这三个方面：一是通过谈判，使劳资双方彼此沟通，互相了解需要解决的问题的双方所持的基本立场，进而通过协商要求解决问题的有效方法和所要达到的目标。二是为劳资双方提供了一个造成一致协议的程序，使双方不同的利益要求可以通过法定的契约方式得到保护和兑现。三是卓有成效的谈判，往往能使劳资双方从中获益。因此，可以这样说，集体谈判因其独特作用，而成为西方市场经济国家在第二次世界大战后劳资关系趋于缓和的主要原因。

3. 集体谈判的现实意义

目前我国劳动关系已呈现出多元化、复杂化的特点，因此，协调稳定劳动关系具有重大意义。针对目前劳动关系矛盾比较突出的现实，积极妥善协调各方面的利益关系，解决和减少劳动纠纷，是集体谈判的主要目的。通过集体谈判劳动关系矛盾双方有了平等对话的基础，双方沟通渠道变得更加畅通。工会在劳动关系矛盾双方之间有十分重要的纽带作用，沟通信息、反映情况、反映要求，并使劳动关系矛盾双方按照集体合同规定的权利和义务，履行各自的职责，共同保持和谐的劳动关系，形成企业利益共同体，从而达到劳动关系双方双赢，并和谐发展。而工会的主要任务就是组织集体谈判，通过集体谈判协调劳动关系。

劳动关系和劳动条件可以通过多种方式予以确定，如劳动者和雇主之间通过签订个劳动合同确定，工会与雇主协会通过集体谈判方式达成，还可以通过国家劳动立法或司法判例形成。在许多国家，这三种方式都不同程度地影响着劳动关系的形成和发展。集体谈判之所以能够成为调整劳动关系的重要机制，受到工人的推崇和喜爱，主要是因为集体谈判能够克服个别劳动关系的失衡状态，劳动关系的隶属性使雇主有能力关闭工厂、转移营业，而劳动者通过采取一致行动，可以运用强制力量促使雇主重新思考、改变想法。同时，它使雇主

① 阚广长．西方市场经济国家调整劳动关系的重要机制：集体谈判［J］．创业者，1996.

可以直接与劳动者代表进行集体交涉，而且在一定程度上也宣布和认可了资方的管理权限，成为雇主谋求工业和平和工业利润的目标之一。集体谈判是增进劳资合作的一种重要形式，它连接了劳资双方的利益，使劳动者生活待遇和工作效率的提高互为因果，也为协调劳资间的经济利益提供了一种有效途径。[①]

【案例：5－1】

富士康30万员工通过集体谈判获加薪[②]

世界五百强之一的富士康公司30万深圳一线员工今年的工资平均增长幅度将有望达到3%以上，这一工资增长计划是通过工人与企业的集体协商达成的。

富士康在中国最大的制造基地设在深圳，此前，这家公司大多数员工的“底薪”是以当地的最低工资为标准的，即每月900元人民币。员工的工资增长主要来自加班费，加班工资往往占到员工总工资的一多半。

目前，中国沿海地区的制造加工企业大都是贴着最低工资标准给员工定“底薪”，当地的最低工资标准涨多少，农民工的工资就涨多少，企业的利润增长与农民工收入“绝缘”。这一“规则”使得农民工工资的整体水平和10年前差不多。

早在20世纪90年代初，中国沿海一些城市就开始借鉴国际经验，探索推广工资的集体协商制度，要求企业为工人建立合理的工资增长机制，使其工资收入与企业利润同步增长。

然而，由于廉价劳动力供应充足，农民工缺乏话语权等原因，这一制度长期以来都属于“纸上谈兵”。

伴随金融危机后中国经济明显好转，订单骤增，沿海地区劳动力市场发生了明显变化，正在席卷中国多个城市的“用工荒”，被农民工们视作一次难得的机会。

工人们在工会的帮助下和企业主开展集体谈判，提出“涨工资”的要求。而过去不肯坐下来“谈判”的企业主们，迫于“用工形势”，也相继坐到了谈判桌前。

富士康的转变就是一个典型的例子。此前，对于员工提出的“涨工资”要

---

① 程延园．集体谈判：现代西方国家调整劳动关系的制度安排［J］．教学与研究，2004.

② 2010年3月17日新华网报道。

求，富士康管理层一直认为“不可能”。该企业一位负责人说，富士康的国际客户在下订单之前，“已经把所有的成本都算得清清楚楚，他会参照当地最低工资标准做出成本。”制造业的利润大概只有4%左右，富士康70多万名员工即使每人增加100块钱，都将是一笔“难以承受”的数额。

2008年9月，深圳市总工会就向富士康发出集体谈判的要约，但富士康对工资增长一直避而不谈。之后，富士康订单上升，急需增加工人，却因薪酬过低出现招工难。

经过多次沟通，富士康终于在2009年12月签订了一个覆盖40余万深圳员工、惠及全国70万富士康员工的集体合同，其中对工资增长做出明确约定：一线员工工资平均增长幅度不低于3%，并将于每年12月定期进行集体谈判。

和富士康一样，珠三角众多企业开始着手提高工人工资和福利待遇，以期吸引和留住日益宝贵的劳动力资源，集体协商正在被越来越多的企业认可。

深圳市总工会已向145家世界500强企业发出集体谈判要约，有143家积极回应，其中50%以上的企业通过集体谈判实现了工资增长。一月份，日资企业先端精密公司与员工签订了集体合同，双方商定2010年度一线员工工资增长10%。

过去10多年间，不少企业销售额、利润都是陡峭的上升曲线，而工人工资却是一条水平线，这种巨大的反差造成了农民工群体的强烈不满，不断有企业员工采取上访、罢工等形式提出工资诉求。

提高工资水平将成为中国加工制造业的一个必然趋势，而通过集体协商的方式，将有利于形成良好的劳资关系，对提高企业的劳动生产率也将大有益处。

目前农民工的“议价能力”仍较低，以工资增长为核心的集体协商制度仍面临不少困难和阻力。有的企业收到工会集体协商工资的要求后强烈抵制，并称“要把企业搬走”。有的企业拒绝提供企业收益、利润增长等数据，一口咬定企业“亏损”，致使企业工会在谈判中处于不利地位。

目前，中国政府正在加紧制定相应政策，推动劳动者薪酬保护制度的完善。由劳动和社会保障部起草修订的《工资条例》将在年内出台，其中最引人注目的是，工资协商制度、同工同酬等保障劳动者利益的条款将被纳入其中。而在深圳，《深圳经济特区劳动关系集体协商条例》也将于今年出台，从而使工资集体协商制度得到法律支持。

第二节　集体劳动关系与集体谈判

集体劳动关系在我国出现的比较晚，相关理论还不够健全，政策法规不够完善。但是国内许多学者对集体劳动关系保持着极大的兴趣，他们急切想要将中国独特的国情与已有的集体劳动关系理论相结合，创造出具有中国特色的集体劳动关系理论，切实解决中国社会中不断出现并愈演愈烈的集体劳动关系问题，改善劳资矛盾，促进社会和谐。

一、集体劳动关系的相关概念

1. 集体劳动关系的涵义

集体劳动关系（Collective Labour Relations）是在个别劳动关系存在和发展的基础上形成的，是劳动者通过行使团结权，组成工会来实现自我保护，并进而平衡和协调劳动关系。集体劳动关系的一方是工会组织，另一方为雇主或雇主组织，是团体对团体的关系。双方主要通过集体谈判和集体协议的形式来体现其构成和运行，实现劳动者的自我保护，进而平衡和协调劳动关系。

在中国，集体劳动关系相对个别劳动关系而言，是指在实现劳动过程中，劳动者组织为工会与用人单位之间发生的涉及劳动者整体内容的社会关系。在集体劳动关系中，劳动力已组合起来，作为一个集体而存在，这是个体劳动力的一种集合形式。在集体劳动关系中，劳动者的权利表现为团结权、谈判权、参与权和罢工权。目前，中国对于前三种权利有明确的规定，但对于罢工权没有明确的规定。

2. 集体劳动关系的特征

与个别劳动关系的存在与运行相比，集体劳动关系的特征可以从两个方面理解：一方面，从该关系的原生态即事实范畴去看，其最大的特征在于集体性。个别劳动者单纯从契约的角度讲，相互独立，权利义务具有相对性；但是将其综合分析，则因为企业组织性、利益与资方的对立性，是的这种关系具备了集体主义的要素。这个特征恰好为劳方维权提供了条件，但是从雇主的角度讲，化解、利用这个特征，则成为赢利的手段。国家的立场，很显然不能只站在劳资的任何一方。另一方面，从法律的调整模式及目标看，集体劳动关系呈现出以下特点：①劳动基本权构成集体劳动关系运行的价值中枢。其中劳动基本权包括结社权、集体谈判权、集体争议权。这三项权利属于集体所有，是集体劳动关系法律保障的重心。②集体谈判是集体劳动关系的运行核心。团结权的赋予，其出发点当属解决个别劳动者与雇主之间的经济地位的悬殊，然而结社权和争议权实质上是为缔结集体合同维持权利而设置的。劳动者行使团结权并不能企求政治、经济、文化上的理想目标，而是维护或改善劳动条件。结社权的赋予为主体协商资格奠定了基础。所以，集体协商及集体合同才是团结权行使的目的。③“三方性”原则渗透。此原则要求政府在国家级、地区或行业级的劳动关系协调中起主导作用。④代表性的劳动者组织角色及普遍的合同约束力。劳动者组织角色主要是工会组织。雇主既可以是单个的，亦可以是雇主组织，但是劳动一方则需通过结社而由工会为代表维护和实现自身的权益。代表性的特点要求工会不仅仅在法律上是完全独立的，不依附于雇主或雇主组织，而且，劳动者在利益上必须是紧密联系的一个整体。⑤争议解决模式的独特性。西方劳动法将劳动争议划分为权利争议和利益争议，而且劳动司法和劳动仲裁成为个别劳动争议和集体劳动争议的不同解决模式。从社会学角度分析，由于集体争议涉及面广，人数众多，并且具有广泛的社会连带性，简易、及时、多渠道化解矛盾应是首选办法。特别是集体协商争议通过政府主导的三方调节，具有明显的特点。

二、我国集体劳动关系的规范

1. 集体劳动关系的重要机制

劳动关系是人类社会最基本的社会关系。劳动关系主要分为个体劳动关系和集体劳动关系，且集体劳动关系是随着人类社会的发展和法制文明的推进，由个体劳动关系发展而来。劳动关系是指在资本生产方式和市场经济条件下，资本雇用劳动并支付劳动报酬，而劳动接受资本管理的一种社会关系。集体劳动关系是指劳动者为满足集体利益增进的诉求，以工会等组织的力量与雇主或雇主组织进行集体交涉、谈判并签订集体合同的过程中产生的社会关系。集体劳动关系的本质是平衡协调性，是在社会不断发展条件下，自治模式取代管制模式的典型体现。“劳动三权”即团结权、集体谈判权和集体行动权自成逻辑体系，是集体劳动关系的基本构成要素，集体劳动关系的运行正是为了实现和保障“劳动三权”。

平等协商集体合同制度和以职代会为基本形式的民主管理制度成为协调集体劳动关系的两个重要机制。但从整体上来看，集体合同形式化问题比较严重，集体合同文本不规范，内容缺乏可操作性。平等协商集体合同制度存在着协商不到位，作用不明显的问题。职工代表大会在中国实行了较长的时期，但随着国有企业的改革改制，由于缺乏有效的监督保障体系，职代会作为职工民主参与的渠道发挥的实际作用越来越有限。集体劳动关系的非规范性，除了相关法律法规不够健全的原因外，其根本原因在于工会缺乏与企业方对等的谈判能力和制约力量。

2. 集体劳动关系的法律规制

民主政治和市场经济及法制的完善和发展，决定了必须对集体劳动关系进行法律规制，其功能和价值在于协调劳资关系，促进产业民主，实现社会正义。集体劳动关系法律规制的基本原则可概括为“劳资自治和平衡协调”，其目标定位是在确权的基础上，提供规则指引，从而实现劳资和谐。

我国集体劳动关系立法尚处于起步阶段，立法层次低且较为分散和模糊，相关法律制度运行不畅。现有党政体制下的工会“组建”模式，必然形成缺乏代表性和独立性的一元化工会运行体制；集体协商和集体合同形式化倾向严重；集体行动权立法阙如，实践中却“暗流涌动”；集体劳动争议解决机制也处于制度缺失状态。造成我国集体劳动关系法律制度运行不畅的原因，有集体劳动关系制度本身的内部体制原因，也有政治、经济、文化及历史发展方面的外部环境因素。

集体劳动争议解决机制是集体劳动关系法律规制的保障和归宿。集体劳动争议不同于群体劳动争议，集体劳动争议不仅强调主体的团体性或组织性，也强调诉求的利益性，而群体劳动争议只是个体劳动争议的集合。团体劳动争议不仅包括传统的罢工、闭厂等集体行动权的争议，还应包括不当劳动行为争议及集体合同的履行、变更争议。故集体劳动争议包含部分排除司法适用的群体劳动争议和团体劳动争议。

团结权和工会制度的改革和创新，须在立法上强调团结权“自愿”和“自主”的核心理念，并进一步明确其权利属性及其权利的主体和边界。工会的改革需在反思工会法律属性及其与党政、上级工会等关系的同时，进行工会代表性、独立性及其职能问题重构。集体谈判和集体合同机制的建立，须在具体界定集体谈判主体和层级的基础上，完善集体谈判的程序和规则。其中，谈判的启动以不当劳动行为的法律规制为中心，谈判的规则以确立和平谈判、诚信谈判为重要任务，谈判的内容须明确强制性谈判事项，并以工资谈判为重点等进行完善。集体合同主体须界定和区分签约主体和履约主体。集体合同的签订和生效程序应体现工会对其会员的代表性，并采用草案的登记备案制。集体合同效力既可基于传统合同效力理论划分为对象、时间及空间效力，也可基于集体合同本身特性划分为规范性效力和债法性效力。尤其是集体合同的规范性效力体现在不可贬低原则、替代原则及不可抛弃原则，是集体合同准法规效力的本源。集体合同债法性效力主要就是要求当事人敦促履行义务与维持和平义务。

劳动者通过工会行使集体行动权，主要是指劳方有权进行罢工或怠工。罢工是罢工权利的行使方式，罢工权则是罢工行为合法性的来源，前者属于事实范畴，而后者则属于法律范畴。罢工行为普遍获得国家法律认可，即成为罢工权利也是较为晚近的事。罢工属于集体争议的表现形式和主要行为方式之一，集体行动权与罢工权不是同等关系而是包含关系，集体行动权除了罢工权这一主要形式外，还包括雇主的集体行动权。罢工权的本质属性是保护劳动者生存和发展的基本权利，其本质功能则是对罢工的规范和制约。完善集体行动权立法，既能确保最大限度地减少罢工的发生，又能做到对罢工的规范和制约，是社会主义市场经济条件下，实现劳资和谐之必经阶段和必备手段。

构建中国集体劳动争议解决机制，须把握理性面对、回归市场和逐步推进的原则。设立劳动关系委员会，做强集体劳动争议的调解机制；整合现有劳动仲裁组织资源，扩大仲裁委的组织和职能建设，强化集体劳动争议的仲裁职能，是架构集体劳动争议解决机制的整体框架。规范集体劳动争议解决机制相关的程序及相应的制度，并进行具体明确的责任划分及其追究机制，是构建集体劳动争议解决机制的关键。

三、国内学者对劳动关系的研究

国内学者的诸多研究主要分为四个部分。分别为集体劳动法；集体劳动关系调整；集体劳动关系规制；集体劳动关系政策。

1. 集体劳动法

关于集体劳动法相关研究主要在法学理论，法律制度方面进行探讨，这里不加赘述。

2. 集体劳动关系调整

《中华人民共和国劳动合同法》的颁布实施，标志着中国劳动关系的个别调整在法律建构上已经完成，同时也开启了劳动关系集体调整的新起点。现实中的个别劳动关系建构和调整，已经无法解决劳资矛盾和维系劳动关系的稳定。并且从权利争议到利益争议，是劳动关系集体化转型的重要特点。同时中国的劳工政策有待完善和调整，包括劳动关系理论指导和调整模式的选择、集体劳动法的健全、劳动者集体权利的确认以及两种劳工力量的关系处理等。潘泰萍认为劳动关系调整模式是劳动关系中劳动条件形成以及劳资双方相关事务处理采取的模式。主要分为个别调整模式和集体调整模式。其中集体协商是集体调整模式的主要方式。

3. 集体劳动关系规制

在集体劳动关系规制上，我国经过特点鲜明的三个发展阶段。但是总体而言，对集体劳动争议的规范和处理程序没有实质性的突破。在运行现状上，集体劳动关系却呈现自上而下和自下而上两套系统各自运行的独特现象。关于这背后的深层次原因是因为我国采取政府主导模式，忽视劳资自治。为改变当前困境，国家应该调整介入的方式，实现工会职能转型，同时完善纷争解决机制。我国劳动关系领域中出现的一些新情况和新问题，焦点主要集中在我国的劳动关系已经从个别形态转变为集体形态，进而如何应对集体劳动关系运行中的问题，以及如何创建集体劳动关系治理机制，成为现阶段我国劳动关系研究的重大课题。

4. 集体劳动关系政策

劳动关系的市场化和劳工权益保护是中国劳动关系政策在市场转型时期所要解决的两大核心问题。目前的劳动关系政策主要集中于对劳动者个体权益的保护，对集体权益的保护还存在较大的缺陷与不足。仅有个体权益保障而缺乏集体权益保障的政策体系是无法从根本上保障劳动者权益的，完善和发展保障劳动者集体权益的政策是当前劳动关系政策体系改革和发展的当务之急。

第三节　集体谈判的含义与功能

一、集体谈判的概念

集体谈判是一种工会或个人的组织与雇主就雇用关系和问题进行交涉的一种形式。工资和福利，是集体谈判的主要问题之一。雇主是企业方的代表，而雇员方的代表则是工会或职工代表大会等团体和组织。早期的集体谈判主要是就劳动条件、劳动报酬和劳资关系等问题的处理进行谈判和交涉。后来集体谈判的内容有所扩大，许多与企业发展和企业管理有关的内容也通过劳资磋商的方式解决，例如，企业内的人事改革、录用标准、人员流动、劳动合同的签订与解除等。

英国学者吉尔·帕尔墨（Gill Palmer）认为，集体谈判是“专门的雇主工会谈判委员会共同决定有关雇佣问题的制度化的协商谈判体系”。这一定义强调了集体谈判的内容只限于与雇佣有关的问题，且雇主和工会必须相互承认对方作为谈判主体的资格。集体谈判是工会和资方确定就业条件和待遇的交涉过程，它是劳动者以工会这种团体形式所进行的交涉，其中包含了谋略、运气、能力、压力、让步、冲突等多种因素。由于劳资双方对集体谈判的理解认识不同，以及双方利益的差异，他们对集体谈判的描述也不同，通常最能为人们所普遍接受的一个中立的描述为：集体谈判这个概念有时意味着温和地解决共同的问题，以友好的协议为结果；有时意味着一种艰难的、相互猜疑的、不友好的关系，只有施加压力，采取经济威胁、罢工或闭厂之后，才能恢复理智。

国际劳工组织《促进集体谈判公约》第 2 条将集体谈判的定义为：集体谈判是适用于一名雇主、一些雇主或一个或数个雇主组织为一方，一个或数个工人组织为另一方，双方就以下目的所进行的所有谈判：①确定工作条件和就业条件；②调整雇主与工人之间的关系；③调整雇主组织与工人组织之间的关系。这一定义描述了集体谈判的主体和内容。

在我国现行法规文件中，通常将集体谈判表述为“集体协商、平等协商”。

如《集体合同规定》第 7 条指出，集体协商是企业工会或职工代表与相应的企业代表，为签订集体合同进行商谈的行为。

一些文献中也会使用集体协商、协商谈判、团体交涉等概念。

二、集体谈判的功能

1. 市场或经济功能

集体谈判建立了一种交易关系，使劳资双方根据市场供求的变化就效用进行谈判，调整并确定双方的均衡效用，使双方效用最大化的一种有效交易方式。通过不断的谈判，明确双方的权利、责任和义务，达成合约。同时它也是一种分配机制，使企业内部调解劳资分配和就业的交易行为，因而集体谈判是雇主与雇员双方确定交易对象、内容以及交易价格的一种市场机制，交易的主体是雇主和工会，交易的内容是工资、就业、利润率、保障福利水平等。

2. 政府调控作用

把集体谈判看作是行业管理的一种方式，其主要目的是建立管理方行使权力的规则，因而在集体协议制定了一系列规范工会与管理方关系的程序性规则。这样，虽然管理职能仍有管理方行使，但工会作为劳动者代表，与管理方共享了企业的最高管理权。

3. 决策功能

此功能强调了工会和企业间的相互依赖关系，认为劳资双方应通过集体谈判联合起来，使冲突制度化，用共同的利益协调产生的分歧。并且承认，那些努力为企业工作的劳动者，应该有权对企业的经营管理发表意见，尤其当这些决策对他们会产生某种影响时，更应当赋予工会代表他们参与企业管理的权利。

这三个功能并不是相互排斥的，由于谈判级别不同，对集体谈判三种功能的讨论也会在不同层次、不同侧面展开：市场或经济功能主要体现在行业甚至国家层级的谈判上，在企业级别的谈判中则几乎没有灵活性；政府作用在组织之外也很难发挥作用，主要通过地方工作委员会将其明确化、具体化；而决策功能则对于企业制定决策具有重要意义。①

① 程延园．集体谈判制度研究［M］．北京：中国人民大学出版社，2004．

三、我国集体谈判制度存在的问题

集体谈判在我国又被称为“集体协商”。1994 年颁布的《中华人民共和国劳动法》对集体协商和集体合同制度作了原则性规定，这标志着集体谈判制度在我国开始正式推行。2001 年新通过的《工会法（修正案)》也对工会参与集体协商提供了法律保障。到目前为止，几乎全国的省、市、自治区、直辖市都不同程度的开展了集体谈判工作。但是从集体谈判制度引入至今，随着劳动力市场的发展，劳动纠纷却爆发频繁，并大量演变成为群体性事件。这都说明集体谈判制度在我国的发展仍处于初级阶段，面临着很多亟待解决的问题。

1. 工会力量薄弱

工会是集体谈判的主体之一，它代表工人与雇主或者雇主组织就劳动关系的相关问题进行谈判。但目前我国的工会规范化建设仍然滞后于职工维权诉求和民主权利的需要，工会的组织机构、各项制度、工会经费等没有真正落实，导致工会建设不完善，缺乏有效的职工民主管理形式和载体以及内在动力，职工权益保护不力。当前企业工会组织的另一个突出的问题是，工会隶属于企业，当企业目标和职工目利益发生冲突时，工会组织当然更加偏向于企业。尤其是私营企业的工会，其工会干部与私营业主存在“雇佣”关系，企业法人和工会法人的实际地位是不平等的，私营企业工会干部勇担责任的意识受到了极大的制约。所以企业开展集体谈判大都流于形式。

另外，很多工会工作主题不明确，仍然停留在办办职工福利、组织旅游、开展文体活动等浅层次上，很少涉及劳动关系的协调、谈判工作，工会组织形同虚设。

2. 集体谈判的级别较低

我国引入集体谈判制度已有 10 多年，但其发展仍然处于起始阶段，谈判级别较低。集体谈判的级别可以反映一个国家集体谈判的发展情况。谈判级别可大致分为：地域性的集体谈判、行业性的集体谈判、单个企业的集体谈判。我国目前还是以单一的企业集体谈判为主，但是仅有这一级的集体谈判是无法解决劳动关系所有问题的。如涉及工资等工作条件时，有一个产业或行业的标准问题，这不是一个企业能够单独决定的。另外如果工会的组织和力量不足以在企业内开展集体谈判时，就要借助行业或地方的集体谈判来维护劳动者的合法权益。

3. 集体谈判的立法层次较低

集体谈判是国际社会普遍接受的处理劳动关系的制度。至今在我国的法律法规中还没有集体谈判的概念，而一直被称为集体协商或平等协商。目前，我国有关集体谈判的法律规范还非常欠缺，在《中华人民共和国劳动法》中，只有四条直接提及集体合同，且其规定原则性很强，缺乏可操作性。为了协调劳动关系，劳动和社会保障部在 1994 年 12 月 5 日发布了《集体合同规定》和《劳动部关于进行集体协商签订集体合同试点工作的意见》，成为目前我国集体谈判的主要政策依据。但这只是一个部门的规章，并没有将其入法，不具备法律效力。而且这些规定并没有随着时代的变迁，进行相应的修改和完善，显然不能够适应新形势下调整劳动关系的实际需要。另外，《集体合同规定》也没有对违反规定的行为作出明确的处罚规定，不能切实的约束业主的行为，维护劳动者的权益。

还有劳动关系的核心——劳动报酬的问题，虽然工资集体协商在我国实行已有 18 年，但由于劳动力市场竞争激烈，劳资力量悬殊，这项政策的规定俨然成为一纸空文。2010 年 7 月召开的中华全国总工会十五届四次会议强调依法推动企业普遍开展工资集体协商。但是由于立法的缺失，这项制度的实施也是困难重重。

第四节　集体谈判与三方机制对话

一、三方机制对话

1. 三方协商机制概念

劳动关系主体包括参与劳动关系的三方，即劳方（劳动者和工会组织）、资方（雇主和雇主组织）和政府。三方协商机制就是在劳动关系三方博弈的基础上，通过国家强力介入以实现劳资双方力量相对平衡、使劳动关系能够在社会大系统中和谐发展的一种运行方式。

2. 三方协商机制发展的历史进程

从历史上看，劳动关系三方协商机制是国际工人运动促动的结果，其发端的直接动因是国际劳动立法运动的兴起。到19世纪40年代，工人开始建立工会组织和政党组织，实行统一行动来维护自己的权益。1901年，在瑞士成立了一个非官方的、具有三方协商色彩的关于劳动事务的国际机构——国际劳动立法协会。1919年，国际劳工组织成立，在组织原则和议事规则上采取三方性体制，明确规定会员国的政府代表、雇主代表和工人代表在组织中的权利和义务。第二次世界大战后，国际劳工组织积极倡导通过三方协商来解决劳资问题，先后通过了《（行业和国家级别）协商建议书》（1960）、《（国际劳工标准）三方协商公约》（1976）和《（国际劳工组织活动）三方协商建议书》（1976）等文件，有力促进和推动了各国三方协商制度的实行。同时，三方协商机制也是政治民主制度发展的结果。在19世纪80年代前后，政府开始接受工人和工会进入议会，参与立法。利用三方协商机制来影响和干预劳动立法的做法正是资产阶级及其政府进行政治改良的结果。企业主个人或集团单向操纵企业劳动关系已经为民主政治制度所不容，而以社会参与、三方或多方协商解决劳资冲突的做法开始得到社会的普遍认可。三方协商机制目前已在世界各国得到了较为普遍的实施，已经成为一个世界性的趋势。随着经济全球化的加速，国际工人运动的交流与联系在加强，为了保持国际竞争力，政府和雇主也在一定程度上希望与工会来稳定劳资关系，这也促进了三方协商机制的进一步发展。在本质上讲三方协商机制是市场经济充分发展的产物。

二、集体谈判的内涵

集体谈判是劳动者利益代表——企业工会或产业工会与资方组织之间就关切双方利益的实质性条款与程序性条款进行反复谈判与信息决策的过程。指劳方集体性地透过工会，与资方谈判雇佣条件，而资方必须参与，而谈判结果具有法律约束力。其目的是希望劳资双方能够在一个较平等的情况下订立雇佣条件，以保障劳方应有的权益。集体谈判权就是一些国家及地区赋予劳工的一种权利，是由劳动者集体享有的由工会或其他劳工团体组织代表劳方行使的，在平等基础上与用人单位或单位团体确立劳动条件订立集体合同的权利。

1. 劳动三权是集体谈判制度的基础和保障

劳动三权通常是指在市场经济体制下，劳资双方当事人都享有的三种权利。包括团结权、集体谈判权、集体争议权。三种权利的核心权利或目的是谈判。前提是团结权，集体争议权是保障手段和压力系统。这三种权利合称为劳动三权。

（1）团结权。团结权是宪法和劳动法确认的劳动者的基本权利，是指劳动者组织和参加工会并保证工会自主运行的权利，是集体劳权的基础。团结权虽为劳动者个人享有，但并不由劳动者个人行使，而主要是劳动者的集体组织——工会来行使。在市场经济国家的发展进程中，劳动者的团体力量是由个别劳权争议到集体争议的演变，从冲突型劳资关系到对等谈判型劳资关系的演变的前提。经验表明：社会协调和经济发展以劳资关系协调为条件；劳资关系协调以劳资力量趋于平衡为前提；而实现劳资力量平衡又必须强化作为劳资关系中弱势一方——劳动者的力量，因此，必须凭借公共力量和团体力量介入劳资关系，而团体力量介入劳资关系必须以团结权为基础而获得合法性。

（2）集体谈判权。集体谈判权是集体劳权中运用最为广泛的一种权利也是中心权利，但这一权利必须有团结权和争议权来保障。集体谈判是市场经济条件下调整劳动关系的主要手段和国际惯例，通过集体谈判规范劳动关系事务，构成了市场经济国家劳动关系制度的核心。集体谈判不仅确立了劳动关系调整的正式规则，而且本身就是解决冲突的一种重要机制。集体谈判能有效地促使劳资双方互相让步，达成妥协，签订协议。通过集体谈判解决社会转型或剧变时期出现的劳资矛盾，成本低且最为有效。

（3）集体争议权。集体争议权与集体谈判权密切相连，是集体谈判实质性成功与否的保障。集体争议权的行使一般是在集体谈判的过程中，由于集体合同的订立、履行或变更发生纠纷所致。集体谈判必须要有压力手段，争议权就是工人最后的最有效的压力手段。集体争议权的核心是集体行为，即劳动者集体停止工作的行为。在劳动法律体系中，团结权、集体谈判权和集体争议权共同构成了劳动者的集体权利。这些权利相互联系互相保障。其中，团结权是基础，谈判权是中心，争议权是保障。现实中脱离劳动三权的集体谈判单科独进，就可能致使这一制度徒有形式，出现一方面集体合同大规模推进，一方面劳资冲突不断升级的情况。

2. 集体谈判的主体

（1）工会：劳动者行使“结社权”的结果，工会是由劳动者组织和建立的具有一定独立性和实力，对劳动者负责，能够表达劳动者利益诉求，与资方进行平等谈判的组织。工会的职能就在于维护劳动者的权利，表达劳动者的合理愿望，与资方进行平等谈判，对劳动者权利进行救济。

（2）企业和组织：作为与工会相对的另一方谈判主体，代表资方利益的在不同层次上由不同种类的代表，应该与工会的覆盖范围相适应，不管是哪一层次的资方代表，其职能都是要代表资方与劳方进行平等谈判，争取资方利益。企业组织和行业协会与企业应该具有约束和被约束的关系，对企业的行为进行有力的监督和制约，从而保障行业性、区域性集体合同的有效落实。

（3）政府：有学者将政府在集体谈判中的角色概括为“集体谈判和雇员参与的促进者（Promotor）”政府作为集体谈判的第三方，并不能直接参与到集体谈判之中，应该起到监督和协调的作用，政府不能过度干预双方的谈判，也不能支配其中任何一方。

在劳动者行使集体谈判权的过程中，权利主体的劳方和义务主体的资方应该为权利行使的主导，并由双方代表进行博弈，政府应当以“第三方”的角色参与其中，体现其监督、促进和协调的行政职能。

三、在集体谈判权行使中“三方机制”存在的问题

三方机制产生于国际劳工组织建立之时，其内涵是在解决劳动关系问题进行集体谈判的过程中，由劳资双方加上政府三方代表进行，将政府纳入其中劳资双方进行谈判，政府与劳资双方三方进行共同决定的机制。这使得对原本劳资双方之间的契约关系进行了“公法化”，原因在于劳资双方利益的天然不平衡以及劳资关系对整个社会的深远影响力，需要政府的加入以监督谈判和协调劳资双方的关系。

1. 一元模式的工会体制缺乏独立性

我国工会属于“一元模式”的体制，工会的行政色彩浓厚，工会有层级之分，由政府进行主导，缺乏独立性，表现在：

（1）经济不独立。我国工会人员的工资、奖励、补贴由“所在单位支付”（《中华人民共和国工会法》41 条）工会经费来源是用人单位按每月全部职工的

工资总额的2%向工会拨缴经费。可以看出我国工会没有一套独立的财务体系和资金链，更多是依附所在的用人单位，工会经济不独立直接受雇主的资助和操控。

（2）人员不独立。工我国目前立法并没有将企业高管和经理层完全排除，存在非选举产生的企业领导高层担任工会的领导，这样就等于将工会的维权职能架空。

（3）行动不独立。我国工会的活动受政府的行政干预过度，工会看政策办事，加之政府有意保护企业方，使得工会的独立性丧失。同时，我国工会还存在专业性不足，覆盖率不高等问题，《中华人民共和国劳动合同法》规定县级以下区域在特定行业内工会才有代表劳方进行集体谈判的权利。

2. 行业协会对企业的约束力不足

我国尚没有企业联合和行业协会与用人单位之间关系的法律，它们之间松散的非法定的民间关系使得企业联合和行业协会对企业行为不能进行有效的制约和约束，保证企业遵守与工会签订的集体合同缺乏有效的行业内部的监督。行业协会是政府和企业之间的桥梁，并为商业生产者提供服务的中介机构能否承担得起区域集体谈判的重任也是需要考虑的问题。

3. 政府主导模式显著

集体谈判是在政府的主导下进行的，政府干预过多，公权力过大，使劳资双方力量难以达到真正的平衡，政府与企业之间的权钱交易使得体制腐败难以抑制，由于企业发展会带动地方经济的发展使得地方政府容易偏向企业方，违背了倾斜保护弱者的价值，甚至会扩大这种不平等性，使劳资双方难以在平等的基础上进行有效的独立的谈判。

第五节　集体谈判的产生与发展

一、国外集体谈判的产生和发展

集体谈判是西方市场经济发展到一定阶段的产物，是经过工人阶级长期的艰苦斗争之后才形成起来，并随着市场经济的发展而发展。集体谈判也是资本主义市场经济条件下劳资矛盾斗争的产物。这一产物的法律表现形态就是劳动立法的变化。即有关集体谈判的权利从被禁止，到被有限禁止，直到最终获得承认。

西方国家的市场经济大致经历了三个发展阶段：在这三个发展阶段，集体谈判从立法、工人阶级斗争方面也经历了从产生到发展的过程。

1. 18 世纪中期至 19 世纪末：绝对禁止阶段

18 世纪中期至 19 世纪末是集体谈判制度的萌芽时期。为了追求剩余价值，攫取更高额的利润，资本家们剥削和压榨着工人。特别是工业革命后，这种剥削和压榨更是变本加厉，延长工人劳动时间，加大劳动强度，大量雇佣童工女工，对工人进行体罚等现象无处不在。

在这样的背景下，部分工人自发组织与雇主抗争着，并在不断的实践经验中发现工人们只有联合起来才有希望对抗资本家改善自身的生存环境。于是，早期的工会在欧洲产生了，工会领导工人以怠工、罢工等手段斗争着。

各国政府认为工人利用集体力量迫使雇主妥协，违背了“契约自由”原则，破坏了社会稳定，妨碍了自由竞争和经济的发展，对集体谈判制度持禁止态度，通过制定禁止结社的法律法规或者相关判例将工会进行集体谈判和签订集体协议的行为视为非法。如英国的《禁止结社法》，美国 1804 年费城鞋匠工会被联邦法庭判定有罪，认为他们成立工会是阴谋犯罪。

2. 19 世纪末至 20 世纪 30 年代：法律认可阶段

19 世纪末至 20 世纪 30 年代是集体谈判制度的陆续被各国法律认可的时期。立法虽然禁止集体谈判，但实践中，斗争方式更为隐蔽却更具破坏性的工会运动使劳资矛盾更为尖锐。

随着社会经济的发展和民主进程的加快，劳资双方意识到双方存在着激烈斗争的同时也存在着共同的利益，罢工、闭厂等并非是解决矛盾的最好策略。于是，部分雇主开始与劳动者友好地坐下谈判。

政府在这一阶段也开始意识到这些，也转而采取相对干预的政策，力图采用较和平方式处理劳资矛盾，逐渐承认工人享有团结权、谈判权。英国 1871 年制定了《工会法》、1875 年制定了《企业主和工人法》，法国 1884 年制定了《工会法》，特别是新西兰 1904 年制定的《集体谈判和集体合同法》，成为世界上最早进行集体谈判制度立法的国家。随后德国（1918 年）、瑞士（1928 年）、美国（1935 年）等，也逐步制定了《集体合同法》等一系列法律法规，这些标志着集体谈判制度得到了国家法律的认可和保护，使得集体谈判制度逐渐成为制度化的解决产业冲突的手段。

3. 第二次世界大战至 20 世纪 80 年代：发展成熟阶段

第二次世界大战以后是集体谈判制度发展的成熟时期。第二次世界大战后，世界范围内的经济结构和社会体制的巨大变革使劳资双方都认识到摒弃对立、实现合作的重要性。科技的发展及其在生产中的应用在使雇主认识到运用科技提高劳动生产率对创造利润增加财富的重要性的同时，也注意到了提高工人的生产积极性，改善其生产和生活条件，加强与之合作的重要性。集体谈判从劳动者主动为改善劳动条件而进行的斗争逐渐发展成劳资双方谋求共赢的手段。

此外，政府也逐渐发现集体谈判的方式确实不失为行之有效、成本相对低廉的劳动关系协调机制，认识到了集体谈判对于协调劳动关系和维护社会稳定、促进经济发展的重要意义。

同时，国际劳工组织也非常重视集体谈判的重要作用，通过了一系列集体谈判方面的文件，包括《集体协议建议书》（1951 年），《工人代表公约》（1971 年），《促进集体谈判公约》（1981 年）。

这些公约和建议书极大的推动了集体谈判制度的发展，让保障集体谈判制度的法律在大范围内被颁布。如日本 1946 年《工会法》、1947 年《劳资关系调整法》和 1976 年《劳动标准法》，德国 1949 年《集体合同法》，法国《劳资协议法》，及 1981 年《劳动典法》，加拿大 1965 年《劳动（标准）法》，美国 1978 年《劳资合作法》等。集体谈判制度逐渐成为市场经济国家调整劳动关系最基本的制度。

4. 20 世纪 80 年代至今：多元发展阶段

20 世纪 80 年代以来经济全球化大大改变了全球劳动法发展的环境。各国政府开始放松劳动法的实施。而且由于第三产业的迅猛发展，集体谈判重要主体的工会组织率开始下降，工运活动衰退，以工会主导的集体谈判和集体劳动合同为中心形成的相对稳定的劳资关系的体系开始分崩离析，以至于工会存在的意义都开始遭到质疑。

20 世纪末 21 世纪初，各国在新自由主义的影响下，解除了对纯粹控股集团的禁令。控股集团的合法化促使许多企业集团应运而生。在企业集团内部，不仅劳动条件千差万别，工会相对多元化，扁平化，而且企业集团借整理内部事务之名舍弃非盈利部门，实行大规模解雇，使劳动者的就业状况岌岌可危。企业集团母公司与子公司之间的经营、劳动条件决定的关系更加复杂，很多工会甚至连经营者是谁都无法确定，集体谈判也开始变得更加艰难。

二、我国集体谈判的产生和发展

我国在计划经济体制时期通过计划配置劳动力，也就不存在集体谈判制度。在向市场经济过渡中，劳动力通过市场进行配置，劳动就业制度产生了根本改变，以劳动合同为基础的“雇主—雇员”关系取代了终生雇佣关系。20 世纪 90 年代初，我国开始引入集体协商制度。1994 年颁布的《劳动法》对集体协商和集体合同制度作了原则性规定，1996 年正式建立劳动争议仲裁的三方机制，同时，重点建立平等协商和集体合同制度，2001 年新通过的《工会法（修正案）》也对工会参与集体协商提供了法律保障。

集体协商在实践中也得到很好的推进。2001 年，1 万多户企业开展了工资集体协商试点。2002 年，3 万多家企业建立了工资集体协商制度，企业集体协商机制稳步推进，全年通过集体协商签订集体合同 63.5 万份，涉及职工 8000 多万人。30 个省市自治区和直辖市建立了省级劳动关系三方协调机制。2003 年，29 万多家企业建立工资集体协商机制。

但是总体上讲，集体谈判制度在我国还处于初级阶段，集体谈判的机制还没有真正形成。集体谈判制度在协调劳资矛盾，规范劳动力市场秩序方面还没发挥更大的作用。劳动争议的数量仍然呈不断上升的趋势，2001 年全国各级劳动争议仲裁委员会共受理劳动争议案件 15.5 万件，涉及劳动者 46.7 万人，其中集体争议案件 9847 件，涉及劳动者 28.7 万人。2002 年，全国共受理劳动争议案件 18.4 万件，涉及劳动者 61 万人，其中集体劳动争议案件 1.1 万件。2003 年，全国共受理劳动争议案件 22.6 万件，其中集体争议案件 1.2 万件。

劳动争议的不断增加，说明了我国的协调机制并没有发挥必要的作用。集体谈判制度在我国的推行和发展仍面临着诸多问题与困难。

【案例 5－2】

深圳冠星工人集体谈判涨工资

冠星精密表链厂属于冠星精密有限公司，冠星精密由西铁城香港支店表带事业部在1975年创立，1983年开始在深圳设厂，1989年4月设立冠星深圳沙井工厂。劳资冲突源于10月16日工厂的一次内部会议。

一次内部会议引发停工

工厂拟将打磨部薪酬从“计件制”改为“计时制”，但几十人的抵制影响到全厂工人声援。公司准备将打磨部的薪酬方式从“计件制”改为“计时制”，月薪预计由2300—2800元降至不会超过2000元。业内人士认为，冠星表链厂此次是出于节约成本的考虑。若实施计时制，工厂可随时控制同样时间段的产品数量，但不用再支付过高的费用。

多名工人认为，多年来工厂没有足额缴纳工人住房公积金和养老保险。最让工人不满的是，从2005年开始，厂方以“上厕所、喝水”等为由，每日克扣员工工时40分钟，既不算工资也不给加班费。他们多次向管理方提出改善要求，并呈上书面意见，但工厂一直未予回应。

政府调解未能圆满解决

事件发生后，经当地政府部门多次调解，厂方对员工诉求作出答复并同意支付部分费用。但唐瑞凤等工人反映，争议的重大焦点问题——持续5年的每天40分钟加班费的追索，仍未能得到圆满解决。11月1日，该厂工人被“安排”进了车间，部分媒体甚至报道冠星厂问题已经得到解决。但实际上工人积怨仍很大，这表现在他们的工作效率不到正常状态的30%。如何将资方“请到”谈判桌上，困扰着这些年轻的外来工。

唐某等12名工人代表被各生产部门推举出来。他们在网上了解到广东一家律师事务所，这是一家专门为劳动者提供维权服务的专业律师事务所。律师事务所根据员工反映的具体情况，并考虑可能产生的社会影响，从有效解决问题、尽快恢复社会整体稳定、节省企业和司法、社会成本的角度出发，律师事务所建议员工代表继续通过协商对话的方式与公司交涉。唐某等原想只是希望得到律师的指导，但他们第一次听说了集体谈判的概念，这也改变了整个事件的走向。

把老板“请”上谈判桌

11月6日，冠星厂员工代表采纳了律师的建议，并于当日代表584名签名员工与广东律师事务所正式建立委托代理关系。在此过程中，员工联名给厂方递交了不同意厂方于10月27日发出的解决方案要求。这发出了一个强烈信号：劳资双方要重新针对争议事项进行谈判。

3 天后，员工律师团队给冠星厂快递发出律师函，建议厂方接受员工推选代表进行谈判的要求，并告知厂方应公开承诺对员工代表之权利的确认和保护，尽快与员工代表对话磋商；依照《深圳经济特区和谐劳动关系促进条例》等相关法规依法开展集体协商；并安排时间地点与律师商议谈判程序事宜。同时，律师事务所把律师函内容告知了员工代表，并上报给深圳市律协、司法局。

冠星厂最高管理层通过员工律师团表达担忧，希望在开始谈判之前，冠星厂员工不要有太激烈的举动。劳方提出 14 日进行劳资谈判预备会议。但当日晚，在工人方面的强烈要求下预备会议被临时决定提前到 11 日下午进行。

11 月 13 日下午，冠星厂劳资第一轮谈判如期开展，确定了劳方谈判代表以及全部 12 名员工代表的代表资格，双方正式谈判代表各 5 人参加谈判，其余全程旁听。

各据立场谈判多次中断

劳资双方针对争议最大的“每天 40 分钟工间休息是否算作工作时间”的法律依据问题产生了激烈争论。资方对劳方提供的劳动部关于工作时间认定的相关批复不予认可，坚持称该批复不适用于冠星厂的情况。

资方提出的解决方案也被工人代表断然否定，代表们当场表示这可能会引起工人激变。“一开始他们认为我们不懂集体谈判，很容易说服我们，但经过后来的阵仗，他们才发现自己错了。”

资方开始意识到问题严重性，当即收回了该方案。第一轮正式谈判一直持续到深夜，虽然未有结果，但资方的态度较之谈判前发生了很大变化。

这天晚上，律师团也向工人代表普及了谈判的技巧知识，向他们发出了“三条指示”：说服工人按时上下班，谈判期间不能随意表达自己的观点，不能透露谈判中的任何细节。

11 月 16 日下午，第二轮谈判开始。资方依然认为 40 分钟算作加班费无法律依据，但从合理性角度接受以加班费的计算标准计算补偿，但拿出的方案离员工的预期还是相距甚远。

5 个半小时的谈判被迫中止两次。

协商方案助力劳资双赢

最后，资方经过全盘考虑、权衡利弊，给出了新方案：和解金以员工目前基本工资为基数，对 2005 年 10 月 1 日至 2010 年 10 月 31 日期间每天 40 分钟的工作时间（具体时间以员工当时考勤记录为准），按加班费计算，最后计算数额做70%折算给付。和解金从2011年11月起，逐月分5次发放。同时，该方案覆盖包括签名授权的584名员工在内的全厂千余名工人。对将来离职的员工，厂方承诺不会影响其和解金的分期发放。工人挽回了五六百万元的损失。

随着和解手印的按下，一直游说于老板和工人之间的唐某等工人代表终于松了口气——他们既要站出来为了劳资问题的解决去面对老板，还要想尽办法组织协调好全厂工人。由于谈判期间只能三缄其口，代表们经常遭人怀疑“被老板收买了”。

第二天，冠星厂员工恢复满负荷工作状态。几天后，日资老板到车间巡视，拍了拍唐某的肩膀，露出了笑容。12月4日，全厂1000多名工人被请到了当地一家四星级酒店吃饭。这对唐某来说，在工作的10多年里还是第一次遇到。

这次集体谈判，不仅节省了司法成本，而且避免了断裂的劳动关系。

第六章　集体谈判结构与过程

第一节　谈判单位

谈判单位是指进行集体谈判时，谈判所代表的工人一方的范围。国际劳工组织的有关公约强调，集体谈判是由雇主或其组织为一方与工人组织（一般是工会）为另一方的谈判。也就是说，企业集体谈判的主体单位是企业主或企业主组织与工会双方。他们都必须是依法登记注册的具有法人资格的合法组织。如果企业里有多个工会，则由影响大并且会员多的工会代表工人参加谈判。如果企业里没有工会或会员只占少数时，则由工人选举产生谈判单位代表。许多国家工会的实践表明，其谈判单位代表掌握的信息和情况越具体、准确，就越能掌握谈判的主动权，提出的要求也越有说服力。为了防止企业主阻挠工会获得必要的信息，有些国家的法律规定，企业主不得以“商业秘密”等为借口拒绝向工会提供有关信息和资料，否则属违法行为。当然工会也有责任保守企业秘密并对扩散承担责任。有些上级工会为了帮助企业工会开展谈判活动，出版和提供一些与谈判有关的资料等，包括谈判的参考方案与合同的框架内容等。

我国法律中没有规定这个术语，其主要原因在于我国法律规定的是企业级谈判，谈判单位当然是企业。按照现有的规定，具有独立法人资格的企业，经过与工会代表的平等协商，即可以签订集体合同。从理论上讲，只要企业具备了法人资格，无论其财产多寡、人数多少、规模大小，其在法律上的资格是独立、平等的，也就都可以依法与工会代表或者企业（没有工会时）代表或职工推举的代表签订集体合同，不存在再细分，或再扩大的情况。但是这种规定随着当前我国经济的发展已经明显地落后于现实。在现在的实务中许多企业开始在不同的地理位置开展业务活动。比如，大公司在不同的地方开设分公司、连锁店以及保险公司在很多地区有办事处等等。在这种情况下，我国现有的规定，在实践中就很成问题。如果仅以法人为限，法人的组成人员可能分散性相当强，相互之间的利益差别比较大，难以组织成统一的工会，而每一个单独的业务场所又可能由于人员较少、技术简单而缺乏与企业抗争的能力。而谈判单位的大小和地点将直接影响企业和工会的力量对比。企业可能只想分别与个别地区的劳动者谈判，以降低劳动成本，工会则可能会尽可能组织较多的工人以加强自己的力量，争议就可能因此而产生。

因而，谈判单位的确定可能成为企业和工会之间争议的焦点。谈判单位的确定是在实践中逐渐形成的，美国和英国的法律都对谈判单位的确定作出了规定，我们不妨研究一下，以资借鉴。

一、美国的谈判单位

在美国劳动法中，“适宜的谈判团体”这个术语就是用来解决如何确立谈判单位问题的。《美国国家劳资关系法》第6条第6项规定：为了保证职工能充分自由地行使本法保障的权利，（劳资关系）委员会可以决定雇主单位、行业单位、企业单位、或其中的一部分，作为进行集体谈判的适宜的谈判团体。如何确定适宜的谈判团体呢？其理论上的界限是既然集体谈判是为了增进大家的共同利益，因而只有共同利益一致才能构成一个适宜的谈判团体。实务上确定适宜的谈判团体主要就是从这个共同利益原则出发，参考历史因素综合来确定。

1. 确定谈判单位具体考虑的因素

（1）受雇人是否受共同监管单位的监督；

（2）雇主对有关受雇人的账册、支薪、以及其他利益，是否以个别厂、多厂、或多公司为基础；

（3）受雇人过去在沟通与协调方面的基础；

（4）受雇人在工作场所是否与其他单位接触，以及是否在同一地点上下班打卡；

（5）假如在多厂基础单位发生争议时，受雇人是否跨厂异动；

（6）工作类型的相似性；

（7）工资、工时与工作条件的类似性；

（8）受雇人的意愿；

（9）厂商内工会组织的程度；

（10）厂商的功能集约程度。

2. 对谈判单位的限制性规定

《美国国家劳资关系法》第 9 条中对谈判单位的确定作出的三条限制性规定是：

（1）不得把包括专业雇员和非专业雇员的单位作为适宜的谈判团体，除非多数专业雇员投票赞成自己包括在该谈判单位内；

（2）不得根据委员会先前已确定另一个单位为理由，决定一个行业单位不适合作为谈判单位，除非该行业的多数职工投票反对单独派代表进行谈判；

（3）一个单位，不得在一般职工之外，还包括为保护雇主财产或保护雇主住所人员安全而被雇佣来对职工和其他人执行规章制度的保卫人员中的任何人。一个劳工组织不得被批准为一个保卫人员的谈判单位的职工代表，如果该组织除了保卫人员以外还接受职工为会员，或者直接或间接地加入一个除了保卫人员以外还接受职工为会员的组织。

二、英国的谈判单位

在英国，谈判单位是一个长期形成的谈判方式的一部分。英国的谈判单位是在工人运动中逐渐形成的，其灵活性很强。英国从立法上鼓励谈判单位的扩大，主张谈判单位包括的雇员小组的范围应按实际广一些，其理由是过多的小单位容易产生对雇员的不公平待遇，减少谈判单位数量的措施是成立代表若干工会的联合谈判小组。英国确立谈判单位的理论依据与美国基本一样，也是从组成谈判单位的共同利益出发，但是，并不要求雇员的利益必须相等，而是只须有一个基本的共同利益。在确定谈判单位时，既要考虑形成少数小组的那些雇员的不同利益（包括专业雇员的利益），又要避免出现过小的谈判单位。

确定谈判单位具体考虑的因素与救济措施

在英国，《英国劳资关系法实施细则》第 76、77、78、79 条规定了确立谈判单位应当考虑的因素和可以采取的救济措施。

（1）应当考虑的因素：

①工作性质；

②有关雇员的训练，经验和专业或其他资格；

③他们共同利益的范围；

④雇员的一般愿望；

⑤工作的组织和场所；

⑥工时、工作安排和工资制度；

⑦有待谈判的问题；

⑧使谈判单位与工会和行政管理组织的模式相适应的需要；

⑨避免任何行之有效的已有谈判安排被打乱的需要；

⑩是否有为某些特殊范畴的雇员（如中层职员或谈判中代表行政管理的雇员）另作谈判安排的需要。

（2）救济措施。实践中，建立或者变更一个谈判单位时，企业和工会首先是在自愿的基础上达成协议，当关于此问题的协议达不成时，任何一方或双方都可以采取下列的救济方法：

①适当时，把这个问题提交雇主协会和工会的高一层组织；

②征求生产部的意见和请求调解；

③请就业部将这个问题提交劳资关系委员会审核并征求意见。如果采取了上述的措施之后，争议仍未能解决，雇员已注册的工会，可以请求国家劳资关系法庭根据劳资关系条例处理。

三、中国的谈判单位

在我国目前，面对规模小、人数少、工会力量薄弱，但同时又具有法人资格的企业“签订集体合同难”的问题，有关部门的现行政策是：在小型外商投资企业和私营企业比较集中的地区，可以组建行业性或区域性工会联合会，代表职工与企业进行集体协商和签订集体合同。由此可见，在我国的实务中，已在一定程度上突破了我国目前立法中谈判单位仅仅限于企业一级的限制，而开始向多层次化方向发展。

通过上面的比较，我们不难得出结论，在谈判单位的确认上，我国与英、美两国有着巨大的差异。理论上的出发点虽然都是共同利益原则，但是，英、美两国对共同利益的认识倾向于直接利益，因而在谈判单位的确认上，出现了不但有集约化的倾向，也有在企业内进一步细分的倾向。而我国强调的共同利益则是从长远、从根本、从整体来看，因而谈判单位的确定就简单多了。然而，虽然工人阶级是国家的领导阶级，工人是国有企业的主人，在国有和集体企业中，国家、个人、集体的根本利益是一致的，劳动关系呈现出利益一致性的特点，在确立谈判单位时，从共同利益出发谈判单位也自然与企业重合。但是，随着现代企业制度的建立，企业内部权利义务关系日益明晰，职工是企业的主人只是从终极意义上说的，工人与企业的利益在直接的层面上存在很多不一致的地方。不仅仅如此，工人内部由于对企业的作用不一致，其利益差别也日趋明晰，专业人员、中、高级管理人员与一般工人之间的差别日益明显。国有和集体企业内部不再是铁板一块，而分化成为利益上有时难免会出现冲突的多个群体。外商投资企业、私营企业中的劳动关系本来就是冲突型的，而我国目前谈判单位的规定又是以一致型劳动关系为基础，因而现有规定与现实的不相适应是相当严重的。

综上所述，在我国的集体合同立法当中，应当充分认识到谈判单位的确定对工会和企业力量的影响，给予谈判单位的立法以足够的重视。首先，应当明确谈判单位应由当事人协商确定以充分发挥集体谈判制度的灵活性；其次，应当规定双方达不成一致时的补救措施，建议立法时将谈判单位确定争议列为劳动争议仲裁的受案范围；最后，法律中应当规定划定谈判单位的原则和考虑因素。在这方面，我们可以借鉴英、美的规定。同时应注意，不要规定得过于详细，应当留有一定的余地，实践中由当事人和劳动争议仲裁机构灵活处理。英、美两国在谈判单位确定上，都是以共同利益原则为基础，以当事人的意愿为主。以专门机构确定为辅，充分体现了集体谈判制度的自治性，从体制上给予了当事人自由活动的空间。保证了谈判单位的确定可以灵活地适应具体的情况。这都是值得我国借鉴的。[①]

美国集体谈判中谈判单位的确定

排他性（Exclusive）是美国工会的显著特征。按照美国《劳动关系法》第9条，在一个谈判单位（Bargainingunit）里为了集体协商而被指派或者被选择出来的谈判代表，就是这个单位里一个排他性的谈判代表。这个谈判代表由单位里的多数工人表决产生（即工会取得50%以上工人的赞成票）。而法律也排除了雇主与一个少数派工会集体谈判的可能性。

① 李川，叶翠苹．从集体协商到集体谈判的转变［J］．山东公安专科学校学报，2003（6）．

但是，谈判单位的确定是一个复杂的问题。如果一个工厂结构简单，只有蓝领在工厂工作，那么谈判单位就容易确定也就是该工厂。但是有些公司结构比较复杂，比如沃尔玛这种全国连锁超市，是整个国家建一个工会，还是每个州建一个，抑或，每一家沃尔玛的店就可以建。Friendly IceCream Corp V. NLRB（705F. 2d 570 1983）处理的就是类似的问题。

Friendly 是一家马萨诸塞的公司，旗下有 605 家连锁餐厅，遍布 16 个州。东部地区连锁餐厅的总部在马萨诸塞一个叫 Wilbraham 的地方。那里的行政人员决定连锁餐厅的标准政策，比如菜单、价格等。东部地区又分为 12 个区，每个区由地区经理负责（Division manager）。第一区，覆盖马萨诸塞的东部和南部，又被分为 9 个区域（District）。每个区域有 4—9 家餐厅。每个区域经理（District Manager）负责所在区域的餐厅，并向地区经理负责。

Waymounth 是其中一个区域的其中一个餐馆。大约雇有 24 个兼职雇员和 3 个全职雇员。餐馆经理主要负责每天的日常运营，并向区域经理负责。而区域经理会检查餐馆的供应、销售、服务、卫生和雇员等情况，来 Waymouth 检查的频率大概是每周一到三次，时间长度从 15 分钟到几个小时。

1979 年，Weymounth 餐馆的工人想组建工会。Friendly 总部并没有直接表示反对，而是认为一个餐馆就成立一个工会不大合适，应该是其旗下所有的餐馆共同成立一个工会。劳动关系委员会调查后认为，Weymounth 餐馆想自己成立工会，这也是合适的。Weymouth 随后通过选举成立工会。但是当工会想和雇主进行谈判时被雇主拒绝，遂向劳动关系委员会提出雇主的行为构成了不当劳动行为，雇主则认为对方工会不是一个合适的谈判对象。

诉法院认为，《劳动关系法》（National Labor Relation Act）将决定一个谈判单位是否合适的主要责任授权给了劳动关系委员会。需要明确的是，劳动关系委员会并不要求在一个特定的环境内选择一个最合适的谈判单位，只需要做的是在特定环境内选择一个谈判单位。当一个雇主想挑战劳动关系委员会的决定是，不能仅仅指向一个更合适的谈判单位。雇主的责任是证明劳动关系委员会选择的谈判单位是不合适的。

在考虑谈判单位时，劳动关系委员会的主要责任是确保雇员在行使集体谈判权时享有最充分的自由，同时，当雇主是一个整体化且多单位的情况时，它需要尊重雇主保持企业范围内的劳动关系，最起码要避免零碎化工会对劳工关系的破坏性效果。当大公司的雇主拥有比较集权的劳动政策时，会希望他的谈判单位与公司的内部结构相适应。但是，当雇主的利益（即与最方便可能的单位谈判）满足后，劳动关系委员会有权赋予雇员利益以更大的比重，雇员可以被他们所选择的单位所代表。

接着，上诉法院又讨论了决定谈判单位的标准，即一个谈判单位里的雇员是否共享一个利益社区（Community Ofinterest）。利益社区的构成有如下几个要素，并且没有一个单独的要素是决定性的：

（1）互相联系的餐馆的地理上的接近（Proximity）；

（2）在不同餐馆里雇员互相交换的程度；

（3）当地餐馆经理的处置权，特别是劳动关系方面的处置权的程度；

（4）工会组织的范围（Extent）；

（5）集体谈判的历史；

（6）受影响员工的希望；

（7）雇主的组织架构；

（8）雇员的技能、雇主的利益、工资及工作时间的相似性。

Friendly 认为，当劳动关系委员会认定 Weymouth 构成一个谈判单元时，犯了 3 个错误，第一，没有证据表明 Weymouth 的经理在劳工关系事务上有处置权，第二，劳动关系委员会错误地考虑了 Friendly 旗下 96 家公司的员工交换的程度，第三，劳动关系委员会拒绝考虑以 Weymouth 为中心，20 英里为半径的圆圈中，Friendly 旗下各餐馆的地理上的接近。于是，上诉法院就这 3 个方面进行讨论。

第一，关于 Weymouth 餐馆经理的处置权。上诉法院认为，餐馆经理的自治是决定餐馆是否作为一个合适的谈判单位的最重要衡量因素之一。这个控制不是特指经理对于价格和菜单等方面的自由，而是针对直接影响雇员的领域的有效控制。这里，劳动关系委员会发现 Weymouth 餐馆经理在这些直接影响雇员的事项上行使了重要的（即使是有限的）的权力。

第二，关于雇员的交换。劳动关系委员会认为，Friendly 提出公司旗下人员交换的情况对于谈判单位的确定有密切联系，委员会也考虑了这些证据。但是，他们与 Weymouth 没有关联的人员交换，这对于 Weymounth 作为一个谈判单位的合适性没有直接影响，劳动关系委员会也不需要处理。委员会只会考虑与与谈判单位的合适性相关的证据。

第三，地理上的接近。劳动关系委员会认为，在这个以 15 公里为半径的圆圈里 Friendly 旗下餐馆的数量并不能合理地决定这些餐馆地理上的接近会损坏 Weymouth 餐馆雇员的利益社区。委员会也没有必要分析以 20 英里为半径的圆圈的 Friendly 旗下餐馆数量。

因此，法院认为，劳动关系委员会的决定即 Weimouth 餐馆的雇员可以构成一个谈判单位是处于委员会的裁量权之内，并且得到案件记录中实质证据的支持。①

第二节　谈判结构

一、集体谈判结构的定义

学术界大多采用外延式的定义方法对集体谈判结构进行定义，即对集体谈判过程中主体双方的集中程度进行描述。比较有代表性的定义包括《新帕尔格雷夫经济学大辞典》的定义，菲利普·李维斯、丹尼尔·奎因·米尔斯和我国学者程延园对集体谈判结构的界定。

《新帕尔格雷夫经济学大辞典》把集体谈判结构定义为："一个国家、一个行业或者一个企业的谈判结构，指的是劳资双方集体谈判的几个不同特点，其中最重要的两个是谈判级别和谈判单位"；菲利普·李维斯将集体谈判结构定义为："谈判单位、谈判等级、谈判形式、谈判代理人和谈判范围五要素的集合。"；丹尼尔·奎因·米尔斯则更加概括性的将集体谈判结构定义为："现存的谈判关系的不同形式。"；我国学者程延园则在其著作《集体谈判制度研究》中将集体谈判结构定义为："指不同类别、不同等级的谈判单位的集中或分散的程度，及其相互间的内在联系"。从上述学者们对集体谈判结构的定义来看，虽然他们的表述有所不同，但内涵大致相同，即都将集体谈判结构界定为谈判过程中主体双方的集中程度。

从上述学者们对集体谈判结构的定义来看，虽然他们的表述有所不同，但内涵大致相同，即都将集体谈判结构界定为谈判过程中主体双方的集中程度。

---

① 美国．劳动法观察．

所谓集体谈判的结构，是指集体谈判过程中主体双方所体现出来的集中或分散程度。具体来说，就是指集体谈判在哪些级别上进行。

集体谈判的结构是由历史因素、市场状况、主体情况、谈判内容以及国家法律与政策等多种因素综合作用决定的。一般来说，西欧国家的结构倾向于集中，北美国家的结构倾向于分散。

二、集体谈判结构分类

在西方集体谈判制度框架下，劳动者和管理方并不必然按选举单位（选举单位是企业的全体员工的一部分，各国的具体规定有差别）进行谈判。比如，对属于同一个雇主的在不同工作地点工作的雇员，可以由一个工会所代表，这些雇员也许希望联合起来协商签订一份普通的可以覆盖到整个公司的合同。在自动化，橡胶以及其他具有行业工会的行业里，已经签署了覆盖公司范围的集体谈判协议。此外，分散在不同公司里，但是被相同的工会所代表的雇员们也许更愿意联合在一起，并且一起协商签订一份普通的可以覆盖到所有公司的合同。这类多雇主谈判经常会出现在煤炭，建筑和运输行业里。如果雇员（或者是工会）更愿意用分散的方式来谈判，这样的公司谈判或者是行业范围的谈判也许不会发展起来，因此保持了工厂级别和公司级别的谈判。

然而雇员和工会的谈判喜好不是影响谈判结构的唯一的决定性因素。在我们探讨谈判结构的决定性因素之前，首先了解以下概念。

正式的谈判结构，即协商或谈判的单位——也就是指在一份协议中具有合法地位的雇主和雇员范围。

非正式的谈判结构，即通过示范性谈判或是一些其他非约束过程的受谈判协议结果所影响的雇主和雇员。

正式的谈判结构往往是有法律保障的，影响是直接的，非正式的谈判结构的影响则往往是潜在的和间接的（参见图6－1）。

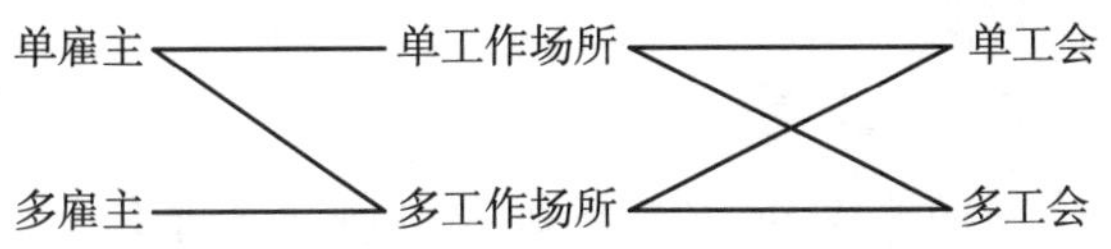

图6－1　正式的集体谈判结构

【案例：6-1】

行业级集体谈判结构的完善：武汉餐饮业集体谈判始末

2011年4月，武汉餐饮业行业工资集体谈判“以上代下”，在武汉市总工会的支持下，由市商贸金融烟草工会联合会（工会一方）代表45万名从业职工，与由武汉餐饮协会（企业一方）代表4万餐饮业主，经过工会两年多的前期准备，双方苦谈50多天，最终签订了最低工资比武汉市最低工资增加30%、年工资增长幅度不低于9%的“武汉市餐饮行业工资专项集体合同”。武汉的这一做法被称为开创了国内行业集体谈判的范本，冠之以“武汉模式”的美名。

当然，对于武汉式的行业工资集体谈判，其动因是什么，保证谈判顺利进行的力量来源在哪，这一模式是否具有普遍性，这三个问题都是值得探讨的，至于可否就将其称为一种模式而在全国范围内推广，更是需要时间去检验，但是不可否认的是，此次行业性的集体谈判的许多新做法都是值得我们在借鉴的。

具体过程：

这是一场政府主导的工资集体谈判。谈判双方一方是武汉商贸金融烟草工会联合会，背后是45万名餐饮业职工；另一方是武汉餐饮行业协会，代表武汉市大小餐馆食铺4万名老板。

经过3轮谈判、5轮协商、大大小小100多场会议，耗时2个多月后，4月23日，“武汉市餐饮行业工资专项集体合同”正式出炉，明确规定餐饮行业最低工资标准为武汉市最低工资标准的130%，中心城区餐饮行业从业者最低工资为1170元/月，新城区最低为975元/月；工资年度增幅不低于9%，每天加班不得超过3小时，每周至少休息1天。5月1日，这一合同正式实施。

作为中国迄今涉及从业人员最多的一份集体合同，武汉模式在引发全国轰动的同时，亦为试行逾10年但效果始终不彰的工资集体协商制度提供了一个可供探讨的范本。“建立工资集体协商机制，武汉开了个好头。”4月23日，专程赴武汉见证集体合同签字仪式的全国总工会集体合同工作部部长张建国如是说。

“以上代下”的谈判

这场谈判事实上已酝酿两年。

负责牵头这场谈判的武汉市总工会副主席刘齐辛介绍，作为美食之城的武汉，餐饮行业年产值高达500亿元，但最近几年面临一个尴尬现实：职工工资在所有行业中排在末位，部分服务员的月工资不足1000元。武汉近4万家餐饮食铺有80%属于中小规模，管理不够规范，无度加班，没有基本的医疗、社保。

低待遇使餐饮企业屡遭用工荒。淡季时，用工荒为3%—5%，旺季时甚至达到了15%。

2009年起，市总工会开始酝酿这个谈判，但因金融危机来袭，武汉市总工会暂时搁置了这一计划，直到2010年才重新提上日程。

“员工工资是最核心的利益。”刘齐辛说，只有工资上去了，员工幸福感才会增强，才会有安定感和满足感。而工会的责任和义务，就是为员工维权。

武汉餐饮行业并没有自己的工会，于是，武汉商贸金融烟草工会联合会（以下简称“商贸金融工会”）成为此次谈判的劳方代表。这并不违反法律程序，因为该工会属于行业工会，商贸包括了餐饮行业。同时，武汉市总工会确定了“以上代下”的谈判方式。“这避免了资方过于强势，要职工直接与老板谈判不太现实。”刘齐辛解释道。

商贸金融工会的常务副主席周国华被指定负责此事。对周国华来说，前期准备工作是一件细碎的事。武汉市总工会法律和集体合同工作部部长李胜红介绍，他们先是拟定了一张调查问卷，内容包括“你对本区餐饮行业职工收入是否满意”“你希望得到的最低工资”“你所关心的餐饮行业工资协商内容”等10个项目。

“这份调查问卷是针对劳资双方的。”李胜红说，拟定问卷内容之前，他们已预先对几百家餐饮企业和员工进行了摸底调查。随后，周国华和其他员工一起，走访了100多家餐饮企业，与1000多名员工进行沟通，最终完成了600份调查问卷。

调查问卷的结果，变成了劳资谈判的基础。刘齐辛举例说，问卷第4项——“你期望通过开展全市餐饮行业工资集体协商工作，制定的武汉市餐饮业职工比较合适的月最低工资标准”，由于大多数调查对象在既定的6个答案选项中选择了“1100—1300元”，这个标准最后就成了最低薪酬的标准。

为学习谈判技巧和专业知识，2010年10月，周国华特意赴京进修了1个月，甚至旁听一些大企业的工资集体协商。春节还未过完，负责开展谈判的商贸金融工会正式对武汉市餐饮协会发出了邀约。

胳膊肘怎能朝外拐？

在武汉市餐饮协会会长、武汉小蓝鲸健康美食管理公司董事长刘国梁的记忆中，接到邀约是正月初七。

刘国梁有些诧异，但还是答应跟他们讨论此事。“加薪这个事，我个人觉得对餐饮业有长期好处。”对用工荒有着切身体会的刘国梁说，2009 年底始，武汉餐饮行业已经出现用工荒的苗头，而工资过低是很重要的原因。当时武汉很多餐饮行业从业人员每月只有 900—1000 元，企业员工流动比率一度达到 45% 左右。即便是小蓝鲸，旺季时缺工也达 10%—15%，有时不得不用大学生来顶替服务员。

很快，刘国梁召开了餐饮协会内部会议讨论此事。他说服同行，虽然近期加薪对企业有影响，但从长远看可以提高这个行业的魅力。另外，这也能解决长期困扰大家的用工荒。

几番讨论后，餐饮协会最终同意，跟工会进行谈判。

“压力肯定有。”刘国梁说，压力来自几方面，一方面他担心餐饮协会是否具备资格，另一方面则是同行压力。自从餐饮行业协会答应谈判后，刘国梁不断遭到别人的质问。有的是托人带话，有的当着他面讲，有的则在会议上直接提出，意思归纳起来就是：“你们怎么能胳膊肘朝外拐？”

在一片议论声中，谈判还是开始了。2 月初，劳方和资方各推出 9 名代表，在报纸上进行公示。由于武汉市总工会在谈判前就已考虑到这份合同主要针对中小企业，因此在选取代表时，双方都把中小企业作为了主要考虑对象。

刘齐辛说，选取代表时，他们要求各个企业报填“职工方推荐代表推荐表”，然后把推荐出来的代表按企业职工人数分为 3 类，分别是 1000 人以上企业，300—1000 人企业以及 300 人以下的企业。记者看到，所选取的 9 名代表中，均为所在企业的工会主席。职工人数最少的只有 70 人，为蔡甸江汉假日酒店；人数最多的则是外企肯德基，员工人数 9341 名。资方代表选择方式则主要靠推荐和自荐。周国华和刘国梁各自被委任为劳方首席谈判代表和资方首席谈判代表。

学会互相妥协

翻看会议记录，很容易能发现双方一直针锋相对。

参与会议的人员介绍，分歧主要集中在“工种”“病休期间是否能获得 80% 工资”“住房补贴”“平衡条款”“增长比例”这 5 个方面。

有一轮会议记录是关于工资年增率的，劳方希望工资年增长率赶上 GDP 增长，于是提出工资年增长率应为 12%，资方虽未表示反对，但表示希望员工考虑到餐饮业的现状、利润低等因素，只同意增加 5%。一番辩论后，劳方将增长率降到了10%，但依旧遭到资方拒绝。资方同时表示，即使同意此条款，也希望在明年确定企业营业额有所增加的情况下再落实。“就这个问题，我们就开了好几次非正式的座谈会。”刘齐辛说，最终资方同意将工资年增长率定在9%。也有出现分歧搁置的时候。合同草案里原本提出了11个工种的最低工资，其中包括“打荷工”。当劳方提出这一工种的最低工资不应低于1430元时，立即遭到了所有餐饮业老板的激烈反对。资方代表解释说，“打荷工”只是一个过渡工种，大多数从事这一工作的人只是想跟大厨学炒菜的手艺和火候。出于这一原因，没有人长期从事这项工作。但劳方代表并不愿意，坚持认为“打荷工”也是独立工种。双方因此僵持不下，这让谈判一度搁置。武汉市总工会于是出面召开了协调会议。刘齐辛说，餐饮业老板讲述了理由后，他们觉得还是有一定的道理，最终答应去掉“打荷工”。“谈判中有些要坚持，有些肯定也要妥协，不然双方肯定谈不拢。”周国华说。武汉市政府也给了这次谈判很大的支持。“政府一直在推动我们这个事情。”刘齐辛说，武汉市劳动和社会保障局一直参与其中，给予指导意见。有些协商会议，甚至直接由市劳动局的官员主持。

3月下旬，经过近两个月的谈判后，合同草案出台，随后进行为期一周的公示。但草案的出台并不意味着结束。在那一周中，餐饮企业和员工几乎打爆了热线电话，共有17个关键争论点被提了出来。“我们又再次进行协商。”刘国梁说，再次协商过程中，双方争执激烈，好几次实在谈不下去了，只好休会。谈判双方各自在小会议室里开起“会中会”，统一意见后双方再行协商。如在草案中原本定为“企业遵循按时足额、优先支付的原则，在每月固定日期，以货币形式按月支付职工工资，不得克扣和拖欠。工资支付日逢节假日、双休日时，应在该节假日、双休日前发放工资。”但资方表示，今年春节是2月6日，如果提前发放工资的话，很多员工回家后就不会再来。最后，该条款被修正为：“企业遵守相关法律规定，在每月固定日期，以货币形式按月支付职工工资，不得克扣和拖欠。”

劳资双方都在仔细研究合同文本，而在关键字眼处，双方谈判甚至长达几小时。“合同第八条规定，职工患病期间，当月实发工资在扣除个人应缴纳的社会保险后，不得低于本合同规定行业最低工资标准的80%。”周国华回忆说，在这一条款中，劳方提出要加上“行业”二字，而行业最低工资标准是武汉市最低工资标准的130%；资方则要求去掉这两个字。周国华解释，如果去掉这两个字，每个患病职工的当月收入可能相差几百元。经过近4小时的谈判，劳方最终说服了资方。

1. 在各国谈判结构的集中——分散性

比较其他的国家，美国具有高度分散性的谈判结构。在一些欧洲国家，比如德国和瑞典，许多的劳动合同都覆盖到整个行业或者是重要的地区。然而，在最近几年，许多欧洲的雇主为了允许个体企业调整他们各不相同的经济境况，已经开始为更好地进行谈判的分散化展开了讨论。而日本、韩国等国家的谈判建立在企业工会的基础之上，是相当分散的。

据美国劳工统计局的数据，估计在美国存在着 1.8 万—1.94 万个独立的谈判协议。在美国，大多数劳资协议都只覆盖一个地方工会，其成员都是在一个工厂或工作地点工作。许多美国的雇主也正在迫切要求更多正式的和非正式的谈判的结构分散化。

2. 影响谈判结构的决定性因素

主要影响谈判结构集中化程度的力量是谈判的杠杆作用，公共政策以及一些组织上的因素。在下面将要解释这些因素是怎样影响谈判结构的。

（1）谈判的杠杆作用。如果工会组织会员占领了产品市场很大份额的话，工会可以提高他们谈判的杠杆作用。杠杆作用机制的目标是尽量减少外部竞争工资，采用的手段是发展与市场范围相协调的谈判结构。

为了在谈判结构中实现与雇主谈判的高度集中化，工会必须通常首先在统一的产品市场的企业中占据一定的地位，然后通过不断扩充其在同一产品市场中的劳动供给者中的入会比重来实现其目标。

康芒斯（John R. Commons）在费城鞋匠早期的工会主义的著名描述中很好地说明了该过程。他描述了由于运输业的发展，在 1800 年代早期的鞋市场扩张时期，由于大量的非工会鞋匠的进入，对加入工会的鞋匠造成的影响。费城以外的非工会鞋匠将自己的产品在费城市场交换和低价出售变为可能，使得费城鞋匠工会的谈判能力变弱。对于费城鞋匠来说，组织来自费城周边的非工会鞋匠去看那些处于相同的工资合同和增加劳动者收入的鞋匠状况，是在费城鞋匠工会当时面临的重要任务。

例如建筑工人的工会代表，期待着让相互竞争的竞标人在相同生产上工资费用相同。所以，建筑工业工会，更愿意和那些承包了各不相同建筑工程的多个雇主同时谈判。比如说，建筑公司到其他城市去竞标一个办公建筑，那个城市中的建筑工人工会，将会为了缩小各竞标人工资的差距而尽量促成将该公司纳入集中谈判结构中。

在集中于同一产品市场的多雇主谈判中，工会由于杠杆作用具有了一定的垄断力量，因而相对于分散谈判具有一定的优势地位。

（2）集中谈判：

①在有些情况下，雇主选择集中谈判结构。我们不能断定工会在多数没有形成垄断的情况下，是否能在集中谈判的结构中获得好处。而地方性服务行业（饭店、餐馆、洗衣店等）的雇主组成雇主协会，而且与多雇主工会谈判是有好处的。

②集中谈判可以降低竞争风险。在某些情况中，集中谈判结构可以通过使竞争稳定来让雇主获益。在高度竞争行业的小公司雇主可以获得与工会集中谈判的好处。因为这样可以减少大型工会对小企业的威胁。如果发生罢工，集中谈判结构还可以确保没有个别的雇主盈利，因为所有的企业同时关闭。

三、集体谈判结构的表现形式

1. 六分式集体谈判结构①

（1）单雇主—单机构—单工会，即雇员与雇主同在一个工厂内一对一式的谈判，最典型的代表如美国、加拿大、日本等国。

（2）单雇主—多机构—单工会，即谈判在一个雇主与一个工会之间进行，但工会代表的雇员却分布在几个工作场所，因而谈判达成的协议也覆盖了多个工作场所。

（3）单雇主—单机构—多工会，即谈判在一个雇主与多个工会之间进行，这种结构在英国比较普遍，在英国，不同群体的工人通常都由不同的工会所代表。尤其是近年来劳动法律制度改革后，这种在工作场所建立多个工会进行集体谈判的模式更得到进一步的发展。

（4）单雇主—多机构—多工会，这种模式中的多工会一般是分散的不同行业的工会。

（5）多雇主—多机构—单工会，即多个雇主与一个工会之间进行的谈判，这是大多数北欧国家的主要谈判结构，通常适用于特定行业的所有机构。

（6）多雇主—多机构—多工会，即由多个雇主和多个工会展开的谈判。

① 程延园．集体谈判制度研究［M］．北京：中国人民大学出版社，2004：158－159.

2. 产业型谈判结构

米尔斯教授对美国经济领域中 42 个产业或者部门的谈判结构进行了概括，如图 6 – 2 所示，其主要是根据谈判单位之间的关系以及雇主的谈判单位类型来划分的。

谈判单位之间的关系	雇主谈判单位的类型		
	多雇主谈判	单个雇主	
		公司一级谈判	公司的下属一级（工厂级别）
Ⅰ覆盖整个产业工会化公司的协议	货运、足球、职业棒球	煤矿、邮政服务	
Ⅱ强劲的全国性谈判模式	玻璃容器、皮革业	钢铁以外的冶金、铝制品、有色金属、钢铁、汽车、烟草、肉类加工	化工、石油
Ⅲ中等程度的全国性谈判模式	服装业	航空、铁路、制鞋、纺织、橡胶	电讯、管件生产
Ⅳ微弱的全国性谈判模式	海事与海岸	电子机械	
Ⅴ地区谈判模式	农业工人	造船、超市、木材、家具	造纸
Ⅵ地方谈判模式	建筑、旅馆	公共事业、地方教育、地方运输、卫生、报纸和印刷	化工

图 6 – 2 美国的谈判结构

资料来源：丹尼尔·奎因·米尔斯．劳工关系（第五版）［M］．北京：机械工业出版社，2000：171.

【案例：6 – 2】

南海本田集体谈判结构的构建

2010 年 5 月，广东南海本田汽车零部件制造有限公司（以下简称南海本田）工人因不满薪酬而停工，罢工事件后，本田工人逐渐完成了自身的蜕变和成长，2011 年 3 月初劳资双方举行了第三次工资集体协商会议，经过激烈的讨论和谈判后，双方各做出让步，最终达成一致。此次集体谈判的成功，学界给予了高度的肯定，不少学者称这是一次真正意义上的集体谈判，也是现阶段值得推广的切实可行的集体谈判。我们从本田工人首次罢工到第三次集体谈判成功的过程，总结“南海本田”集体谈判成功的经验，以期对我国企业层面集体谈判结构的完善提供有益建议。

第一次谈判：绕开企业工会，职工自发选举谈判代表进行协商：由于涨薪要求得不到满足，2010年5月17日—6月4日，南海本田工人自发发起了集体性罢工，历时19天。罢工事件后，企业工会只是呼吁职工理性对待，并没有发挥代表和维护职工利益的作用，充其量只是发挥了传声筒和组织谈判的作用。而在南海本田大部分职工眼里，他们的工会就相当于公司的某个职能部门，不可能代表他们的利益。6月4日，本田职工绕开企业工会，选出30名协商代表与资方正式谈判。在相关负责人的指导和帮助下，双方达成一致协议：每月员工增加实际收入500元。

第二次谈判：在上级工会的指导和帮助下，工会重建，主动出击：成功进行第一次谈判后，停工事件得以暂时解决，但由于原企业工会并没有发挥应有的作用，而使得整个过程劳资双方对话机制和渠道缺少，加大了谈判的成本和难度，于是，上级工会决定对南海本田工会进行重建。在上级工会的指导下，南海本田工会开展了为期半年的规范化建设，随后对原企业工会进行了重建，重建后的工会开始真正代表和维护职工的利益，并在第二次谈判中采取了实质性的行动。“谈判代表认真听取和收集员工意见，在总结各方观点和认真考虑后，最后向企业提出年终奖发放方案。”并经过两轮辛苦的谈判后，企业最终作出让步。

第三次谈判：南海本田的工资集体谈判已经进入新的发展阶段，新重组改选的企业工会切实代表了工人的利益，在其中发挥了重要作用。南海本田劳资双方的第三次谈判则更为艰难，起初，双方的意见分歧非常大。但此次谈判的首席谈判代表即改组后的工会副主席王超群对资方的方案作出严正的回应，并指出如果接受企业方案，将会产生的负面影响。其一番强硬表态几乎让所有在场的人为之一震，也让资方不得不重新考虑，最后经过讨价还价，资方作出两度让步后与工会达成最终协议。

四、几个发达国家的集体谈判结构

1. 德国的集体谈判结构

（1）谈判主体：德国集体谈判的主体包括工会、雇主及其组织。德国主要有4个工会联盟，其中德国商业工会联盟是最大的工会联盟，由16个产业工会和5个城市的公共部门组成。其中，产业工会是集体谈判的主力；德国的雇主组织机构复杂而庞大。它有全国性的雇主联盟——雇主协会联邦联合会，覆盖产业部门大约80%—90%的公司。但德国的经济和企业利益实际上由德国企业协会来代表的，全国性的雇主联盟并不直接在集体谈判中发挥作用，它的职能仅仅是为会员提供法律和政策建议。

（2）谈判级别：德国的集体谈判分为三级：联邦级、产业级和企业级谈判。联邦级的集体谈判达成的协议是产业和企业级集体谈判的基础和前提。但产业级是最主要的谈判结构，德国工会联合会下辖的16个产业工会是集体谈判的主力，通常情况下都是由各产业工会与相应的企业协会在谈判区进行谈判。大多数产业工会将本产业在全国划分为若干个集体谈判区域，而区域的划分完全取决于工会的自己决定，划分的标准也不尽相同，大多数集体谈判区域的划分取决于一些传统习惯因素。分区谈判是德国集体谈判的一个特色，如果谈判破裂，工会组织的罢工可以局限于谈判区之内，而不必牵连其他谈判区的工会，工会受到的损失就可小一些。也可先在某个谈判区进行谈判，以便于打开突破口，等取得比较有利的结果后，再将谈判的结果扩展到其他谈判区。在德国，为保障集体谈判的独立性，集体谈判主要在产业（行业）或者地区一级甚至国家层级上进行，而很少在企业内部进行，其原因就在于，在任何企业工会成员与企业都存在着隶属关系，企业层面的集体谈判，企业工会的独立性就会大打折扣。

2. 瑞典的集体谈判结构

（1）谈判主体：瑞典集体谈判的主体包括工会、雇主及其组织。在所有西方国家的工会组织中，瑞典工会是最强大的，有将近90%的工人加入了工会，而且瑞典工会组织的集中程度也很高。主要是瑞典工会联合会、瑞典职员中央组织和瑞典专业人员中央组织。这三大工会结构组织严密，组织权力也很大。瑞典有的工会专门设立了谈判机构：谈判卡特尔。因此各工会组织并不直接参加谈判而是由谈判卡特尔来代表它们进行谈判；瑞典的雇主组织化程度也很高，私营企业绝大多数雇主多参加了同一个雇主组织：雇主联合会。而且雇主很少单个同工会进行谈判，都是通过雇主组织去和工会谈判。

（2）谈判结构：瑞典实行的也是三级谈判：中央级、产业级和企业级。20世纪80年代以前，瑞典集体谈判的一个很大的特点就是集体谈判的决定权在中央一级手中，产业和企业一级的谈判都必须参照中央一级的谈判来进行。一般来说，瑞典三大工会的中央组织或谈判卡特尔同全国性的雇主组织直接进行谈判。

3. 美国的集体谈判结构

（1）谈判主体：美国的集体谈判主体结构比较分散，主要参与者包括雇主和工会。美国没有统一的雇主联盟，通常由全国性或地区性的商会作为与工会交涉的主体。同其他市场经济国家相比，美国的工会组织程度不高，并且结构松散而复杂。从类型上看，分为总体工会、产业工会和行业工会；从地理范围上讲，分为地方工会、全国工会和美国劳工联合会——产业工会联合会（以下简称劳联——产联），这三类工会是美国劳工组织的主要系统，但劳联——产联并不直接进行集体谈判，因此美国集体谈判的工会主体一般由其他两类工会代表组成。

（2）谈判结构：美国的集体谈判结构与其他国家明显不同，主要采用单一工会与单一雇主进行谈判的方式。美国的集体谈判大多数由地方性工会举行，参加谈判的代表从工会会员中选出，他们多数为兼职人员，权力有限。在企业一级的谈判形式与地方工会的谈判形式大体相同。在汽车、钢铁等重要产业，谈判是由全国性的产业工会进行的。谈判者多为工会的上层干部，相对于地方工会的代表，他们在谈判中拥有较大的权力，能够灵活地处理谈判中出现的问题。随着谈判的日趋复杂化，在大型全国性的产业工会中多保持着一支由法律、经济等方面的人才组成的专家班子，例如律师、劳动事务专家和会计师等，专门进行集体谈判，这就大大地增强了工会的谈判能力。由于工会采用分散的方式进行集体谈判，尤其是劳联——产联不参与集体谈判，使得作为谈判另一方的雇主也多是单方面的与工会交涉。雇主的谈判委员会一般由企业或者公司的经理、主管人以及企业雇佣的律师组成。

（3）美国集体谈判的困境：20 世纪 90 年代以来，美国雇主逐渐联合增强了在集体谈判中的力量，而美国工会由于组建率的下降和工会力量的分散，工会谈判力量不断下降，使得在美国开展集体谈判活动遇到重重阻力。而且随着一些高新技术企业的发展，这些领域的白领职业对集体谈判的兴趣也在不断降低，传统的谈判方式似乎已经无法适应现实的需要。

4. 日本的集体谈判结构

（1）谈判主体：日本集体谈判的主要参加者是工会、雇主及其组织，但以企业工会和单个雇主为主。日本的雇主组织分为产业性组织、地方性组织和全国性组织。但集体谈判主要是在企业一级进行，因此这些雇主组织很少有直接谈判的职能。而各企业雇主一般都是独立地同本企内的工会进行谈判，因此企业雇主本身在集体谈判中起着重要的作用。日本工会一个最主要的特点就是无论它们的组织形式或结构如何，只要它们是真正意义上的工会即享有结社自由、进行谈判和采取集体行动的权力。

（2）谈判结构形式：在日本，企业级的集体谈判是其主要形式。企业工会特别是大企业工会和本企业主进行谈判时，一般由本企业的工会干部和会员代表参加，而不要求由上级工会组织派员参加。有些中小企业，由于本企业工会干部谈判能力的限制，有时也临时要求上级工会组织委派干部参加，根据日本劳动省 1978 年的统计，以企业为单位进行集体谈判时，上级工会干部参加谈判的代表约占 9%。由此可见，日本集体谈判的代表，主要是企业工会和企业主。在日本，为保证企业工会的独立性，法律明确禁止雇主对劳动者结成工会及工会的运作进行干预，并禁止雇主支付工会运作的经费或对工会进行经济上的援助。

（3）日本集体谈判存在的问题：日本一直以来都以企业层面的谈判为主，因此企业工会的实力对集体谈判的结果有着重要的影响。在没有工会的企业，雇员甚至无法与雇主进行集体谈判，这对于日本工会的整体实力有着重大影响，进而制约着集体谈判作用的发挥。

5. 意大利的集体谈判结构

意大利的集体谈判层次较多，主要有以下 4 个层次的集体谈判结构：一是国家级别谈判——工会联合会同雇主联合会的谈判；二是部门级别谈判——某个经济部门中的工人组织和雇主组织之间的谈判；三是行业级别谈判——一个行业范围内的工会和雇主组织的全国联合会的谈判；四是企业级别谈判——企业内工会组织同雇主之间的谈判。

五、集体谈判结构的变化

20 世纪 80 年代特别是 90 年代以来，西方国家集体谈判呈现出分散化的趋势，重心向企业一级转移，导致了产业一级集体谈判减少，企业一级集体谈判增多。

1. 瑞典集体谈判结构的变化

瑞典从 1952 年开始，一直是由瑞典总工会和瑞典雇主联合会进行集体谈判。签订中央一级的集体合同。20 世纪 80 年代以来，瑞典劳资双方均要求扩大分散谈判，中央级别的协议予以保留，但仅对产业和企业级别的协议起参照作用，这两个级别的谈判可依据各自的实际情况进行集体谈判并签订集体协议。瑞典的集体谈判摒弃了集中谈判占优势的特点，而开始在每个产业及一些企业中进行分散谈判。1991 年，瑞典雇主联合会停止已实行长达 40 年之久的中央级集体谈判。1993 年，瑞典机械业雇主联合会宣布不再同机械产业工会就缔结产业集体合同进行谈判，改为实行公司级谈判。

2. 德国集体谈判结构的变化

在德国，德国西部被集体谈判协议所覆盖的雇员比例已经从 1995 年的 83% 下降到 1998 年的 75%，而且德国现在的集体合同有 1/3 是在企业级谈判签订的。

3. 法国集体谈判结构的变化

1982 年法国通过了以劳工部长——奥罗的名字命名的 4 项法案，法案规定，为提高企业的生产效率，增加地方灵活性鼓励发展企业内部劳资双方之间的集体谈判，推动了集体谈判的分散化趋向。

4. 其他国家集体谈判结构的变化

其他国家也都有集体谈判重心不同程度地转向企业的情况。在集体谈判分散化趋向发展的同时，有的国家甚至出现了停止集体谈判的现象，雇主抛开工会，直接与雇员个人签订劳动合同。比利时在 1974—1994 年的 20 年间。产业一级集体合同减少了 47%，而企业一级集体合同从 66 个增至 1955 个。新西兰政府于 1992 年颁布了《就业合同法》，雇主或雇主组织不再与工会进行集体谈判，导致 85% 的雇员与雇主单独签订个人劳动合同。澳大利亚也于 1992 年通过法令，规定雇员直接与雇主谈判，签订个人劳动合同。

六、国外集体谈判结构的调整

20 世纪 80 年代特别是 90 年代以来，西方国家集体谈判呈现出分散化的趋势，集体谈判活动的重心发生转移，某些企业主（或者政府）企图降低集体谈判的层次。即把集体谈判的重心转移到企业一级。其目的在于改变对待集体合同的“等级”观念，以使得产业级的集体协议无需再参照国家级的集体协议，从而企业级的集体合同也无需再以上级集体协议为参照物。从原因上分析，某些国家的企业主或者政府之所以极力主张将集体谈判活动的重心转移到企业，主要目的在于架空上级工会组织，削弱他们的影响力和作用，以此来控制企业的劳资关系和工会活动，从而影响集体谈判在全国和地方的作用。这样，工会的整体力量和作用也会被削弱，这种主张也就不可避免地遭到工会的反对。对于一些同意将集体谈判的重心转移至企业级别的职工来说，他们认为企业级别的集体谈判更有利于反映他们的愿望和要求，也便于监督。

第三节　集体谈判结构的影响因素

任何一个国家的集体谈判结构都不是偶然的产物，而是谈判双方包括国家在内根据历史和现实的客观因素精心做出的重大抉择。这些因素包括历史因素、市场因素、国家政策等。总的来讲，西欧国家的集体谈判结构比较集中，而北美国家的集体谈判结构较为松散；就谈判主体而言，工会多主张集中，因为集中更有利于工会争取统一的较好的劳动条件，而雇主或管理方则更倾向于分散，因为分散更有利于企业争取更大的活动空间（参见图6－3）。

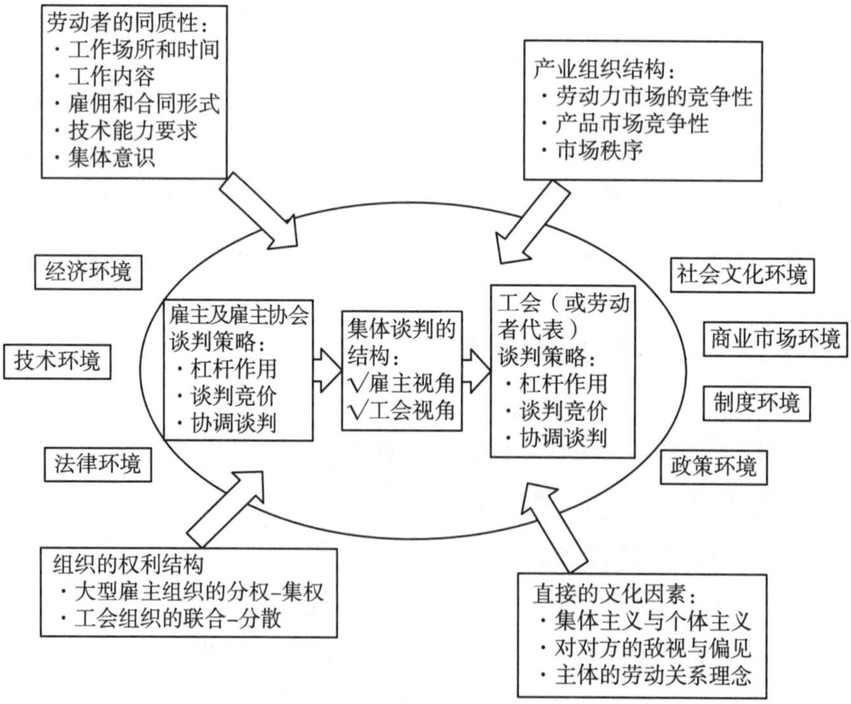

图6－3　影响集体谈判结构的环境与因素分析框架

一、基本因素

1. 历史因素

在大多数欧洲国家，当雇主选择与工会谈判时，普遍选择的是组织起来进行谈判的方式。当就业市场和企业市场局限于地方时，谈判多在地方一级展开，随着市场范围的不断扩大，谈判会发展到地区一级甚至是全国级别。但无论在哪个级别上，都是雇主团体参加谈判。

一般而言，欧洲国家的工会也会愿意与多个雇主组成的雇主团体进行谈判，因为这种谈判达成的协议覆盖面大，可以避免工人之间为了就业而竞争。

在北美却又很大不同。当时的历史条件更有利于形成局限于企业一级的谈判单位。对美国雇主而言，竞争精神和对个人创造力的肯定要比欧洲雇主强得多，他们甚至对为共同利益而合作的任何愿望有一种排斥心理，因此就很难组成协会来进行谈判。美国的大多数工会也倾向于企业一级的谈判结构，因为这样更容易实现对职工的组织和取得谈判权利。也正是以上原因促使美国建立起了比欧洲大多数国家更为分散化的集体谈判结构。

2. 市场因素

一般而言，工会和雇主对集体谈判结构的立场是受就业市场和产品市场影响的。从历史发展的规律来看，凡两个市场扩大之时，工会都会通过扩大集体谈判的结构来保卫已经取得的地位，以确保工资不受竞争的影响，为工会会员或全体职工制定平等的工资标准。如今，激烈的市场竞争依旧对集体谈判结构产生着影响，总的趋势是，多数国家的谈判结构开始走向分散化，在许多欧洲国家，都存在谈判级别向下滑的现象，甚至可以说是集体谈判的“分割化”。

3. 谈判内容

集体谈判所讨论的问题的性质对谈判结构也有影响。一般来说，涉及面广泛的重大问题如在全国实行一周带薪补休假制度的问题，如要提交集体谈判，则应在较高级别如全国一级谈判来处理。相反，有关休假时间表这样的问题，根本无需列入总的集体协议中，而由企业级谈判加以规定即可。

4. 公共政策

NLRB 国家劳工关系委员会（National Labor Relations Board）在代表选举中强加的竞选单位结构是谈判单位结构的决定性关键，例如，如果 NLRB 确认适当的选举单位是一个工业单位，那么这预防了谈判结构竞争。

5. 国家政策

在大多数西方国家中，政府并不直接介入集体谈判中，而是让谈判双方自己去协商他们的关系。但也有例外，例如在加拿大和美国，国家总是直接和持续地干预谈判结构，以便防止工会与雇主之间或者工会内部争议的扩大。还有一种政府干预的情况就是，在经济困难时期许多国家也会进行干预，以便通过高级别的集体谈判为通货膨胀和失业造成的问题提供协商一致的解决办法。

二、具体因素

1. 跨国公司的兴起

跨国公司的兴起影响了欧美国家通行的行业集体谈判格局。在全球化的推动下，跨国公司建立了自己的供应链，逐渐销蚀了以往的以国家为单位的产业链。传统的行业雇主协会力量削减。行业性谈判难以维持，谈判只能降低到工厂一级。例如，在荷兰，行业谈判对于大型跨国企业失效，其范围仅限于中小企业。而跨国公司在企业内部建立了分工更加细化的“单元化”体系。另外，跨国公司利用其强大的经济实力对集体谈判造成消极影响。

2. 企业管理方式的改变

企业管理方式的改变影响了集体合同的有效性。在新技术的带动下，管理方将原来“行政化”的管理方式转变为以绩效为基础的劳动控制。自20世纪90年代盛行的“高效范式”强调员工在生产过程中的表现，并以此来决定工人的绝大部分收入。最高管理层通过绩效考核网络，将劳动控制和成本控制都下放到车间甚至班组一级。雇员的工资由多个部分组成。基本工资仅占工人收入总额的一半甚至更少，其余部分按照个人或班组的绩效测量和决定。而集体谈判往往只能涉及工人基本工资，与工人个人表现相联系的绩效工资很难通过谈判决定。高层管理者成了“发令者”，而生产过程的监督则由生产线的下层管理者负责。工人利益的维护“离开了谈判桌”并移至整个生产过程之中，“结果性”集体合同往往难以奏效。

3. 企业经营和运营方式的转变

企业经营和运行方式的转变，使雇佣方式、工人结构随之出现变化。影响了集体谈判的另一方即工人和工会的力量。几乎所有欧美国家的工会都受到了由于产业结构和雇佣形式变化所带来的工会会员减少的影响。20 世纪 70 年代以后，对于劳动力灵活化的要求伴随着跨国公司和全球化的发展日渐加强。在这个过程中，传统的制造业面临衰退和异地重建。新型的制造业成为全球化跨国生产的一部分，同样要求灵活化生产。对于产业的全球化进程，工会所起的作用非常有限。在面对保障职业安全还是降低工资的两难选择的压力下，工会的谈判能力相对减弱。管理方利用了工会领导更倾向于保护会员利益的心理，在谈判过程中，在一定程度上满足工会会员的要求，而对从事临时性工作的非会员的利益置之不理。工人的分化不仅体现于企业内部，而且出现在整个工业系统。在跨国公司总部的研发和管理中心形成了素质高的核心职工。这些素质高的核心职工领取丰厚的工资，并且享有社会保障。而其他按照等级排列的工人的收入则逐级减少，劳动条件和社会保障不断恶化并容易受到市场动荡的伤害。越来越少的人有稳定、全时、长期的工作，越来越多的就业者以各种非规范方式被安排工作。

4. 工会的“空壳化”

工会会员率的下降、工会组织结构的“空壳化”和集体谈判分散化的矛盾，是集体谈判影响力下降的最直接因素。尽管来自不同角度的统计所显示的数据有所差别，但工会组织率下降的趋势有目共睹。1983—2006 年，美国的工会会员率由 20% 降至 13%。而且，私有部门的会员率只有 7.9%。英国的工会会员率由 1979 年的 55% 降至 2004 年的 28.8%。澳大利亚的工会会员率从 1980 年的 50% 降至 2005 年的 22.4%。到 2007 年，降到 18.9%。

“空壳化”指的是工会组织在国家、产业层面上的工会依然组织健全，但企业工会组织及活动能力大为下降。工会成为貌似强大、但实际力量下降的“空壳工会”。

同时，原来集中化的集体谈判的重心转到企业一级，减弱了工会的谈判能力。20 世纪 80 年代，英国的集体谈判覆盖了 70% 的雇员。但到 21 世纪初，覆盖率仅为雇员的 1/3。与此同时，集体合同在企业一级，特别是在中小企业中的有效性降低。①

① 赵炜．集体谈判的影响因素分析——基于一家合资企业集体谈判历史变迁的实证研究［J］．马克思主义与现实，2012（2）：192－198．

第四节　谈判过程

集体谈判是劳资双方为了各自利益讨价还价的斗争过程，也是双方协调各自内部意见的过程。双方都会在坚持各自基本要求的情况下努力寻求共同点和争取对自己最有利的结果。但是，有时会由于利益冲突而使谈判搁浅，甚至破裂。这时或者工会将组织罢工等抗议活动迫使企业主继续谈判；或者企业主以关厂相威胁拒绝接受工会的要求，但这些活动都须依法进行。有时还需要政府出面干预或通过法律程序解决双方的分歧。其实如果谈判破裂，对企业和工人都会造成不利影响，因此双方都不希望出现这样的局面。

一、集体谈判的 4 个子过程

1. 分配式谈判

分配式谈判是指劳资双方由于资源有限需要分配而进行的谈判，把谈判当作是一种不赢即输的情景，自己得到的同时意味着对方失去；一方资源的增加，就意味着另一方资源的减少，是单方获益的谈判。

2. 整合式谈判

整合式谈判是指双方都能从解决方案中获取潜在利益的谈判，把谈判当作是一种双赢的情景，追求双方均有所得，反映了劳资双方对所要解决的问题，达成了共识，通过合作能够同时增加可分配的资源。

3. 组织内部的谈判

具体“做主”的雇主进行谈判，这之中就存在一些信任缺失问题。内部谈判是指一个区域或一个组织内部各种不同利益的人们解决分歧、调整利益、谋求一致的谈判。它特指国家内部各组织、个人间的谈判。

内部谈判是封闭性的，人员相对固定，一般来说，对外谈判可以换人，对内谈判不能换人。管理者担负比较重的责任，要把自己的团队引导到解决冲突的重要方向。这对管理者要求较高，必须要有足够的耐性，能克制自己的情绪，有视野。内部谈判各部门或因资源有限引发利害冲突，要在一方面做好充分沟通的同时与其他部门协调。理顺企业工会与管理方的关系也是非常重要的。

4. 谈判态度的构建

信任度有助于谈判问题的解决，如果不能很好地理顺雇主角色和工会角色之间的关系，将会对谈判造成肯定性影响。

二、谈判的底线

劳资双方都有一个谈判底线，如果这个底线有交叉或重叠部分，则双方存在一个积极解决问题的区域，否则就是一个消极解决的区域。能否达成协议还看是否存在这么一个区域，以及这个区域的大小。实践表明，谈判的成败在很大程度上取决于整体经济形势、双方力量的对比和参与者的谈判技巧等。谈判的结果既应有利于企业的发展，又能满足职工的合法要求。为了争取谈判的成功和避免损害劳资合作的基础，双方在谈判中都应遵循有关法律的规定和协商一致的原则。因此谈判对双方代表的综合素质要求很高，他们既应了解情况和熟悉法规，又要善于运用谈判策略和技巧。

三、谈判的过程

1. 谈判准备

参与谈判的代表应当：

（1）熟悉与集体谈判内容有关的法律、法规、规章和制度。

（2）充分掌握参与集体谈判所必需的信息和资料，制订谈判中需要解决的问题和希望达成的意向，明确谈判代表的工作内容和职责，明确谈判内容的优先顺序。

（3）提出集体谈判的要求。任何一方均可就签订鉴定合同以及相关事宜，以书面形式向对方提出进行积极谈判的要求，一方提出集体谈判后，另一方在收到集体谈判要求之日起，20 天内应当以书面形式给予回应，无正当理由不得拒绝进行集体谈判。

（4）确定集体谈判内容，生成草案。

（5）确定谈判的时间、地点、会场工作人员。

2. 谈判代表资格确定

我国法律规定，谈判双方的代表人数应当相等，每方至少3人，并各确定一名首席代表。雇主方一方的谈判代表，由法人代表指派，首席代表由法人代表担任或由其书面委托其他管理人员担任；职工一方的首席代表由本单位工会主席担任。工会主席可以书面委托其他谈判代表代理首席代表。工会主席空缺的，首席代表由工会主要负责人担任。未建立工会的，职工一方的首席代表从谈判代表中民主推举产生。

集体谈判双方首席代表可以书面委托本单位以外的专业人员作为本方谈判代表。委托人数不得超过本方代表的1/3。

首席代表不得由非本单位人员代理。用人单位谈判代表与职工谈判代表不得相互兼任。

3. 正式谈判

（1）宣布议程和会议纪律。

（2）一方首席代表提出谈判的具体内容和要求，另一方首席代表就对方的要求作出回应。

（3）谈判双方就商谈事项发表各自意见，开展充分讨论。

（4）双方首席代表归纳意见。

4. 签订集体合同

（1）达成一致的，应当形成集体合同草案或专项集体合同草案，由双方首席代表签字。

（2）集体谈判未达成一致意见或出现事先未预料的问题时，经双方谈判，可以中止谈判。中止期限及下次谈判时间、地点、内容由双方商定。

（3）经双方谈判代表谈判一致的集体合同草案或专项集体合同草案应当提交职工代表大会或者全体职工讨论。

职工代表大会或者全体职工讨论集体合同草案或专项集体合同草案，应当有2/3以上职工代表或者职工出席，且须经全体职工代表半数以上或者全体职工半数以上同意，集体合同草案或专项集体合同草案方获通过。

集体合同草案或专项集体合同草案经职工代表大会或者职工大会通过后，由集体谈判双方首席代表签字。

第五节　谈判结果

一、集体谈判结果的分类

谈判过程的中心问题是双方是否愿意、并且能在多大程度上做出让步。谈判结果根据谈判问题是否得到双方的解决可分为成交、僵持、破裂。

1. 成交

在谈判进行敲定后，双方的主要谈判者都已经对对方能够并愿意作出的让步，以及自己和其委托人能够接受的条件，有了比较清楚正确的认识，如果方案能够接受，双方会在罢工最后期限来临前达成协议，签署一个“协议备忘录”，包含已经达成一致的所有内容。在“协议备忘录”签署之后，工会官员把备忘录反馈给其成员进行投票表决，如果批准，那么新协议将产生预期的法律效力，谈判成交。高于底线的成交是比较满意的，这时可以谈一些缓和的话题，既解决问题又增进劳资双方关系。

2. 僵持

如果谈判双方始终不能达成一致，那么会出现僵局，雇主可能会关闭工厂，但更常见的是工会领导人决定号召工人罢工。如果此时双方不能就问题达成一致，那么就可能导致罢工这一结果。

3. 破裂

谈判破裂之后会引起工人的罢工。罢工通常要在会员对雇主的最后方案进行表决之后才能举行，但也不排除工会领导人误解其会员的意思，谈判者同意的协议最后遭到了会员的投票反对，这时除非雇主作出相应的让步，否则罢工很可能会在几天之内爆发，并一直持续到一方或双方改变其预期，做出进一步让步。

二、影响集体谈判结果的三大因素

关于集体谈判结果有三大因素，即，谈判力量，利益、价值和期望值，谈判技巧。

1. 谈判力量

谈判力量是三个要素中最重要、也是最难解决的问题。一般认为，劳动关系双方在某些方面之所以能够达成一致，是由于谈判力量在起作用。我们可以把谈判力量区分成直接和间接两个来源，把互相关联的力量区分为退出力量、罢工力量和岗位力量。

2. 利益、价值和期望值

利益就是人们受客观规律制约的，为了满足生存和发展而产生的，对于一定对象的各种客观需求。

价值是指客体能够满足主体需要的效益关系，是表示客体的属性和功能与主体需要间的一种效用、效益或效应关系的哲学范畴。

期望值是指人们对自己的行为和努力能否导致所要求之结果的主观估计，即根据个体经验判断实现其目标可能性的大小。

3. 谈判技巧

谈判技巧的重要性表现在两个方面：①改变对方期望和谈判底线的技巧，②准确判断对方让步位置的能力。[①]

三、关于集体谈判结果的不同观点的探讨

劳资双方经过谈判之后，其最终目的是要签订一个经双方妥协让步而达成的协议，即集体谈判协议又称集体合同。在这一阶段，劳资双方首先要在各自的组织内获得对所达成的协议的批准，与私营部门大不相同的是，政府雇主签订的协议，很有可能需要得到议会或者其他机构的批准。获得批准之后，双方代表在协议上签字，集体谈判协议即正式生效。各国在法律中对集体谈判协议的期限、形式、效力、适用范围、履行、变更、解除和终结都有规定。[②]

我国立法中的通过指的是草案的通过．对于最后谈判结果，我们可以采取两种作法：行业级谈判结果规定不需批准，企业级合同应当提交职工大会讨论通过。我们认为在我国现有法律无法改变之时，实践中采用这种变通方法实属追不得已而为之。在我们立法时，对集体合同是否要经批准不宜硬性规定。台

① 程延园．集体谈判制度研究［M］．北京：中国人民大学出版社，2004：176－179.
② 欧阳帆．西方国家公共部门集体谈判制度比较研究［D］．中央政法大学，2008.

湾团体协约法第3条规定：劳资团体之代表机关非依团体章程之规定或依其团员大会或代表之决议或受其团体全体团员各个所授与特别书面之委任，不得以其团体之名义缔结团体协约。违反前项规定所缔结之团体协约，非得其团员大会之追认不发生效力。值得我们在立法和实务中借鉴。①

关于会员资格与博弈对于谈判结果影响的探讨：②

会员资格对于谈判结果的影响。对于这个问题的研究需要说明工会的权势从哪里来，工会凭借什么分享工资剩余等。同时，这一问题也与失业问题相联系，即已经就业的人可以索要高于市场工资的工资，而其他人可能不得不接受低于市场水平的工资。

博弈对于谈判过程和结果的影响。因为谈判过程和结局既取决于一方施以要挟的顺序，也取决于另一方反要挟策略的安排，博弈的情况对于谈判结果有较大的影响。

与美国的集体谈判结果相比较，美国的工资集体谈判的谈判结果，如若工资集体谈判顺利进行，谈判双方以达成工资集体合同为结果，此后双方各自享受权利，履行义务以维持合同的履行，维护劳资关系的稳定。然而美国的工作集体谈判具有一定的敌对性。这种“谈判”的模式区别于“协商”。“谈判”导致一方利益的增加，另一方的减少，而“协商”是为了企业的兴盛而共享利益。美国的工会往往只会关心能为其代表的雇员争取多大的工资利益，同时雇主的经济状况也与工会无关。由此，这种模式下的工资集体谈判也很容易使谈判双方难以达成合意，无法签订集体合同从而陷入谈判僵局。此时，可由劳资双方都能接受的第三方出面调解，如果调解无效，则劳资双方都可以向对方施加压力，即工会组织罢工，雇主关闭工厂。经过一番较量后劳资双方一般会重新谈判，各自做出一定妥协与让步后双方达成一致意见，最后签订集体合同。③

---

① 李川，叶翠苹．从集体协商到集体谈判的转变［J］．山东公安专科学校学报，2003，11（6）．
② 赵炳政．劳动力市场分割条件下的集体谈判结构研究［D］．广东商学院，2008．
③ 熊聪俐．美国工资集体谈判制度及其立法借鉴［J］．襄樊学院学报，2011，32（7）．

第七章　集体谈判技巧

第一节　谈判的 BATNA 与 ZOPA

一、谈判的 BATNA：谈判协议最佳替代方案

1. 什么是 BATNA

BATNA 是“谈判协议最佳替代方案”（Best Alternative To a Negotiated Agreement）的英文缩写。BATNA 要求谈判者考虑在未能达成交易的情况下，可能发生的最优结果是什么，并且把现有的交易与这个替代方案进行比较。这看似简单，但却是绝佳的方法，因为它为谈判者提供了一种确定底线的方式，谈判者可以以这个底线为基础，决定自己是否接受或拒绝某个方案。

BATNA 是“谈判协议的最佳替代方案”，它是在谈判一方没有达成最终谈判协议的情况下，所倾向采取的行动方针。明确 BATNA 意味着一旦出现谈判无法达成协议的情况，自己所要做出的应对方案，或者是对可能结果的预期。

在谈判开始之前，为了谈判的顺利进行，也就是能按照自己期望的结果发展，就必须在谈判前明确自己的 BATNA，只有这样才能在谈判中保证主动。因为通过对可行性方案的预测和分析，可以更为清楚地了解达成的交易是否合理，并且清楚自己何时适合退出谈判，以期在谈判中能获得最大利益和最小损失。

如何确定自己的 BATNA 呢？可参考图 7 - 1。

2. BATNA 分析

（1）有利的 BATNA 和不利的 BATNA。有利的 BATNA 就是对于谈判交易的结果即便不进行谈判，依然有利于自己。面对有利的 BATNA，在谈判过程中就会更有益于争取有利的交易条件。也就是说，通过对谈判结果的可能性预期有

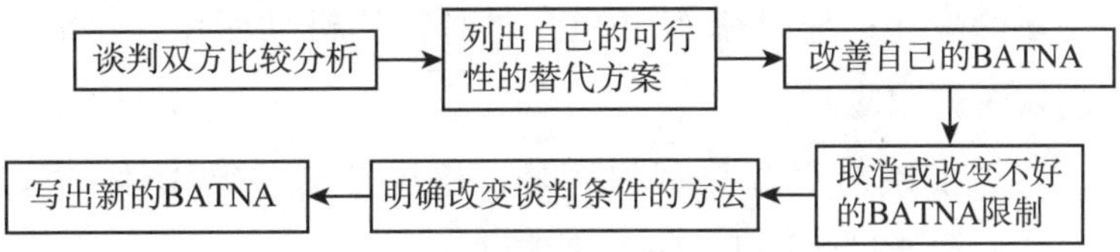

图7-1　确定BATNA步骤

了充分的准备，从而就避免了在对方提出要求时，自己不能做出充分的应对，导致在谈判中陷于被动，这样不能有利于自己一方对于谈判的推进。

相反的，不利的BATNA就是自己没有或少于对方对于谈判的谈判筹码，这样是不能在谈判中对于谈判结果进行强有力的反驳，以及提出对于自己一方强而有力的理由的。

明确自己的BATNA意味着了解在谈判无法达成一致的情况下，你应该如何应对，或是即将发生怎样的情况。

在谈判开始前，谈判者要始终清楚自己的BATNA。不然，你就不知道达成的交易是否合理，也不清楚何时该撤出谈判。不清楚自己的BATNA就开始谈判的人，会在谈判中处于劣势。其中有些人会因为过于乐观，而拒绝那些比他们所能选择的要更好的条件。

那么如何推进谈判向着自己期望的方向前进呢？这就涉及在谈判中不断改进自己的BATNA。

（2）改进BATNA。BATNA，Best Alternative To a Negotiated Agreement，顾名思义"谈判协议的最佳替代方案"，也就是不经谈判也能达到的一个结果。经过谈判前对于BATNA的分析，自己就会对于谈判有一个笼统地认识，也就是说，无论是好的还是不好的结果都有了了解，对于有利的BATNA所要做的就是在谈判中对其加强，而对于不利的BATNA就要改进。

BATNA的改进可以分为谈判前的改进，也就是谈判准备过程中的改进，以及在谈判过程中的改进。

谈判准备过程中的改进。通过之前对于BATNA改进的分析，我们了解到BATNA会有有利和不利的两个方面，那么既然对BATNA的不利可能性有了一个预期，之后就要面对对于自己不利的BATNA做出应对措施了，只有这样才能在谈判中保持主动。

谈判过程中的改进。BATNA不是固定不变的，而是一个动态的博弈。因为BATNA是对谈判过程中一系列主观因素和客观因素的综合考量，而在谈判过程中还要面对诸多的变化，随时都有可能面对对方的机动变化，这时，就要求谈判的另一方能及时做出应对。

可以说谈判对于谈判双方都有利有弊，这也意味着给予谈判双方的机会。为达到谈判目的，要通过改进 BATNA 来实现。

任何可以改善自己 BATNA 的事情都将提升自己在谈判中的谈判地位，所以要谨慎地提升自己的 BATNA。

如果你的 BATNA 很有利，而且你确信它比对方可提供的任何条件都强，那么不要难为情。你要谨慎地让对方了解到在谈判中你处于强势地位。

（3）确定对方的 BATNA。“知己知彼，百战不殆。”在谈判中也是如此。在谈判中仅仅了解自己的 BATNA 是不够的，为了能在谈判中更好地应对对方的出击，就要了解对方的 BATNA。因为只有这样才能给予谈判另一方强而有力的反击。

将谈判双方的 BATNA 进行比较，在确定自己 BATNA 的基础上，要确定对方的 BATNA。如果能对对方的 BATNA 有准确地评估，那么在谈判中讨价还价的能力就会加强。

了解谈判对方的 BATNA 是另一个增强谈判能力的源泉。将你们在该交易中的 BATNA 进行比较，看谁的更强。如果能对谈判对手的 BATNA 进行准确的评估，那么会对你的谈判有很大帮助。

（4）削弱对方的 BATNA。削弱对方交易的替代方案可以改进你的相对处境。在一些情况下，可以直接削弱对方的 BATNA。

3. 制定谈判协议最佳替代方案工作表

谈判协议最佳方案见图 7 – 2。

二、谈判的 ZOPA——可达成协议的空间

什么是 ZOPA

（1）保留价格与 ZOPA。保留价格是指买方所能接受的最高价格或卖方所能接受的最低价格。

ZOPA 是“可达成协议的空间”（Zone Of Possible Agreement）的英文缩写。是指可以令交易双方都能满意的达成交易的空间或范围，也就是指可能使双方都满意的一系列协议。谈判各方的保留价格决定着可达成协议的空间（ZOPA）的界限，该空间（ZOPA）存在于谈判各方的保留价格限度相互重叠的区域内。

哈佛管理导师——谈判辅助工具

确定 BATNA 工作表（谈判协议最佳替代方案）

填写本表来确认你的谈判协议最佳替代方案，并找出改进的办法。

1. 对谈判所达成的协议你可以有哪些选择？确认你的最佳选择。

如果谈判未达成协议，你又有哪些替代方案？逐项列出。

1.

2.

3.

4.

5.

复查以上清单。这些选择中哪些是最佳选择？

2. 仔细想想，有何方法可以改进你的 BATNA？

你是否能跟其他供应商/合伙人/顾客有更好的安排？

有无任何方法可以让你摆脱或改变你方 BATNA 的限制因素？什么方法？如何进行？

你带到谈判桌上的那些条款是否有办法改变，这些改变是否可能改进你的 BATNA？ 有哪些办法？怎样进行？

3. 如果你成功地改进了你的 BATNA，请将新的 BATNA 记录下来。

图 7－2　确定 BATNA 工作表

买方盈余与卖方盈余的和等于 ZOPA，它决定了谈判的范围。

参与谈判的每一方的保留价格决定了 ZOPA 的端点，如果 ZOPA 真实存在，就是谈判各方的保留价格存在重叠部分，即最低限和最高限中间的范围就是谈判双方可能达成协议的空间。

通常，谈判双方的目标点不会重合。在大多数情况下，卖方总是希望从他所提供的产品或服务中获得比买方愿意付出的更多利益。但通常的情况是，谈判双方的保留点有所重合，达成最后的协议对双方都有好处。谈判的意义就在于如何达成一个使双方都很满意而不会让步太多的协议。谈判区域（Bargaining Zone），或者说解决区域，代表双方的保留点之间的区域。可以很肯定地预见，谈判最终的结果会落在卖方保留点之上、买方保留点之下。

谈判的目的也是为了创造价值，即谈判各方可以通过交换其可支配的价值以加强谈判地位。就要通过谈判，使谈判各方以较少的价值交换他们所期望的价值。在没有可能达成协议的空间 ZOPA 时，通过重新确定的 BATNA，确定新的底线，来创造可能达成协议的空间 ZOPA。

（2）制定保留价格工作表（见图 7－3）。

哈佛管理导师——谈判辅助工具

制订保留价格工作表

正在谈判的交易中的哪些表明立场的条款等同于你的 BATNA（也称为“免谈价格”）？使用本表检查那些可以决定你的保留价格的变量。

1. 研究影响你的保留价格或免谈价格的变量。

目前的这笔交易对你的价值何在？

与你的 BATNA 相比，其价值何在？

是否需要考虑其他价值或利益相关人？

如谈判涉及具体价格，你可以考虑的最低价格是多少？

你愿意考虑的最低的非货币条款是什么？

2. 遇到问题与利益冲突时，预计你的交换条件。

你最关心的问题或条款是哪些？

这些问题或条件哪些互相关联？*（即，你在一个问题上的要求在多大程度上使你处理其他问题时或多或少的有灵活度？）*

你对一个问题或条款的要求，在多大程度上可以用来替换另一个？

对你而言，有无其他方案搭配具有同等的价值？

3. 明确表示你的保留价格参数。*（所达成的条款或价格为你评估待选议案提供了参照物。）*

图 7－3　保留价格工作表

（备注：版权所有：哈佛大学校长和教师及其许可人。中文版本由北京光华管理研修中心翻译并制作）

第二节　零和式谈判与整合式谈判

根据谈判事项的个数和重要性的不同，分为零合式谈判和整合式谈判。在分配式谈判中，各方只能就单一事件分配固定价值。在整合情况下，可分配资源总额可变，谈判事项不止一个。谈判者可以根据事项对自己的重要性和优先权不同将其打包交换，互相做出让步，创造共同价值以达到双赢的局面。完全整合的例子就是 Foller 著名的姐妹分橘子：姐姐需要橘子皮做果酱，妹妹需要橘子肉做果汁，两人关于这个橘子的利益毫不冲突。

由此可知，分配式谈判的关键是索取资源，声明价值，使自己的利益最大化；整合式谈判的关键是发现谈判双方利益的一致性，创造价值。达成整合式协议要求谈判一方在某些事项上做出让步，以换取对方在其他事项上的回报。大多数情况下，谈判各方当事人往往执著于就单个事项进行 50—50 妥协，意识不到潜在的共同利益。整合式谈判与真实社会生活较为接近，目前已经发展出了许多成熟研究范式，如商品买卖谈判（包括价格、保修期、定金等事项），招聘谈判（包括薪酬、工作安排等事项）等。根据双方的收益结构表设置不同事项的权重和利益，包括整合性问题、分配性问题和一致性问题，要求被试就这些事项达成协议。

一、零和式谈判

1. 什么是零和式谈判

零和式谈判，又称分配式谈判（Distributive Bargaining），指可分配资源的总额是固定的，一方利益的获得必然要以另一方利益的损失为代价。在进行分配谈判时，谈判方的战术主要是试图使对手同意自己的具体目标点或尽可能接近它。这种谈判的过程是申诉各自的目标是公正的，并试图激发对手感情用事使他觉得应对你慷慨，从而达到目标。

零和式谈判是集体谈判过程的一方面，比如，如何就公司利润进行分配的问题上，利润的总额是固定有限的，员工要求获得更多的报酬，而就短期和表面而言，公司财富被减少了，双方似乎在谈判中是在进行零和博弈。

2. 零和式谈判的技巧

（1）控制谈判的落脚点。

（2）不要透露关于你方情况的重要信息资料。包括在谈判中你方的谈判底线问题等。

（3）要尽可能多地了解对方的情况和意向，包括对方进行谈判的出发点和目的、对方在有关问题和方案中的偏好如何、对方谈判协议最佳替代方案及底线可能是什么。

（4）要求不要太过分。如果你方的要求太离谱或是太贪婪，对方可能会一走了之，你方可能就会丢失一次机会，而这个机会可能比双方的谈判协议最佳替代方案的条件还要好。

二、整合式谈判

1. 什么是整合式谈判

整合式谈判（Integrated Negotiation）即双赢谈判。这种谈判的前提是假设至少有一种办法可能达成双赢的协议。在整合情况下，可分配资源总额可变，谈判事项不止一个，谈判者可以根据事项对自己的重要性和优先权的不同来将其打包交换，互相做出让步，创造共同价值，实现双赢。

在集体谈判中，有很多方面劳资双方都是可以实现双赢，即能够使谈判回归到整合式谈判中，实现和谐的劳资关系，当然，这些都需要建立在一定的谈判基础之上。

2. 整合式谈判的特点

（1）关注的焦点非问题差异。在整合式集体谈判中，劳资双方应尽最大可能地寻求和挖掘利益的共通点，建立双方共赢的谈判平台；

（2）试图解决双方需要和利益，而不是执拗于立场。劳资双方树立“劳资共同体”意识，劳资双方一家亲；

（3）交换信息和观点，创造互利的选择。劳资双方在谈判桌上提出自己的诉求，抛出为自己的诉求所提供的事实和数据，寻求共鸣；

（4）理性思维。对对方提出的诉求和反应进行理性的思考和回应，并在此基础上斟酌自己的谈判方向和谈判诉求。

3. 影响整合式谈判的因素

Olekalns 和 Smith 对整合式谈判影响因素的研究成果进行了系统的分析，认为影响整合式谈判的因素可划分为“情境因素”（Contextual Variables）和“过程因素”（Process Variables）两大类，其中“情境因素”是指在正式谈判一开始时就已经存在的因素，主要包括谈判者的文化价值观、社会动机、情绪等，他们可以直接作用于整合式谈判，或者通过影响谈判策略间接地影响整合式谈判；“过程因素”主要包括整合式谈判中各种策略的使用频次、次序以及每个谈判阶段的策略使用情况。

三、零和式谈判和整合式谈判的区别（见表7－1）

表7－1 零和式谈判与整合式谈判的区别

	零和式谈判	整合式谈判
适合于	一次性的和对手型的供应商	长期合作和重复使用的供应商
基本设想	谈判由“利己主义的自我利益”所控制	谈判由“开明的利己主义”所控制
	资源分配系统本质是分配型的	资源分配系统的本质是一体化的
	目标是尽可能多地获取	目标为互惠互利都同意的解决方案
导向	冲突及争执	联合解决问题
已确认的谈判商模式	可用资源最大化	组织回报最大化
	使需求高度开放	关注共同利益
	使用威胁，对抗和争论	客观理解价值
	操纵他人	使用非对抗性争论技巧
	对说服采取封闭态度	实质问题的说服是开放性的
	定量及竞争目标导向	定性目标导向
结果	一方击败另一方	双方达成协议，分别实现各自目标
关键行为因素	从交易中获得最大回报	整合式谈判
	不考虑另一方的需要、利益和态度	长期合作和重复使用的供应商
	平等地看待辩论过程	谈判由“开明的利己主义”所控制
	只在对获取回报有帮助的事情上进行合作	资源分配系统的本质是一体化的

续表

	零和式谈判	整合式谈判
关键行为因素	选择与军事行动相似的程序	目标为互惠互利都同意的解决方案
	对反对战术进行强有力的抵抗	联合解决问题
心理模型	固定陷阱心理模型	整合性心理模型 共享心理模型

根据 Boven 等问题解决取向心理模型的提法，每个谈判者的心理模型都位于纯粹固定馅饼到整合性心理模型的连续体上，这恰好与零和式谈判和整合式谈判相对应。固定陷阱心理模型（Fixed – Pie Mental Models）表示谈判是一种资源索取任务，一方的收益同时便是另一方的损失；整合性心理模型（Imtegrative Mental Models）表示谈判是一种资源创造任务，谈判者通过交换信息，最大化联合收益，可以创造额外价值。固定陷阱心理模型也就是零和式谈判的心理模型，这两种显然不同的心理模型也反映了这两种谈判的突出差异。

第三节　谈判僵局

在纷繁复杂的商务活动中，谈判日渐成为商务活动主体之间进行有效沟通并达成交易的有效途径。谈判中双方往往为了争夺更多的利益而展开激烈角逐，谈判僵局在所难免。如何化解谈判僵局是谈判双方必须面对并积极应对问题。

一、谈判僵局的相关概念

谈判僵局是指在谈判过程中，当双方对所谈问题的利益要求差距较大，各方又都不肯做出让步，导致双方因暂时不可调和的矛盾而形成的对峙，而使谈判呈现出一种不进不退的僵持局面。

在谈判中谈判双方各自对利益的期望或对某一问题的立场和观点存在分歧，很难形成共识，而又都不愿做出妥协向对方让步时，谈判进程就会出现停顿，谈判即进入僵持状态。谈判僵局出现后对谈判双方的利益和情绪都会产生不良影响。谈判僵局会有两种后果：打破僵局继续谈判或谈判破裂，当然后一种结果是双方都不愿看到的。

二、谈判僵局产生的原因

在谈判过程中，僵局随时都有可能出现，任何主题都有可能形成分歧或对立。

1. 立场争执

谈判双方对某一问题各持自己的看法和主张，产生意见分歧，双方真正的利益被不同的立场所掩盖，双方在立场上关注越多，就越不能注意调和双方利益，也就越不可能达成协议，甚至谈判双方都不想做出让步，或以退出谈判相要挟，谈判僵局产生并且程度不断加深。这是形成谈判僵局的主要原因。

2. 沟通障碍

谈判双方在交流彼此情况、观点、洽商合作意向、交易的条件等等的过程中，所可能遇到的由于主观与客观的原因所造成的理解障碍。

3. 故意制造

谈判一方为了试探对方的决心和实力而有意给对方出难题，搅乱视听，甚至引起争吵，迫使对方放弃自己的谈判目标而向己方目标靠近，使谈判陷入僵局，其目的是使对方屈服，从而达成有利于己方的交易。

4. 人员素质

谈判人员素质的高低往往成为谈判进行顺利与否的决定性因素。无论是谈判人员工作作风方面的原因，还是谈判人员知识经验、策略技巧方面的不足或失误，都可能导致谈判陷入僵局。

5. 利益合理要求的差距

即使双方都表现出十分友好、坦诚与积极的态度，但是如果双方对各自所期望的收益存在很大差距，那么谈判就会搁浅。

6. 其他原因

谈判外部环境的变化如价格、通货膨胀等因素发生变化时，谈判的一方不愿按照原有的承诺签约，会导致僵局产生。谈判双方用语不当导致感情上强烈对峙，谈判人员失误，产生突发事故，谈判中一方过多论述自己观点而忽略了对方的反应等等，都会使谈判陷入僵局。

三、谈判僵局的分类

结合谈判僵局产生的原因，可以把僵局分为以下三类：

（1）策略性僵局，即谈判的一方有意制造僵局，给对方施加压力，为己方争取时间和创造优势的延迟性的一种手段；

（2）策略情绪化僵局，即在谈判过程中，一方的讲话引起对方的反感，冲突升级，谈判双方互不相让；

（3）实质性僵局，即双方在谈判过程中涉及商务交易的核心——经济利益时，意见分歧差异较大，难以达成一致意见，而双方又固守己见，好不相让，就会导致实质型僵局。

四、谈判僵局化解的原则

在谈判中要注意掌握一定的僵局处理原则，确保谈判不偏离谈判双方初衷，不触碰各方利益底线。

1. 冷静地理智思考，正确认识谈判僵局

在谈判实践中，有些谈判者会脱离客观实际，盲目地坚持自己的主观立场，甚至忘记了自己的出发点。在谈判僵局处理中，要防止和克服过激情绪带来的干扰。只有冷静思考，才能理清头绪，正确分析问题。

2. 协调好双方利益，力求客观

当双方在同一问题上发生尖锐对立，并且各自理由充足，均既无法说服对方，又不能接受对方的条件，从而使谈判陷入僵局时，应认真分析双方的利益所在，只有平衡好双方的利益才有可能打破僵局。

3. 语言适度，避免争吵，善于倾听

谈判者要向对方传播一些必要的信息，但又不透露己方的一些重要信息，同时积极倾听。这样不但和谈判对方进行了必要的沟通，而且可探出对方的动机和目的，形成对等的谈判气氛。

4. 欢迎不同意见，寻找替代方法

作为一名谈判人员，不应对不同意见持拒绝和反对的态度，而应持欢迎和尊重的态度，这种态度会使我们能更加平心静气地倾听对方的意见，从而掌握更多的信息和资料，更有利于寻找更多可以满足谈判双方利益的方案。

五、谈判僵局处理的方法

谈判出现僵局，就会影响谈判协议的达成。如何打破谈判僵局是谈判双方都必须解决的问题。

1. 回避分歧，转移议题

这种方法可以争取时间先进行其他问题的谈判，避免长时间的争辩耽误宝贵的时间；当其他议题经过谈判达成一致后，对有分歧的问题产生正面影响，再次回到陷入僵局议题时，气氛会有所好转，思路会更加开阔，问题便更加容易解决。

2. 寻找替代方法，给予适当馈赠

增加附加利益，改变服务方式，改变承担风险方式，改变交易形态，改变付款方式和时限等，寻求更多的替代方案，转移双方对主要利益点的关注。

3. 借助外力，利用调解人

当谈判双方严重对峙而陷入僵局时，双方信息沟通就会严重障碍，互不信任，互相存有偏见甚至敌意，有些谈判务必取得成果，而不能以中止或破裂结束，如索赔拖欠工资谈判，这时，由第三者出面斡旋可以为双方保全面子，使双方感到公平，信息交流可以畅通起来。

4. 以硬碰硬，据理力争

当对方提出不合理条件，制造僵局，向己方施加压力时，己方要以坚决的态度据理力争，如果这时做出损害原则的退让和妥协，不仅损害己方利益和尊严，也会助长对方气焰。这时要明确表示拒绝接受对方的不合理要求，揭露对方故意制造僵局的不友好行为，使对方收敛起蛮横无理的态度，自动放弃不合理要求。

5. 尊重对方，有效对让

采取有效退让策略时做到以下三点：

（1）己方明智地认识到在某些问题上稍作让步，便可以在其他问题上争取更好的条件，在眼前利益上做一点牺牲，用以换取长远利益；

（2）己方进行换位思考，多站在对方的角度看问题，消除偏见和误解，对己方一些要求过高的条件做一些让步；

（3）通过主动让步向对方传递己方的合作诚意和对对方的尊重，也促使对方在某些条件做出相应的让步。

6. 冷调处理，暂时休会

休会后，双方情绪逐渐稳定，可以仔细考虑争议的问题，召集各自谈判小组成员，集思广益，商量具体的解决办法，探索变通途径，并进一步对市场形势进行研究，证实自己原来观点的正确性，思考新的论点与自卫方法。

第四节　集体谈判的技巧应用

一、集体谈判前的准备技巧

1. 时机的选择

在进行谈判前应注意首次集体谈判时机的选择。选择最佳时机提出集体谈判要约，是成功开展首次工资集体谈判的关键所在。在谈判中把握时机很重要，把握时机的策略，可作用于谈判的全过程。无论谈判进行到哪一个阶段，必须抓住良机，果断行事。谁能把握住这一要领，谁就能取得主动权，就能取得效益，把握时机就是要善于权衡，不耗“无用之功”，不错过任何有利的机会，在速度和时机发生矛盾时，速度应当服从时机，时机不至不可强求。

2. 方案的拟定

集体谈判是双方作为各自的代表而不是代替进行谈判，在拟定谈判的基本方案前必须了解被代表人的集体意愿和要求。工会可通过召开座谈会、单独交谈等方式了解职工的意见和要求，也要向职工介绍有关政策和企业生产经营情况，使职工对工资调整的要求趋向合理。双方都应做好资料搜集工作。资料准备是否充分，直接关系到协商谈判工作成功与否，资料搜集要有针对性，越详细越好，资料搜集完毕，要注意做好资料的分析和整理工作，去伪存真、去粗取精，做一些图表和计算，以保证谈判资料准确无误。

二、集体谈判中的策略

在谈判过程中，双方谈判代表，应当对正式谈判的实施运作从策略上进行整体运筹谋划。从谈判策略的类型看，主要包括：进攻策略、退却策略等以下几个策略。

1. 进攻策略

谈判人员在谈判中采取的具有较强攻击性、取得谈判优势和主导地位的策略。特点是主动进攻，态度强硬，难以让步。例如：先声夺人、出其不意、车轮战术都属于典型的进攻性策略。

2. 防守策略

谈判人员在谈判中不主动进攻，采取防守或以守为攻的策略。特点是以逸待劳，态度软弱或软中带硬。例如："权力有限"策略就是其典型（以上划分看上去比较绝对，但在具体的谈判过程有时很难说清攻守的界限。多数情况下，谈判策略都有攻和守的成分。例如：试探性的问题策略，到底发问的人是攻还是守，或者攻守兼有，只能根据具体的情景来判断）。

3. 让步策略

集体谈判实践中，让步是使谈判能够继续进行并取得谈判成功的常用策略。让步涉及到众多因素，包括采用什么方式让步，什么时候让步，怎么让步等。让步的原则和策略主要有：一次让步的幅度不易过大，让步的节奏也不宜太快，最好是"步步为营"。不要作无谓的让步，让步的时间选择要恰当，要保证双方的让步要同步进行。

4. 回避策略

以避免正面交锋或冲突的方式来缓减谈判难题、赢得谈判目标为特点的策略。特点是求同存异，必要的、恰当的妥协或回避是赢得利益的手段。例如："以柔克刚""以退获利"等策略。

5. 换位策略

谈判人员从对方的角度来考虑彼此的利益与需要而采用的有关策略。实质是谈判人员之间进行的价值评价与价值交换，避免正面冲突。

三、协商或谈判中的技巧应用

平等协商策略的运用，是一种复杂巧妙的组合搭配，实战中往往需要攻守兼备，扬长避短。协商策略一旦确定，双方各自的协商代表都应按照本方确定的策略执行，切忌各行其是。实践中，协商技巧的运用十分灵活，具体可通过下列原则得以体现：

1. 双赢原则

即在协商过程中，不仅应考虑职工方面的利益目标，同时也应兼顾企业方面的利益目标，从而通过有效的协商和所达成的共识，使双方的利益目标趋向接近，进而使双方通过协商共同受益。谈判中的一个最重要的方法就是让对方心甘情愿地去做，让他认识到这样做能满足他某些方面的需要，便会采取行动。谈判双方都有各自的需求，在工资集体谈判中就是要激发和满足这些需求。正是为了满足这些需求才进行谈判，否则就失去了谈判的意义。在谈判中，要设身处地的谈问题。在谈判中注意说明这样做对对方有什么好处，在这个过程中逐步达到自己的目的，互让互利。

2. 4P 原则

即政策、预测、准备、陈述。在协商过程中，不仅应坚守本方的基本政策和主张，同时又能预测对方可能作出的反应并适时采取相应的对策；不仅对协商资料准备充分，而且能够陈述自己的立场和基本主张。

3. 2C 原则

即控制、协调。在协商过程中，不仅能够有效控制协商的过程并使其逐渐靠近所期望达到的目标，同时又能够有效协调内部成员之间的分工以形成默契配合。

第八章　集体谈判的研究视角

第一节　法学视角

一、集体谈判法律保障制度的理论基础

社会法指的是独立于公法和私法之外的、以社会公共利益为本位的“第三法域”及其立法和表现形态。社会法部门是作为一个独立的新兴法律部门被命名的，并且其基本内容被限定在劳动法及社会保障法的范畴之内。社会法本质上是国家公共权力介入私人关系，对私人关系中的不平等状况进行矫正。集体谈判的目的是在雇主与雇员之间签订关于工作场所、工作条件等的集体合同，是雇员与雇主之间的合同，但由于集体谈判的社会法属性，国家公权力的介入，矫正雇员与雇主之间的不平等，使双方在相对均衡的力量下对话，以强制性规范的方式矫正事实上的不平等。

西方国家多年的实践证明，集体谈判是调整集体劳动关系的有力手段，与团结权，集体争议权，民主参与权，集体争议解决参与权一同矫正雇员与雇主之间力量的不平等。集体谈判的法律保障制度是指雇员的集体谈判权、团结权、民主参与权、集体争议权和集体争议的参与权在法律上被确认与保护的制度。集体谈判法律保障制度涉及的范围非常广泛，从政府到工会、雇员、雇主和雇主组织。从集体谈判的发起之前，工会的组建、工会代表权的获得到谈判过程的进行、不当劳动行为的判定，再到集体合同的履行、集体争议的处理一系列的过程都需要法律加以确认及保护。

集体谈判的法律保障制度从调整模式上可以分为立法保障与司法保障。立法保障主要以制定相关的集体谈判法律制度为主，司法保障主要以实施集体谈

判法律为主的保障措施。其中司法保障又可以分事前谈判单位确认的保障；事中谈判过程的保障；事后集体合同履行、集体争议解决的保障。

二、我国集体谈判保障制度的立法现状

集体谈判被认为是解决劳资矛盾的最佳制度设计。而由于其核心是工资集体协商，目前的法律规定中，对于不配合开展集体谈判的企业，尚无强制性法律规定。

新中国成立后不久颁布的《工会法》明确规定，无论在国营及合作社经营的企业中，还是在私营企业中，工会都有代表工人与行政方面或资方“缔结集体合同之权”。当时全国企业大都签订了集体合同。

随着计划经济体制的实行，1957 年以后集体合同被搁置起来。发生这种变化是合乎逻辑的。因为在计划经济体制下，企业完全依附于政府，职工完全依附于企业，企业和职工都没有独立性，双方不可能在平等条件下进行工资谈判、签订集体合同。

改革开放和建立社会主义市场经济体制以后，工资谈判、集体合同理所当然地被重新提起。国家相继颁布实施的《工会法》《劳动法》《劳动合同法》等基本法律，对工资谈判、集体合同作出越来越明确的规定。

到底应该以什么样的态度对待集体谈判？集体谈判是不是需要提防的洪水猛兽？我国完善劳动关系协调机制，全面实行劳动合同制度和集体协商制度，从制度设计上来看，是集体谈判制度中三方机制的劳动关系模式，在具体的集体谈判中，协商是从友好式的共赢方式去进行展开谈判，更好地体现我国劳动者与企业共赢的方式经营，用平等协商的方式更能体现一种和谐劳动关系，本书中谈到我国集体谈判时均沿用《工会法》《劳动法》《劳动合同法》等基本法律中集体协商一词来体现我国集体谈判的特色。

1. 工会代表权的获得

《中华人民共和国工会法》（以下简称《工会法》）第二条与第六条对工会角色进行了明确的定位：工会的职能在于维护工人的合法权益。工会代表权是我国法律规定的权利，工会在平等协商和集体合同制度中代表雇员与雇主一方进行谈判，这种权利需要工会积极地去行使，以维护其代表的雇员的权利。

2. 工会的代表性、独立性

在我国《中华人民共和国劳动法》（以下简称《劳动法》）和《中华人民共和国劳动合同法》（以下简称《劳动合同法》）中，有关于集体协商和集体合同主体的规定："企业职工一方与用人单位通过平等协商，可以就劳动报酬、工作时间、休息休假、劳动安全卫生、保险福利等事项订立集体合同"。我国的《集体合同规定》："用人单位与本单位职工签订集体合同或专项集体合同，以及确定相关事宜，应当采取集体协商的方式"。法律规定："工会代表职工与企业签订集体合同"。这也引发了工会和单位全体职工谁是我国劳资谈判的主体的争论。《工会法》虽然明确了工会是维护职工合法权益的代表者，但是并没有规制工会的独立性地位条款，所以工会的独立性还有待于进一步加强。由于法律上没有明确的工会职责的内容，工会在企业中已经形成了工会和管理双重职能，受到管理方的制约，致使工会难以发挥其作为代表劳动者权益的功能与职责。目前法律的相关规定还是框架式的，对于工会的代表义务用的是"可以"一词来规定，缺乏强制性。

3. 诚信谈判责任立法

成熟的集体谈判制度不能缺少诚信谈判责任的内容，因为集体谈判的顺利高效地进行首先离不开完善的运行制度。其次主观上双方必须出于诚意想解决问题的态度来进行谈判。如果有一方不是诚意地进行谈判，甚至为了拖延时间或者消耗对方的力量，这样集体谈判制度反而成为阻碍问题解决的机制。

在我国《集体合同规定》第 56 条中："用人单位无正当理由拒绝工会或职工代表提出的集体协商要求的，按照《工会法》及有关法律、法规的规定处理"。在《集体合同规定》第 32 条中："一方进行集体协商要求的，另一方应当在收到集体协商要求之日起日内以书面形式给予回应，无正当理由不得拒绝进行集体协商"。

对于我国来说，下一步的立法将主要集中在明确如果不进行诚信谈判双方该如何承担具体的法律责任。只有明确的诚信谈判法律责任的规定，才给双方谈判进行施加强制力，保证真正的如期按序进行，否则集体谈判制度将会阻碍问题的解决。

4. 集体谈判过程的约束

我国对于集体谈判过程的法律规定较少，《劳动法》《劳动合同法》仅仅规定雇员一方与雇主一方通过平等协商，来就劳动报酬、工作时间、工作条件等事项签订集体合同，对于签订的过程并无详细的规定。《集体合同规定》对集体合同的内容、集体协商的过程有专门的章节进行规定，对于谈判僵局也有相应的规定。但由于《集体合同规定》是由劳动与社会保障部发布的，属于部门规章的范畴，在效力上低于法律、行政法规，实际的可操作程度较差，而且对于谈判僵局的处理并不够具体，仍需要加强。《集体合同规定》第56条对于雇主的拒绝集体协商的行为处理，参照《工会法》及相关法律规定，然而《工会法》对于雇主的不当劳动行为，只规定了行政救济的途径，由县级以上人民政府行使职能来纠正不当劳动行为，而且处罚较轻，往往难以发挥惩戒作用。

5. 政府的角色定位

在西方发达国家，政府主要是从立法上对集体谈判进行宏观规制，当在双方自由博弈的时候不干涉集体谈判的进行，如果双方不能就劳动条件达成统一的协议，政府才会出来利用引导、调解、敦促等方法，促使双方早日达成统一协议，而并不使用行政命令、行政强制等方法。

我国目前的情形则是政府主导的集体协议制度，政府规定每个地区的最低工资标准、劳动法规定最低的工作条件和时间限制等。这些在我国往往直接成为很多集体合同的内容，在我国很多企业只是刚好满足这个条件，保证了自己符合法律的最低标准。工资的调整却跟随政府的最低工资标准的调整，这种行政化的情况，难以真正保障劳动者的利益。劳动者本身文化素质不高，不能依靠很好的方式寻求保护。所以这种政府主导的集体合同协议制度成为阻碍集体谈判制度发展的一大因素，亟须得到改善。

三、我国集体谈判保障制度的发展方向

1. 工会人事、经济独立化

各级工会应是偏向于劳动者的第三方公益性的组织，在人事上脱离企业管理方。工会的委员会成员应由专职法律工作者、企业员工代表等构成，去行政化色彩也是一个重要的方面。工会的性质应是在劳动部门的指导下独立的第三方公益性组织。

同时，工会摆脱企业的束缚必须有自己稳定的经济来源。目前在我国工会的经费来源主要是行政的拨款、会员会费、企业上交收入等。为了保证工会运

行的独立性，工会的经费应源于会员缴纳及一定的国家财政支持，摆脱企业束缚。

2. 推进基层工会直选

工会的代表权是完善集体谈判法律保障制度的核心。工会是宪法赋予雇员团结权的体现，是劳动者集体谈判权、集体争议权的基础。工会想要发挥出维护劳动者利益的作用，首先需要保证工会是劳动者意志下的产物，是劳动者民主选举出来的组织。只有体现劳动者的自愿的工会，其立场与活动才能围绕着劳动者展开。

3. 转变政府职能

我国在建立集体谈判制度的过程中既要充分发挥政府的引导作用，又要发挥集体谈判制度自身调节的高效主导作用。①政府部门应加快集体谈判制度相关立法，使集体谈判的运行有法可依，让集体谈判的在一个具体的可操作的完善的谈判规则和步骤下自行运转。②政府在集体谈判的过程中要对劳动者和企业组织双方谈判正常运行进行正确的引导，在集体谈判中保持中立态度，政府可以选择在不直接介入谈判活动的前提下促使劳动者与企业组织达成集体协议。③政府还应该组建集体争议处理与集体协议监督机构，保障集体谈判的顺利进行和集体协议的监督执行。因此，政府必须转变职能，从行政主导型向指导服务型转变，既要发挥政府的不可替代的宏观指导作用，又要限制政府过分干预造成矛盾很难真正的解决。政府在集体谈判中该是间接调控、宏观观测的第三者。

第二节　经济学视角

一、集体谈判的本质分析

从形式上看，集体谈判是一种有关就业条件等内容的谈判过程和形式。但从本质上看，集体谈判是市场经济中的一种交易方式，是雇主和雇员之间的一种经济交易行为。因为其交易的内容，如工资、工作环境、社会福利保障等是雇员和雇主效用的组成部分，双方在效用最大化的假设下存在着冲突。这些内容一方面具有相对稳定的性质，另一方面又有随着企业经营状况和市场状况的变化而变化的性质，只能通过雇主和雇员之间一次一次地进行谈判来调整彼此的效用水平。在不断的谈判过程中，双方的权利、责任和义务等内容得到明确。因而集体谈判是“游戏者”制定“游戏”规则的基本方式，是双方合约产生和合约安排、确定劳资关系的主要方式。我们可以从以下 3 个方面进一步理解集体协商谈判。

1. 劳资双方的谈判行为是增加彼此福利的理性行为

从早期的劳资谈判看，其目的主要是为了保护工人的利益，维持劳动力的基本生存。但是，随着社会生产力的发展和社会文明的进步，劳动力要素在经济增长中的作用日益加强，劳资双方谈判的目的已经不仅仅是保护劳动者单方面的利益，而是如何通过谈判来提高雇员和雇主双方的效用，达到既能降低失业率，提高雇员的实际收入水平、社会福利保障水平，又能提高雇主的利润水平、企业竞争力的目的。因此，它不是一种“损人利己”或损人不利己的行为。

2. 集体谈判是劳资双方的正和博弈

双方利益不一致和信息不对称是双方进行博弈的基础。①从集体谈判的过程来看，是劳资双方就各自的权利和义务进行博弈的过程，是一种不断地为各自的利益进行交易和调整的过程。劳资双方存在着互惠互利的共同利益，为彼此的存在而存在，同时双方又有着不同的利益，双方都想以最少的付出，得到最大的效用。双方潜在的共同利益越大，双方进行谈判的空间就越大。②利益不同和信息不对称是双方谈判存在的重要条件。雇主和雇员在进行交易时，双方各自拥有对方不知道、但是对对方又十分重要的信息，如雇主事先并不知道雇员在工作中的实际效率，但工资水平却要事先确定。雇员亦不知道企业产品的实际成本等信息，更重要的是这些信息是不断地变化着的。在这种情况下，工资、工作环境、社会福利保障、就业人数等因素若要事先确定，对双方都存在风险，如果工资事先定得过高，高于劳动力的边际产值，则企业会亏损；若工资待遇定得远低于劳动力的边际产值，则劳动者的损失较大。通过谈判的方式签订或修改双方事先确定的合同，可以起到减少交易中风险的作用。

3. 集体谈判是一种节约交易费用的机制

雇员在工作过程中的需求存在着较大的相似性，如对工作环境、社会福利保障、工资支付等方面都具有较强的一致性，联合起来与雇主进行谈判是一种成本较低的方式。针对这些共同的需要，雇主与一个一个的雇员进行谈判的成本太大，因而雇员和雇主组织起来通过集体协商谈判达成合约是一种节约成本的方式。

4. 集体谈判：企业内部的交易机制

这种机制能够刺激雇员增加劳动供给和努力工作，以及刺激企业扩大规模以增加雇员人数，提高产出规模，增加利润。雇员在企业中追求效用最大化，工资收入、工作环境、休闲、社会保障等因素构成雇员效用的不可或缺的组成部分。谈判双方是满足彼此效用最大化的供给者和需求者，雇员和雇主的效用最大化取决于双方的谈判。比如，企业产品市场销售状况好，则企业中工资、社会保障、休闲等相应地会得到改善；反之，企业的产品供过于求，积压严重，则雇员的工资、社会保障等提高的要求就难以得到实现。在现实的经济生活中，由于企业的性质、规模、产品市场等各不相同，以及雇员与雇主的效用组合方式不同，劳资关系作为雇主与雇员统一的谈判结果，它是雇员群体对工资、社会保障、工作环境等的统一要求或一致的需求，立足于企业的实际情况，雇员群体与雇主通过谈判以确定工资、社会保障水平等。由于企业中雇员的工资、社会保障、工作环境等谈判条款在短期内难以随着市场的供求变动而随时变动，这些谈判的内容是相对稳定的，但也会随着企业和市场状况的变化而变化。所以，集体谈判是一种持续发生的交易行为，它解决了价格机制不能解决的一些问题，是一种根据产品市场的供求来反映就业状况的一种调节机制。

二、集体谈判的“双赢”条件

不考虑其他的因素，假设谈判由一个雇主和该雇主的雇员构成。另外，雇员与雇主间的谈判存在两个基本的假设：①双方都是理性的经济人，追求个体效用最大化；②雇主与雇员所拥有的信息不对称。在此基础上，建立雇员和雇主谈判前的模型，假设雇员的效用只与工资有关，且随着工资的增加而增加，工资的取值在雇主利润为零的工资水平和雇员维持最低生存的最低工资线之间。雇员效用表示 UL。假设雇主的效用取决于雇员的效用和企业的总收入，且也只与工资的变化有关，表示 Ue。雇员和雇主由初始状态 W0 到谈判后状态 W1 时的效用改变分别为 ΔUL 和 ΔUe。再假设 Ge(c) 和 GL(c) 分别为雇主和雇员的谈判成本函数，包括谈判时所花费的人力、物力、财力等，且它与时间有关，双方谈判时间越长，谈判成本越大。如果 $\Delta UL > GL(c)$ 或 $\Delta Ue > Ge(c)$ 中有一个得到满足时，进行谈判的动机就存在了。因为根据效用最大化的假设和信息不对称的假设，只要对自己有利，就应该提出一个进行谈判的工资水平，对方能否接受，取决于谈判成本和收益的比较结果。

劳资双方谈判的结果有 4 种基本的情况：

（1）$\Delta UL < GL(c)$ 且 $\Delta Ue < Ge(c)$，损人不利己的两败俱伤的谈判。

（2）$\Delta UL > GL(c)$ 且 $\Delta Ue < GL(c)$，零和谈判。

（3）$\Delta UL < GL(c)$ 且 $\Delta Ue > Ge(c)$，零和谈判。

（4）$\Delta UL > Ge(c)$ 且 $\Delta Ue > Ge(c)$，共赢谈判。

工资的改变，对双方都是皆大欢喜的。“双赢”谈判的条件是雇主产出的增加要大于双方为谈判付出的成本，即社会福利增加大于成本。在“双赢”的条件下，双方都有谈判的动机，但是到 $\Delta UL = GL(c)$ 和 $\Delta Ue = Ge(c)$ 时，双方都没有了进行谈判的动机了，这时所确定的工资是谈判的均衡工资。

集体谈判后确定的效用要大于或等于企业谈判的成本和雇员为谈判付出的成本，这是一种帕累托改进的交易形式，是集体谈判的意义所在。雇主和雇员如何确定均衡工资，取决于双方的谈判力量，而谈判力量又与行业特征、产品价格、工会组织、产品市场供求变化，以及双方对谈判内容的“紧迫感”（Rubinstein，1982）等因素有关。如果考虑这些因素，模型更加复杂了。雇主的效用与雇员努力、资方的激励有关。谈判的成本是相对稳定不变的，Ue 是企业的效用，它取决于雇员的努力程度、企业内部创新等带来的效率提高。

因此，集体谈判是一种产生激励机制和激励作用的方式，旨在提高劳动生产率和产出规模，以及雇员的效用。“双赢”的谈判结果中还有一个意义，雇员与雇主在经济繁荣、市场供不应求，或在经济衰退、市场疲软时，双方通过协商谈判，共进共退，实现“双赢”。因为在经济衰退时，要维持企业的生存和雇员的就业，可能还需要降低工资、社会保障、企业利润率等，但是会相应地保持双方的原有效用水平。

三、希克斯集体谈判模型

英国经济学家约翰·希克斯（JohnR. Hicks）曾提出罢工与集体谈判之间的简单模型，主要集中于考虑罢工成本和长度（见图 8－1）。他将成本—收益分析运用于集体谈判，他认为成本—收益决定了劳资双方的要求和让步。他假定雇主和工会仅就工资增长幅度进行谈判。

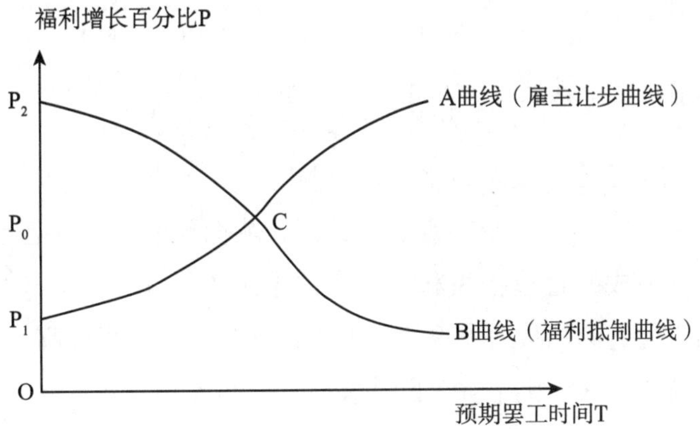

图 8－1　罢工与集体谈判模型

假设劳资双方仅就提高福利待遇问题进行谈判。在罢工刚开始时，雇主还能够通过积累的库存资本来满足顾客的需要，但是随着罢工的持续，业务的丧失加上顾客不满等因素将迫使雇主让步从而提高工人的福利待遇，并且随着罢工时间的延长，雇主愿意提高福利的程度将上升，如曲线 A。另外，对于罢工工人来说，假设他们在一开始是愿意接受某种程度的福利增加，如 P_2，但当罢工开始后，他们的态度可能在短期内十分强硬，然而随着罢工时间的延长，工人们所遭受的收入及福利损失可能会对他们的态度发生一些影响，于是他们会适当降低原本的要求，这种降低过程正如曲线 B 所示。基于以上变化过程，随着罢工的继续，当雇主让步曲线与福利抵制曲线相交时（即 C 点），双方会达成妥协，福利待遇提高到 P_0，罢工结束。

四、谈判能力理论

谈判能力理论认为，在集体谈判过程中，谈判的结果是由双方力量对比决定的，也就是所谓的谈判能力决定的。对于双方而言，谈判能力就是自身具有的影响对方收益和减少自身损失的能力。也就是说，从雇主的角度，主要是拒绝谈判工会成员的能力；从员工角度，主要是限制劳动供给的能力。

张伯伦[1]认为，在集体谈判中，一方的谈判能力是对方两种选择之间的收益比，具体而言，公式如下：

$$\text{工会的谈判能力}=\frac{\text{雇主不答应工会的要求带来的损失(MD)}}{\text{雇主答应工会的要求带来的损失(MA)}}$$

$$\text{雇主的谈判能力}=\frac{\text{工会不答应雇主的要求带来的损失(UD)}}{\text{工会答应雇主的要求带来的损失(UA)}}$$

1. 雇主不答应工会的要求带来的损失 MD

由于雇主不答应工会可能导致工会罢工，从而给雇主带来巨大的损失。这里包括生产停滞造成的直接损失和失去客户带来的长期损失。即使工会没有组织罢工，但与工会之间的敌对态度也会损失效率。工会为了提高 MD 的有效方法包括罢工、设置纠察线、拱手罢工以及静坐、抵制等。

2. 雇主答应工会的要求带来的损失 MA

答应工会的条件意味着工资和工作条件的改善，引起雇主成本上升和产品竞争力的下降，从而给雇主带来损失。工会为了降低 MA 而采取的方法包括提高劳动生产率等和生产紧密相关的谈判来实现劳资共赢。迟延战术；延长协议的有效期限；撤回不满事项；参与商品宣传等。

3. 工会不答应雇主的要求带来的损失 UD

这里所指的损失是净损失。当不答应雇主的要求所获得的利益大于成本时，净损失 UD 是负的。但是，在多数情况下，不答应雇主的要求是会有很高的成本的，它包括工资收入的损失，由于失去顾客或被替代而失业的可能，以及由于罢工带来的社会成本——一些罢工往往得不到普通市民的支持，例如公交系统罢工等带来的社会舆论的压力。雇主为增大 UD 所采取的战略有：积累库存、自动化、向海外低成本地区转移、替代罢工工人等。

4. 工会答应雇主的要求带来的损失 UA

工会接受雇主要求之后，有工会成员不能接受谈判结果的风险。会对工会主席带来信誉上的影响。产业工会和多个雇主谈判时，开始的让步可能造成后面的谈判处于不利地位。雇主为了减少 UA，采用的战略包括：利润分配制度、奖金、双重谈判[2]、指数工资制等。

总之，当工会的谈判能力，也就是 $MD/MA>1$ 时，形势就对工会比较有利。

---

① Neil Chamberlain, *Collective Bargaining*, N. Y.: McGraw Hill, 1951.

② 指将老员工和新员工区别对待分开谈判的方式，目的是增加老员工工资和减少成本。

当雇主的谈判能力，也就是 UD/UA > 1 时，形势就对雇主有利。对双方都有利的情况下，很容易达成一致。而在双方不利的情况下，协议就不容易达成。

第三节　社会学视角

一、格兰诺维特的“嵌入性”理论

“嵌入性”概念首先由经济人类学家卡尔·波兰尼提出。他认为在传统社会或部门社会中，经济行动往往沿着社会关系展开的，各种社会制度、规范习惯、宗教思想对经济行动具有重要的制约作用。格兰诺维特在卡尔·波兰尼的基础上延伸了“嵌入性”概念，他着重描述了经济行动对社会关系网络的嵌入，在《经济行动与社会结构：嵌入性问题》一文中提出了“经济行动的嵌入”概念。他认为经济行动者同时也是社会行动者，其处于社会关系网络中，制度、文化、传统等因素因此可能通过这种社会关系网络对经济行动产生间接影响。他所强调的嵌入性主要是指经济行动对社会关系网络而非制度、文化的嵌入。他认为经济行动的嵌入性不像波兰尼说的那么强，也不是经济学家说的那么零嵌入，而是一种弱嵌入，因为社会制度规范不是直接的而是通过关系网络间接的影响经济行动。

总之，格兰诺维特认为，经济行动并非直接嵌入社会制度、文化背景之中，也不是高度地嵌入社会关系网络之中，更不是零嵌入的，而是相对适度地嵌入弱关系网络之中。

格兰诺维特以经济行动的“弱嵌入”概念为基础，对经济学的经济行动概念和基本理论假设提出了质疑。首先，他指出，经济行动者往往同时也是社会行动者，社会地位、权力、赞同等也是经济行动的动机，经济目的本身也具有社会性。经济行动的经济目的与非经济目的是混合性，使经济行动在内容、目标和过程上深受社会关系网络的影响。其次，他强调经济行动嵌入网络与规范，使得经济行动者并非完全是工具理性的行动者。经济学假设工具理性的经济行动者，出于最大化利益的考虑，在进行博弈时总会采取机会主义行为，而彼此信息的不对称往往会使其陷入博弈困境。但是他认为，在现实的经济活动中，行动者间往往会进行互动交流，进而会形成水平或垂直的社会关系，并进而产生信任、合作、权威与顺从等规范，这样一来防止了行动者的机会主义倾向，而且突破困境问题。

二、布迪厄的场域理论

法国社会学家皮埃尔·布迪厄提出了场域理论。场域是一种场所，且该场所是社会行动者的主要活动区域，此外，在该场所中充满了竞争。场域量化给我们的是处于网络关系中由于占有不同社会资本而导致不同位置的社会行动者间真实关系。皮埃尔·布迪厄认为整个社会可以视为一个大的场域，而其又是由众多个小世界构成。社会分化是现代社会的重要表征，分化而形成的是众多相对独立的空间，并且这些空间有其自身的逻辑规则与特殊利益。此外，这些逻辑规则和特殊利益是该场域所特有的。到行动者进入其他场域都需要交纳“入场费”，这里所言的“入场费”其实是指进入新场域所要承受的压力以及对新场域规则的认同。行动者长期生活在相对独立的场域中，长期受该场域游戏规则的影响，春风化雨，润物无声，行动者的行为将渐趋模式化，也就是皮埃尔布迪厄所说的惯习。惯习具有潜移默化的影响，无形中影响着我们意识形态、生活方式。布迪厄在此基础上认为，场域并不是一成不变的，而是具有资本流动性的。场域其实是由复杂的社会关系构成，而决定这些社会关系发展方向的则是社会资本。

布迪厄认为，社会资本具有排他性，由于行动者在劳动中的长期积累，其社会资本是基于自己劳动得来，而每个行动者劳动又具有不同特点。基于社会个体劳动形成社会资本就具有了排他性是不可否认的，社会行动者具有趋利性，对优质资本的追逐是行动者的目标，因此在场域中对资本进行追逐会是一种常态，因此，场域演化为一个竞争性的社会空间。场域中决策的合法性，就来自于主体之间利用占有资木进行博弈的过程。资本相对平等的行动者进行博弈带来的合法性将取代象征意义的合法性而实现真正意义的合法性。

三、协商民主理论

协商民主理论是在 20 世纪后期对代议制民主缺陷与不足反思的产物。20 世纪后期，随着时代的发展，诸多学者对代议制民主提出了质疑，其中以金里卡为代表，他认为，选举民主只是提供了一种可以确定输赢的机制，因为其忽视了共识与公共舆论，因此以投票为核心的代议制民主形成的决议具有“虚假”合法性。

出于对代议制民主的反思，协商民主理论应运而生，其中以哈贝马斯影响最大。正如陈家刚所言，基于哈贝马斯的影响，民主的主要观点不纯粹是民主观念的聚合。哈贝马斯认为，伴随现代化的发展，行政力量已经渗透到社会的各个角落，由此造成的是社会脱离了朴实而变得商品化、金钱化、官僚化。为此他提出，用主体—主体的“主体间性”关系来替代主体客体的“工具理性”关系来进行社会理性的重建。

在公共领域，就有关事项，主体之间通过“主体间性”进行相互理解，从而实现社会关系的和谐。然而，在生活世界殖民化背景下，行政力量渗入到公共领域。行政力量干扰下的公共领域的讨论逐渐流于形式，当协商与论证必须遵守某项既定的法则，就公共事务的讨论就已经论为了多余。同时，哈贝马斯强调公共领域中的商谈话语权，他清楚的认识到，协商并不取代行政的管理权，因为通过协商达成的协议并不具有强制力，而协商协议如果要发挥作用，必须以舆论围攻的形式对行政施加影响。基于此，公共领域的独立性与话语权的影响力都需要以法律的形式进行确定。

通过对格兰诺维特网络嵌入性、布迪厄场域、协商民主理论的综述，可以看出，工资集体协商作为协商民主的一种基层实践形式，具有协商民主的通性，即政党领导、政府主导。

四、公平理论

从社会学角度而言，集体谈判不仅仅是双方追求经济目标的手段，而且集体谈判本身也承载着更多的社会功能目标。集体谈判源于双方的不公平感及其解决。因此，社会学角度研究集体谈判是以社会学的公平理论为基础的。

1. 公平理论与集体谈判

公平理论一般认为主体是否觉得公平与其追求的目标有关。集体谈判除了追求经济目标，包括工资和休息次数的增加，工时的减少，福利和工作环境的改善以外，还追求心理上的公正，而集体谈判制度在很多方面能够满足要求。

例如，西班和沃尔克（Thibant，Walker）认为工人参与的集体谈判能够使工人对工资等和工人切身利益密切相关的决策过程具有一定的控制力，从而产生某种满足感，即“过程控制效应”。弗格（Folger）发现了工人通过表达自己不满而获得某种满足的效应，并命名它为“表达效应”。贝叶斯（Bies）将公正概念进行细分，认为公正除了结果公正、起点公正等内容外，还应该有被决策影响到的客体与决策主体之间互动是否公正的问题，也就是“互动公正”问题。社会学的这类研究深透到劳动关系的研究中，美国明尼苏达大学的约翰·巴德（John W·Budd）教授将效率、公平之外又增加了声音（Voice）一词，三者共同作为支撑描述劳动关系状况的要素，形成了现代美国较为流行的劳动关系研究框架。①

2. 不公正感的后果：雇员的行为反应

雇员在感觉受到不公正待遇之后是否产生反应，是否会采取集体谈判的方式还是采取辞职、怠工等消极方式，或采取其他罢工、抵制、其他工会运动等积极方式？社会学者进行了相关研究。

格林博格和林德（Greenberg，Lind）认为，雇员的反应与其是否敏感有关。亚当斯（Adams）认为在员工感觉不公平之后是选择退出组织还是表达不满取决于员工对组织的忠诚度，当员工对组织忠诚的情况下，员工愿意对组织表达不满而不是直接离开。所以按照亚当斯的理论，员工和雇主的集体谈判是员工忠诚于企业和相信企业的基本表现。

夏匹德（Sheppard）将是否进行集体行动进行了三个维度的细分，在员工不满之后：①是主动趋向还是被动趋向；②是正面的积极效应还是负面的消极效应；③是个体行为还是集体行为。在员工不满时，集体谈判行为只有在主动的、积极的、集体的行为情况下才可能发生。被动趋向可能导致员工辞职、旷工、酗酒；而消极行动包括针对生产的、财产的和政治人身等多个方面，也就是产生违规行为（Robinson&Bennett）。而个体行动往往包括向雇主抱怨、单独谈判、申请劳动仲裁等（见图8－2）。

罗宾森和本内特（Robinson，Bennett）还分析了违规行为的产生动机，包括因差距感而产生的工具性动机和因愤怒感而形成的表达性动机。当后一种动机比较强烈的时候，容易产生违规行为，而前一种动机可以产生对抗和对话两种结果。

① John Budd，*Labor Relations*：*striking a balance*，McGraw－Hill Inc，2005.

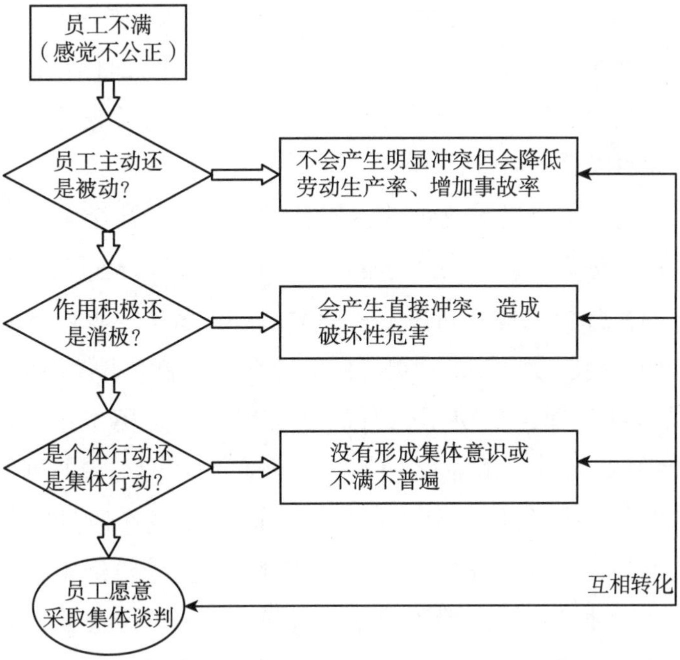

图 8－2　夏匹德（Sheppard）集体谈判产生条件

泰勒（Tyler）则分析了员工参与集体行动的两个前提条件。其一是对形势变化的信念。员工愿意建立工会并参与集体谈判首先是源于工会和集体谈判能够改善他们处境的信念。例如，在美国劳动关系没有改善的情况下，工会和集体谈判却没有相应地发展，这是因为很多美国劳动者不相信工会和集体谈判能带给他们实质性的改善。其二是对群体形势的信念。它包括群体的边界深透、关系稳固、群体正当这 3 个条件。员工在工会是向他们开放的、而且工会内部关系稳固不轻易变动、工会的理念有意义，这样 3 个情况下员工才会加入工会和参与集体谈判。

第四节　政治学视角

一、马克思的阶级理论与早期集体谈判

马克思主义与工人运动是互为依存的。马克思主义“不同工人斗争相结合，

就只是一种空想，一种善良的愿望，对实际生活不会发生影响”。同样，工人运动不同马克思主义相结合，也只会“陷于零散状态，不会有政治意义”。马克思和恩格斯的主要功绩：“就是引导社会主义同工人运动结合起来：他们创立革命理论，阐明了这种结合的必要性”。

马克思主义与工人运动结合前的一段较长时间里，社会主义者和工人运动都是互不相关的，他们各自分头进行活动。“工人同资本家进行斗争，组织罢工和建立工会，而社会主义者则站在工人运动之外，著书立说，批判现代资本主义的、资产阶级社会制度，要求用更高级的社会主义制度来代替这种制度。”

马克思阶级斗争理论反映了当时的社会特点，是资本主义的历史产物。①在资本原始积累阶段和工业化初期，资产阶级对劳动者的剥削，无论是在国内，还是在海外的殖民地，都是极其残酷的，因而这个时期的阶级斗争是十分尖锐的。②在封建阶级、资产阶级、无产阶级这三大阶级中，资产阶级联合无产阶级推翻了封建统治并取得了国家的政权，当无产阶级要求分享胜利果实时，资产阶级毫不留情地掉过头来镇压无产阶级。③马克思亲自参加革命的时代，还处于资产阶级反对封建统治阶级的民主革命时代，由于封建社会没有任何民主形式可利用，所以资产阶级民主革命一般是以革命战争即暴力革命的形式来完成的，这不能不对马克思关于革命形式的思想产生强烈的影响。

集体谈判建立初期就是在工人运动的兴起阶段，这个时期集体谈判的失败与集体协议被资本家完全掌控，所以强烈的行为被工人们用来作为与资本家谈判的手段，如1831年10月英国布利斯托尔工人起义、1844年西里西亚和波希米亚的工人起义等。

二、集体行动理论与集体谈判

集体行动理论是曼瑟尔．奥尔森提出的理论，该理论强调的是团体协作的作用在现代生活和工作中影响很大，可以互补缺点。他观点中的“选择性诱因”（Selective Inducement）其实就是一种激励机制，可能是惩罚性的、强制性的，也可能是奖励性的；可能是经济的，也可能是社会性的，目的都在于激励成员为集体目标而贡献。奥尔森认为，由于存在上述的种种原因，大团体公共物品的不可能靠自愿产生，要靠“选择性诱因”来激励。

在工业化的早期，由于集体行动的理论逻辑，企业主们容易形成利益集团，而工人们由于克服不了搭便车的难题，故而难以形成有效的集体谈判能力，工资较低，社会收入差距往往扩大，造成罢工等社会动荡，引发社会问题。此时政府如果能够不受企业利益集团们的游说，施行中性政府的政策，并采取措施改变企业游说活动的边际成本，使其转变为一种具有共容性利益的集团，把工人利益考虑在内，则会避免一些问题。而随着工业化的进展，工人们形成工会等类型的组织，履行工资谈判功能，这时工人的工资权利会得到自组织性的维护，但此时又会产生一个问题：即使包括企业和工人间各种利益集团的出现，如果这些利益集团演化成分配联盟，那么就会引发社会问题，阻碍经济增长，患上“英国病”[①]，而避免这一问题出现的办法就是构建共容性的利益集团。而要如何使利益集团具有共容性的本质在于改变集团行动的边际成本。

三、集团理论与集体行动

集团理论认为，集团是具有共同利益的个人组成的团体。[②] 正如意大利的著名政治哲学家加特诺·莫斯卡（Gaetano Mosca）所述，人类有着一种“聚在一起与其他人群对抗的本能”，同时这一本能也是“在一个给定的社会和道德以及物质矛盾条件下所出现的所有分裂和再分裂的原因”。

集团理论把工会和雇主都看作是大型的利益集团，各自拥有不同的力量和资源。例如，在20世纪下半叶的美国，劳联—产联组成了美国人数最多的利益集团，在选举、立法等许多方面具有优势。同时，大的跨国公司雇主具有资金雄厚，能够控制或影响劳动力市场和产品市场等多种优势。这些大的利益集团的相互作用机制是集团理论的重要研究内容。而集体谈判正是这两大集团最为重要的互动行为。

该理论以双方力量为主要的解释变量，以利益差异、目标、战略三个层次展开。该理论认为，工会和雇主这些大集团一样，都具有一定程度的非政府的强制性，这些力量会影响自由市场经济，但是由于相互之间的力量均衡而保障双方的利益（参见表8－1）。

---

① 英国病是一种“有自我毁灭的民族怀疑悲观情绪”的描述。这种病是由英国精英阶层中所谓的舆论制造者们散布的。这些人自以为知道什么是人们大家的最佳选择。这种病的表现为：总喜欢轻视自己的国家，赞扬别的国家；贬低自己人民的成就，羡慕别人的成就；蔑视自己的国家制度，赞许别的民族的制度；嘲笑本国的每一个全国性人物。

② ［美］曼瑟尔·奥尔森（1980）. 集体行动的逻辑［M］. 陈郁等译，上海：上海三联书店，1995.

表 8-1　　不同研究视角的集体谈判内容

	工会组织	集体谈判	集体争议
法学视角	团结权（组织保障）	集体谈判权（主要法律依据）	集体争议权（辅助性权利）
经济学视角	主体（追求利益最大化）	规则（两主体在制度框架下的力量和权力的博弈）	结局的重要影响因素（资方的主要成本和劳方的力量）
社会学视角	员工组织需求（员工的归属感等多元需求；工会的多元目标）	合作伙伴（利益多元化下的多元决策体系）	工具性动机和表达性动机（表达集体意愿和表达不满本身）
政治学视角	权利主体（员工权利的让渡与授权）	权利分享体系（对现代法权制度的修正）	双方权利体系结构的变化

第五节　理论的实践应用

各学科在研究集体谈判及其制度时的不同方法、视角和结论。这种研究视角也为实践提供了解决问题的分析思路。

一、理论研究的必要性

西方经济学界对集体谈判工资论有相当针锋相对的不同意见。一些笃信集体谈判论的人认为，工资只决定于集体谈判。自由的集体协商和集体谈判制度是劳资关系体系的重要组成部分。劳动者和雇主可以不通过第三方的干预自行解决双方的争议和冲突。政府的目标就是为劳动者和雇主创造公平的政策和法律环境，保障劳动者权益，使得劳动者可以自由决定是否选择工会作为其代表，并且通过集体谈判来解决劳资争议和冲突。

在实践工作中，工会干部与劳动关系管理者也面临着理论与实践的选择。

王君是某外企的一名普通员工，2018 年成为第一任由员工直选产生的工会主席。他上任后第一个重要的任务就是和企业管理层就员工工资福利等问题进行集体协商。今天工会委员会几名委员开会，大家纷纷为即将到来的集体协商出谋划策。

工会副主席李君说："咱们要充分学习集体协商的法律政策法规，做到处处有法可依，从程序到内容都合理合法，让老板们相信我们的正规，让工人们信服。"

工会委员刘君说："学习法律法规是一方面，要根据实际市场供求提出一个可行的方案更实用。要做更多市场调查，还要去获得企业财务报表，看看企业有多少让利空间。"

刘君的话还没说完，就被张君打断了。张君说："老板愿不愿意让步，关键是看工人们是否团结，我看咱们搞个全厂工人大会，先震慑一下老板，谈判就会顺利好多!"

王君听了大家的发言，说，"大家说的都很有道理。我们协商就是通过各种方法要让老板了解员工疾苦，同时我们也尽量理解老板的苦衷，这样协商就有基础了。"

二、工资集体协商的浙江温岭模式

浙江温岭作为中国基层协商民主的典型代表，其中最为典型的代表是民主恳谈会。民主恳谈会创始于温岭市松门镇的农业农村现代化教育试点，其激发了普通民众参与基层政治生活的热情和信心。经过这么多年的发展，民众多具有较好民主意识。这种基层的协商民主形式得到了政府的高度认同，并将活动范围由镇村两级向非公有制企业延伸，由此形成了工资集体协商机制的雏形。此外，浙江温岭地处东部沿海，经过改革开放洗礼也比较早，市场经济较为发达。在二者的综合影响下，工资集体协商率先在浙江温岭地区进行了有益尝试。

以工会为平台的非公有制企业工资集体协商研究——基于社会学视角基层协商民主实践中因其在中国具有开创性，全国很多地方进行效仿，其具有较强的代表性。温岭羊毛衫行业多是从家庭作坊起步，虽说经过一系列的发展，但企业规模一般不大，雇用工人数量不多，且学历普遍不高。多种因素的综合影响使非公有制企业工会不能发挥作用，为此浙江温岭工资集体协商多以整个行业为一个单位。在具体实践中，由于市场经济的趋利性，工资集体协商多是在政府指导下完成，形成了"行政力量主导"的运作模式。在行政力量干预下，先后于2004年、2005年颁布出台了《非公企业工资集体协商实施意见》《推广行业工资集体协商实施意见》等法律法规。其中引人关注的是制定了可操作性的法律细则，如“羊毛衫行业工资协商协议书”，细则性的规章制度得以制定得益于温岭人事保障局等政府部门的介入。为了更直观地了解规则，我们可以参见表8－2。

表8－2　　浙江温岭集体协商的主要内容设计

主要事项	具体内容
员工工资数额的确定	员工需要按合同约定完成工作量，同时还要保证质量。在该条件满足的情况下，企业主支付的工资不能低下协商所定的最低价（最低工价在认识社会保障局的支持下，有劳资双方协商员工工资数额的确定而定）。羊毛衫行业编制羊毛衫的整个过程被分解成为6个工种，72道工序，每个工序对应的标准、中间品、最低单位价格都明确给出。在此基础上，员工实际到手工资必须等于或大于国家最低工资标准
企业方面向员工支付工资的时间规定	在企业结付工资的日期，企业不能拖欠工资，即使在特殊情况下，在与会方面协商之后，也必须支付不低于当地最低工资标准，其余部分可以适当推迟

第九章　国外集体谈判制度

第一节　国外集体谈判制度概述

集体谈判（Collective Bargaining）在调整劳动关系，化解劳资纠纷方面发挥着不可替代的作用。各国的集体谈判制度的发展因国情等的不同也各有差异。美国作为当今世界头号资本主义强国也同时为市场经济模式的典型代表，其集体谈判制度自然具备了市场模式的一些特征；英国作为工业革命的发源地和最早开展工业运动的国家，早在19世纪中期集体谈判制度就为劳资双方运用，经过漫长时间的运作已经发展的非常成熟，形成自己的特色；德国作为较早推行集体谈判的国家已经形成了较为完整的集体谈判法律体系以及相应的集体谈判制度；法国是市场经济十分发达的国家，但法国的集体谈判和劳资协议制度不像其他西欧发达国家那样拥有悠久的历史传统和严密的体系，这使得法国的集体谈判制度有很大的随意性和相当的分散性；日本的集体谈判制度形成时间相对较晚，在第二次世界大战后逐渐确立，也拥有了新的特点。

一、国外集体谈判制度的起源、发展历程与现状

集体谈判的历史可以追溯到200多年前，是一项行之有效成熟的制度。集体谈判制度的起源工业革命带来经济、社会、人口的分化，由于个体雇员无法通过个人力量与雇主抗衡维护自身利益，于是雇员自发组成群体性的组织——工会。同样面临雇员的联合对抗，雇主也联合起来组成雇主协会与之相抗衡。

世界上最早的集体谈判制度诞生在18世纪末19世纪初的英国，但当时还并非真正意义上的集体谈判制度，没有发挥真正的作用，当时国家总是强制干预不断削弱工会参与集体谈判的力量，到了19世纪末20世纪初随着工人运动的高

涨，欧洲各国在立法上放宽了对集体谈判的限制，集体谈判制度有了一定发展。从1904—1919年，奥地利、荷兰、德国、法国等国相继颁发了集体谈判的相关法律，集体谈判制度进一步发展，直到第二次世界大战后，随着现代企业制度的完善与发展，集体谈判制度才大规模发展完善，由于长期以来工会不断追求与资方的平等地位和社会公正，集体谈判逐步成为工人参与企业民主和社会决策过程的主要形式。20世纪60年代以来，西方各国普遍实行了集体谈判制度，立法上也对其有了比较完善的规定。

当今世界的集体谈判制度又呈现出许多新的特点，像集体合同的内容更加丰富，覆盖面也在不断扩大，谈判活动的重心也在发生转移，集体合同的作用受到挑战，跨国性集体谈判活动有所发展。

二、国外集体谈判制度的结构

集体谈判的结构就是指谈判单位所在级别或层次。一般来说可分为三种：一是中央级，由全国性总工会同全国雇主协会谈判；二是产业（行业）级，由全国性产业工会同相应的产业雇主组织进行谈判；三是企业级，由企业的工会同企业的雇主进行谈判，企业级可以包括企业或集团层次的谈判、工厂或者工作场所的谈判，以及像英国的一些地方出现的车间或部门的谈判。

在市场经济国家，集体谈判结构是多样而复杂的，谈判级别因国而异，可以在企业级别上举行，也可以在行业级别展开，可以是分散的，也可以是集中式的。有些地区差别较大的国家，不能实行中央级谈判，只实行地区级谈判的；也有先一个地区进行产业级谈判，然后扩展到全国其他地区的；有的国家集体谈判还可能在多个级别上展开，如意大利就有产业级别的全国范围的谈判、企业或地区级别的谈判以及新近发展起来的工作场所的谈判。

大多数西欧和北欧国家，包括德国、意大利、荷兰、瑞典、挪威和芬兰等，大多实行独立于企业之外的行业范围的多雇主谈判制度（中央级别或产业级别），由雇主协会代表本行业的单个雇主进行谈判，签订集体协议。而其他国家如英国、美国、日本等国家则以企业级谈判为主。

多雇主谈判制度之所以受到雇主青睐，是因为它能有效避免工资水平的竞争，工资的增长也不与企业实际支付能力挂钩，因而有利于加强雇主的谈判力量；而对劳方来讲，这种好处还表现在工会容易将员工召集起来，选举代表、听取意见、讨论提案、形成决议等都可进行较高效率操作，并且对于增强劳方谈判力量也是不言而喻的。而企业级的集体谈判也有它的优势，这是因为企业级集体谈判无需复杂的谈判机构，谈判的直接性明显，即谈判的内容均为本企业的问题，双方代表都能亲自参加，可就某些谈判问题当场做出决定，并且在时间、地点、方案上可以更加灵活机动。

目前，随着经济政治格局等影响因素的不断变化，集体谈判也相应有了发展：首先，随着经济全球化的迅猛发展，跨国公司的规模不断扩大，集体谈判产生了国际化趋势，即从一个国家范围衍生到全球范围。其次、集体谈判重点内容从“工资”转向“工作时间”。再次、集体谈判结构从“集中”向“分散”转化。随着集体谈判结构分散化压力不断增加，加上工会力量的逐渐薄弱，企业级别的谈判正在成为一种趋势。

三、国外集体谈判制度的主要特征

美国集体谈判制度的特征主要是拥有深厚的法律基础、谈判主体结构分散、谈判形式独特、谈判议题及内容由法律规定、集体合同拥有法律上的约束力；在英国，企业级别的集体谈判居于主导地位、集体谈判更强调自愿性集体协议不具有法律约束力、工会拥有免责权、集体合同和集体谈判覆盖面小；在德国，工会组织具有自发性，入会率很不平衡，但工会影响力较大、谈判结构中以产业谈判为主、谈判过程中主要是工会占据优势地位、工资自治决策、“共决权”制度、国家政府对集体谈判主要采取间接控制的方式；日本集体谈判制度的主要特点是集体谈判主要在企业内部进行、谈判内容涉及面相当广泛、劳资合作、罢工情况罕见。

第二节　英国的集体谈判制度

一、英国集体谈判制度的产生及相关立法

1. 英国集体谈判制度的起源

按照国际劳工组织对集体谈判的定义：集体谈判的一方为一名雇主、一些

雇主或一个或数个雇主组织，另一方为一个或数个工人组织。显然，只有当工人联合起来，具有组织形式之后，才具备集体谈判的可能。中世纪的英国存在着一些帮工工会，但它们并非永久性的团体，因为在行会制度下，雇主与帮工的利益并没有完全分开和对立。一个雇主所能雇佣的帮工一般只有几个人，帮工学徒几年后，勤奋能干的大多另立门户或与雇主之女成亲。换句话说，中世纪的雇主与雇工同在一个等级上，彼此是师徒关系，而不是阶级关系。资本主义生产方式的萌芽为劳资关系的出现提供了可能性。当生产与经营权泾渭分明、老板与雇工截然分开、社会上又大量存在着永久性劳工时，工会才有了产生的土壤。在资本主义发展早期，劳工的工作生活环境相当恶劣，几乎没有任何法律和制度上的保障。为出卖劳动力，劳动者个人不得不与雇主进行艰难的交涉，单个劳动者难以通过个别谈判、签订个人劳动合同与雇主进行抗衡。为了改善生活和工作条件，劳工逐渐联合起来与雇主进行斗争。到 17 世纪后期，劳动者自发组成的群体性组织——工会应运而生。由于产业工人当时尚未形成强大的阶级组织，所以英国最初有组织的工人运动主要局限在手工工人范围内。早期工会的一个重要职能就是代表工人就工资和雇佣条件等问题与雇主进行谈判。谈判后，雇主无须再分别与每个雇员签订一系列的个别劳动合同，而只要签订一份能够满足集体意愿、规定集体劳动条件的协议即可。根据这一集体协议所确立的准则，从签订之日起，所有特定群体、特定阶层、特定等级的人员都应遵守。

2. 英国集体谈判制度的形成

发源于 18 世纪中期的工业革命，逐渐瓦解了英国封建社会的生产关系，伴随资本主义生产方式的形成，社会日益分裂为两大对立的阶级，即资产阶级与工人阶级。由于资本家肆意践踏工人权益、漠视工人身心健康，工人们劳动条件恶劣、收入微薄，导致劳资之间的冲突异常激烈。工会的法律地位经历了非法状态到有限承认，再到享有特权的转变，与此相应，劳资争议解决方式也经历了暴力对抗、调解仲裁、集体谈判的演变过程。

（1）19 世纪中叶以前的暴力对抗阶段。在 19 世纪以前，工人阶级的生活状况极为悲惨，劳动条件也异常恶劣。1789 年爆发的法国大革命，传播了自由平等、天赋人权、暴力革命等思想，引发了英国激进主义运动的兴起，加剧了工人阶级与资产阶级的冲突。在这一阶段，劳资双方处于激烈的对抗状态，工人阶级改善劳动条件和待遇的主要方式仍然是罢工，集体谈判制度尚在萌芽时期。

法律对工会组织的限制逐渐减少，以及劳资双方所积累的碰撞经验，客观上为集体谈判制度的形成创造了有利条件。

（2）19世纪后期的调解与仲裁阶段。19世纪中叶前后，随着宪章运动的没落和工联主义的兴起，部分行业工会开始寻求以调解和仲裁的方式来维护工人阶级的权益。同时，长期的工人运动给资本家的生产秩序造成了不稳定，损害了经营利润，也促使政府通过放松对工会的限制和改善工人的劳动条件来缓和社会冲突。具有现代意义的集体谈判模式的雏形由此显现。

（3）20世纪初期的集体谈判阶段。1893年独立工党成立，被人们誉为19世纪最重要的政治大事，广大工人阶级在政治上有了代言人，工会以及工人运动将会得到政治上更多的支持。

3. 集体谈判的合法化

英国政府早期的劳工立法主要关注工资和行业生产条件。出于对工会力量发展的恐惧，政府劳工立法的矛头转向了工会。1799和1800年《联合法》的出台标志着政府劳工立法的重点发生转移。该法律规定任何工人团体为改善就业条件而进行的联合都是违法的，工会属于非法组织。然而，这项法律并不能阻止工会运动的蓬勃发展。在资产阶级激进派弗朗西斯·普雷斯和约瑟夫·休谟等人的努力下，1824年，议会通过《废除联合法法案》（Combination Laws Repeal Act 1824），搬掉了阻碍工人运动发展的拦路石。普雷斯等人原以为只要使秘密联合公开，消除其神秘性，就可以消除它对工人的吸引力，从而消灭工人联合，工人的工资就可以依据供需关系自动调节，没想到反而使工人联合不受限制，可以自由发展了，而集体谈判也成为工会和雇主设定工资和就业条件的可接受方式。废弃《联合法》后，英国出现了大量工会组织和工人罢工事件，统治阶级深感恐惧。

1825年，议会终止了1824年《废除联合法法案》，代之以《废除联合法修正案》（Combination Laws Repeal Amendment Act），对工人的联合活动进行限制。该法为认定工会合法性确定了标准，规定为提高工资或限制工作时间结成的工会是合法组织，而那些阻碍商业发展，如为实行排外性雇佣制企业而结成的工会则是非法的。新法律保留了1824年《废除联合法法案》的部分规定，如：劳工组织的活动中若有暴力或恐吓行为是违反刑法的，并且没有明确承认集体谈判的合法性。尽管如此，英国工会运动还是蓬勃发展起来。尤其是北、中部工业区，几乎到处都有工会组织，并逐步联合形成全国四大工会——建筑、纺纱、陶瓷、呢绒工会。这些大工会在组织罢工过程中，不断联合壮大。蓬勃兴起的工人运动给雇主阶层带来巨大的压力。他们也行动起来，成立地方雇主联合组织，并采取同盟歇业等手段对付罢工。同时，集体谈判的范围和程度得到进一步扩展。政府不得不通过改善工人待遇、增加工会权利来缓解社会危机。1859 年，议会通过《工人干扰法案》（The Molestation of Workmen Act 1859），恢复了工会进行和平纠察活动的权利。1867 年，皇家委员会通过的《主仆法》在很大程度上解除了刑法对单个工人活动的限制，普通工人第一次得到议会特许的承认。英国学者韦伯夫妇将该法称为“工会在立法方面第一次之大成功”。1871 年《刑法修正案》取消了对工会正常罢工行为的刑法限制。1875 年，议会通过《合谋与财产保护法》（Conspiracy and Protection of Property Act 1875），表示要“公正地对待工人阶级”，使集体谈判不再受刑法限制，规定工人为罢工而设置纠察线是合法行为，不得以阴谋罪起诉。同年，议会通过新的《雇主与雇工法》，规定在劳资纠纷中，工人和雇主处于平等地位，工人如违反契约不应再受到刑事监禁，而只能交由民事法庭处理。至此，工人阶级围绕立法进行 50 年的斗争后，劳资之间的自由集体谈判以及与此相关的行为终于得到了刑法的认可。1898 年，英国工程业的雇主和工会签订了一个全国性的集体协议，在协议中承认了工会在集体谈判中的作用，确定了哪些问题必须列为全国和企业集体谈判的内容，制定了避免争端的程序。协议还规定在发生争端和采取行动的各个阶段，劳资双方都有义务尽力解决争端。这个协议成为英国产业关系史上最著名的协议，也是英国集体谈判历史上涉及范围最广泛的协议。不过，工会得到法律完全承认的道路远没有走完。1875 年法只是豁免了工会的刑事责任，而工会为进行集体谈判所采取的相关行动还不能免于民法的责罚。直到 1906 年《劳资纠纷法》（Trade Disputes Act）出台，才确认了工会的豁免权，即工会不会因为采取罢工或其他工业行动而受到法律的起诉；工会会员受到充分的法律保护，在劳资纠纷中，他们不会因为卷入集体争议活动而受到特殊处罚；工会和雇主联合会在采取由于行业争执所导致的罢工、歇业等劳资行动中，所造成的任何损失不应受到赔偿起诉，议会对谈判的过程、内容、结果等不做任何法律限制。至此，劳资双方在自愿基础上进行的集体谈判才获得民法的承认。

二、英国集体谈判制度的相关内容

1. 英国集体谈判制度的内容

英国集体谈判所涉及的内容非常广泛。包括工资、工时、工作条件、职业安全与卫生、休息与休假、职工培训、劳动争议和冤情处理等等。由于英国的集体谈判并不依赖法律支持，因此，除劳动争议处理程序外，英国各类集体谈判很少有统一的法律标准，每一个谈判案例都有其特点。但总的来看，工会在集体谈判时依然会遵循或运用以下一些基本的原则和技巧：

（1）准确分析和确定劳资双方各自拥有的优势和弱点；

（2）与会员及己方谈判小组成员商定讨价还价的范围合理确定谈判的宣称点、目标点和抵制点；

（3）制订周密的谈判策略，在首席谈判员组织下，适时和适度运用红脸与白脸、休会、走廊谈判等技巧，力求掌握主动，树立双赢意识，尽力避免谈判破裂。

2. 英国集体谈判机制的主要特点

（1）更强调自愿性，不强调法律意义。由于历史及政治方面的原因，英国劳资双方都较为看重在处理劳资问题中的自由、自愿的原则。20 世纪初英国曾发生过两个对工会运动有重要影响的判决！使英国工会感到国家法律和政府干预所保护的并不是工会及会员的利益。因此，英国工会在开展集体谈判时！往往更注重谈判所达成的协议对劳资双方在道义上的约束力。英国的法律和政府机构对劳资双方的集体谈判和集体合同内容也不进行干涉，只有当发生违反或中止集体合同的行为而出现申诉时才会介入。

（2）集体谈判的重心在企业层面。从英国集体谈判发展的历史情况可以看出：欧洲大陆广泛通行的全国或区域、产业范围的多雇主方集体谈判机制。在 20 世纪 70 年代的英国，逐渐被基于企业水平的单个雇主与企业工会间的集体谈判所取代，造成这一变化的原因，一是充分就业导致了企业间为争夺雇员而产生竞争，企业主在工资谈判方面的合作受到了冲击。二是与单个的企业管理层相比，雇主协会的地位显得较弱，企业希望在确定工资，工作条件等方面拥有更大的灵活性，而工会全国或区域组织代表的权力也逐渐转移到企业工会代表的手中。三是英国皇家委员会为规范企业的劳资关系，推动英国政府于

1972 年出台了《劳资关系实施规则》加剧了集体谈判向单雇主企业谈判模式的转换。

（3）集体谈判和集体合同的覆盖面小于欧洲大陆主要国家（见表 9－1）。

表 9－1　1998 年英国、法国和德国工会组织率与集体合同覆盖率对照表

国家	会员率（%）	集体合同覆盖率（%）
英国	36	40
法国	9	95
德国	29	92

由于英国集体谈判的重心在企业，所达成的集体协议往往只覆盖该企业本身的劳动者。而欧洲大陆其他主要国家如德国、法国等，集体谈判大多以产业或区域谈判为主！其达成的协议在法律上受到认可。这些协议中的雇佣条款和条件依法可以覆盖该产业或地区所有经济部门的工人。

（4）工会注重对工会干部集体谈判能力的培训。由于英国集体谈判的自愿性特点，英国工会在进行集体谈判时很少寻求或依赖法律支持。因此，谈判双方人员的影响力、谈判能力对于能否取得预期的谈判结果就显得更为重要。英国工会非常重视对工会干部进行谈判能力的培训。

3. 英国集体谈判的基本原则和技巧

英国集体谈判所涉及的内容非常广泛，包括工资，工时，工作条件，职业安全与卫生，休息与休假，职工培训，劳动争议和冤情处理等等。由于英国的集体谈判并不依赖法律支持。因此，除劳动争议处理程序外，英国各类集体谈判很少有统一的法律标准，每一个谈判案例都有其特点。但总的来看，工会在集体谈判时依然会遵循或运用以下一些基本的原则和技巧：

（1）准确分析和确定劳资双方各自拥有的优势和弱点；

（2）与会员及己方谈判小组成员商定讨价还价的范围，合理确定谈判的宣称点、目标点和抵制点；

（3）制订周密的谈判策略。在首席谈判员组织下，适时和适度运用“红脸与白脸”“休会”“走廊谈判”等技巧，力求掌握主动；

（4）树立“双赢”意识，尽力避免谈判破裂。

第三节　美国的集体谈判制度

一、美国集体谈判制度的发展历史

自从1799年费城制鞋工人第一次发起集体谈判的尝试，美国集体谈判制度已经历了200多年的发展，期间有4部法案对集体谈判制度的建立起了决定性作用。一是1926年的《铁路劳工法案》。该法案赋予铁路行业工会不受雇主干涉而代表其成员的权利，同时要求劳资双方本着诚信原则进行协商。二是1933年的《国家工业复兴法案》。该法案赋予员工通过不受雇主干涉而自行选择的代表进行集体谈判的权利。三是1935年的《国家劳动关系法案》又称《瓦格纳法案》。该法案将集体谈判的权利扩展到大部分非公共领域的员工。同时将集体谈判确立为"美国的政策"。四是1947年的《劳动关系法案》。该法案规定了工会一方诚信谈判的义务。以上四部法案构成了美国集体谈判制度的主要法律基础。

二、美国集体谈判的内容

美国集体谈判的内容十分广泛，不同企业的集体合同内容也略有不同，但大致可以分为政治类事项和经济类事项两大类。政治类事项主要有：合同的覆盖范围、工会安全、职业保障、公司管理制度、罢工、闭厂、申诉程序、惩戒措施等等。经济类事项则包括薪酬、奖金、津贴、医疗、保险、退休、晋升、离职等方面的内容。

三、美国集体谈判过程

美国集体谈判过程大致可分为准备阶段、初步提案阶段和主要谈判阶段。如果一切进行顺利，双方将达成集体谈判协议。如果在谈判的过程中遇到僵局，双方通常会要求全国调解委员会派出调解人帮助双方达成协议。如果经过调解仍然无法消除僵局，工会一方可能会组织罢工，雇主一方则可能进行闭厂。

四、美国集体谈判制度的特点

美国的劳资关系立法并不是处理雇主与员工之间的关系，而是“处理工会和已经组织起来或正打算组织起来的雇主之间的关系。”

1. 实现集体谈判与劳动关系调整的法律化、制度化

美国是英美法系国家，法律的主要渊源是判例法，但是，在经济危机时期，依据“遵循先例”的判例法规则不仅无法扭转在劳动关系领域长期奉行的“个人自治”的法律原则以实现个别正义，更无法改变劳动者在国民收入分配中相对于资本人格化代表的资方处于弱势地位的局面以实现社会公平与正义。因此，必须通过国家立法对劳资关系失衡的状况进行矫正，以体现国家意志，通过国家意志实现劳资领域法律调整的转向，实现社会正义。以《国家工业复兴法案》《国家劳工关系法案》及国家劳资关系委员会为代表的美国劳动关系协调和劳动标准确定的法律制度基础是这个时代奠定的。

2. 突出劳资自治，强调工会的地位与作用

19 世纪末 20 世纪初，劳资集体谈判的思想逐步为美国社会所接受。这一思想的核心是强调通过国家的立法，确保工会在与资方的利益博弈中，通过集体协商与资方分享利润。劳动者的收入应在 GDP 中占有一个恰当的比例，以稳定和提高劳动者的收入，提高社会购买力，以此来刺激需求，振兴经济，构建和谐的劳资关系。1933 年通过的《国家工业复兴法案》最初提出了工会问题。1935 年通过的《国家劳工关系法案》更明确规定，雇员享有自发组织、建立、参加工会，通过自己选出的代表进行劳资谈判和参加其他各种旨在进行集体谈判或出于相互保护而进行的协商活动的权利。为了使工会真正发挥作用，该法律对一系列可能妨碍工会作用的行为，如歧视工会会员、收买工会等，明令予以禁止。

3. 注重配套立法，优化集体谈判的社会环境

集体谈判制度不是一项独立的制度，它必须与国家的社会保险法、劳动基准法等法律制度相配套才能有效实施，才能更好地发挥其改善劳动者的生存环境，调整收入分配关系与利益关系进而应对危机的经济功能。美国大危机时期集体谈判制度建构的历史恰恰与这一逻辑相一致。1935 年美国通过了《社会保障法》，建立了第一个全国性的社会保险体系，该法案规定了养老金制度、失业

保险制度和对残疾、无谋生能力者提供救济。该法案的出台，使得社会保障开始成为政府与公民之间的一项基本契约，这大大消除了劳动者的后顾之忧，为工人开展集体谈判提供了一个“兜底性”的保障。不仅如此，集体谈判实现的是提高劳动者待遇的功能，解决的是劳动者“不能消费”问题，社会保障实现的是劳动者的后顾之忧，解决的是劳动者“不敢消费”问题，两者协同推进应对危机，有事半功倍之功效。正如罗斯福解释《社会保障法》时所说：“它不仅有助于个人避免在今后被解雇时去依靠救济，而且通过维持购买力还将缓解一下经济困难的冲击”。

4. 凸显集体谈判制度的经济功能

集体谈判制度属于劳动法律制度的重要组成部分，在其功能结构中，以保护劳动者、协调劳动关系、促进社会公平、维护社会安全为其基本内容。其实，社会功能并非集体谈判制度的唯一功能，增加劳动者的收入和福利水平，保护劳动力资源，提升劳动者的消费能力，拉动经济增长也是集体谈判制度的重要功能。这一点在危机时期特别明显，美国的集体谈判制度本来就是在资强劳弱，劳工的收入很低的背景下产生的，集体谈判立法是作为保护劳动力资源、提高劳动者的收入以振兴经济的一个措施而被提高到国家层面的。

5. 美国集体谈判的合同管理

集体谈判协议达成后，在其存续过程中，各种谈判时不可预见的问题可能出现。因此，合同管理成为一项十分重要的工作。在美国，企业内部的申诉程序是管理集体谈判协议，解决劳资争端的主要方式。申诉程序通常作为集体谈判协议的一个组成部分，典型的申诉程序通常包括四个阶段：第一阶段是口头申诉，由一线管理者和工会代表共同召开非正式会议听取申诉并予以解决。如果申诉的问题在5日内无法解决，则进入第二阶段，申诉人提交正式的书面申诉，由工会负责人和人事部门负责人共同参与解决。如果该申诉在这一阶段无法解决，将被提交到企业的申诉委员会。该委员会是企业内部的一个正式组织，其成员包括来自工会和管理层双方的代表。如果申诉委员会仍然无法解决，该申诉将提交法定的外部仲裁委员会，并由仲裁委员会做出终局裁决。

6. 美国工会的“谈判艺术”

美国工会谈判成功的要点归纳起来有以下几点：

（1）要成立一个强有力的谈判班子。这个班子一般由8人组成，人员不宜太多，在谈判中只能有一种声音，不能有多种声音，如有不同意见应在谈判之前统一思想。

（2）在谈判中每个人要扮演不同的角色。要有主谈人、有记录人、有提供情况的人，每个人在谈判前都要有明确的分工。

（3）在谈判前要明确谈判的主要内容。要广泛收集工人的意见，认真研究，谈判可以拟定一个主题，也可以拟定多个主题，但主次要分明，对于谈判需要达成什么目的，必须在谈判前做好充分的准备。

（4）要营造一个良好的谈判氛围。要选择一个双方都能接受的时间、地点和方式，双方围坐在一个椭圆形的谈判桌上，桌上放点水果、点心等实物，这样的气氛就会更好些。

（5）寻求双方的共同点实现双赢。在谈判中，要想对方完全同意你的观点、满足你的要求是不可能的，这就需要站在对方的角度看问题，要了解对方关心什么，找到共同点，在某些问题上双方都作一点妥协，打破僵局实现双赢。

（6）先易后难循序渐进。在谈判中要首先谈小问题、容易达成协议的问题，如果一开始就把难以达成一致的问题拿到谈判桌上，这样谈判很容易陷入被动。

（7）要以积极乐观的态度进行谈判。要保持良好的心态，不要纠缠旧账，要向前看，着眼长远。谈判并不是每次都能赢，或者说每次都要赢，有些谈判是为了加强沟通，缓解矛盾，为今后谈判创造条件。

（8）谈判时要紧紧围绕谈判主题。在谈判桌上不要讲客套话，不要讲言不由衷的话，更不要讲威胁的话。如果对方态度强硬，甚至有过激语言，不宜正面回击，否则就会转移谈判主题。

（9）学会利用情绪谈判。在必须及时就地解决问题的谈判中，要既不回避矛盾，也不回避争端，既要控制好情绪，也要学会用情绪（如发火）促进问题及时有效解决。

（10）必须有效控制谈判局面。要有气势。主谈判人除做好充分准备外，在对手面前要有自信，要有压倒对方的气势。

第四节　德国的集体谈判制度

通过集体谈判订立集体合同，是市场经济国家的通行做法，德国是最早推行集体谈判且效果十分好的一批国家之一，因此，德国的劳动关系处于一个较为和谐且稳定的状态，社会整体安定。在德国，集体谈判主要集中在行业一级，即行业的工会组织与雇主组织就员工的薪酬、工时、劳动条件、职业培训等方面进行的谈判，从而确定该行业最低标准。

一、德国集体谈判制度概况

德国的集体谈判制度最早始于 1873 年，据今已有 100 多年的历史。1873 年，德国书籍印刷工人联合会与雇主进行了集体谈判并且成功签订了第一个集体合同，由此德国集体谈判制度开始发展。20 世纪初，德国早期集体谈判制度十分盛行，在这一时期里，集体谈判主要集中在雇主较为软弱、分散的中小型企业，并取得了很大的进展。对于雇主势力强大、组织严密的大型重工业企业，集体谈判很难进行，这种特殊的情况是早期德国集体谈判制度区别于其他欧美国家的特点之一。

在 1918 年以前，德国对于集体谈判和集体合同并未立法给予其法律上的保护，对于工会采取的是打压态度。1900 年颁布的《德国民法典》依旧是以雇佣关系来规范劳动关系。1918 年颁布的《集体合同法》是德国颁布的第一部关于集体合同的法律，使得德国的集体谈判制度第一次以法律层面的形式确定下来。1933 年，希特勒上台，《集体合同法》被废除。第二次世界大战结束后，英、法、美三国在联邦德国的联合经济区颁布了《集体合同法》，对劳动合同双方、劳动合同的约束力以及法律效力等方面做出了相关具体规定。1952 年，德国联邦议会颁布的《集体合同法》明确了工会和雇主协会的地位、集体谈判的规则、集体合同的起因、内容和程序，使集体谈判制度和集体合同开始规范化。1969 年该法成为联邦德国的国家法律。从 1990 年 7 月 1 日开始，有关集体谈判制度的各项政策法规也开始在原东德地区生效。

二、德国集体谈判制度的基础

1. 理论基础

德国的集体谈判制度是以正统多元论为基础建立的。该学派认为，若要建立和谐稳定的劳动关系，必须通过制定劳动法律法规以及集体谈判制度来确保公平和效率。在劳资关系中，劳动者关注的是自身薪酬福利待遇水平和工作场所的公正公平，而资方关注的是企业利益以及效率的增加。劳资双方的诉求是相冲突的，但这些冲突仅限于工资待遇以及福利等方面，是可以通过双方之前存在的共同利益加以解决的。

2. 法律基础

1918 年，德国颁布了《集体合同法案》，这是德国关于集体谈判的首部法律，该法使德国的集体谈判和集体合同制度第一次由法律形式确定下来。德国于 1921 年颁布了《劳动协议法（草案)》，1949 年颁布的《集体合同法案》和《基本法》确立了德国集体谈判的基本原则，即自由结社、谈判自主和集体行动权（即罢工和闭厂），对集体谈判主体、集体合同的约束力、法律效力等方面均作出了规定。这部法案成为德国行业级的劳资集体谈判的有力法律保障。1952 年的德国联邦议会的《集体合同法案》，明确了工会和雇主协会的地位，集体谈判的规则、集体谈判的发起，集体合同的内容和签订程序等内容，使整个集体谈判和集体合同制度纳入了规范化的轨道。

三、德国集体谈判的基本特点

（1）德国的集体谈判制度具有规范化、法律化的特点。德国是一个法制严明的国家，其关于集体谈判和集体合同的法律对集体谈判双方主体资格的确定、集体谈判过程中冲突的处理、对于集体合同的约束力、期限和适用范围、对集体谈判双方组织存在的规模范围、期限、独立性以及代表性等方面的内容，都有着具体且规范的规定。集体合同对于劳资双方有着很强的法律约束力，因此各级法院均设有劳动法庭，监督保证集体合同的执行。

（2）德国的集体谈判是分区进行的。在德国，早期工会很少直接和雇主协会的组织进行谈判，较为普遍的是产业工会和相对应的雇主协会在各谈判区进行。大多数产业工会将全国划分为若干个集体谈判区，分区谈判有利于打开突破口，取得积极的谈判成果。并且就算谈判失败，员工罢工或工厂闭厂都只会造成小范围内的损失。

（3）德国的集体谈判在谈判过程中注重劳资双方的自愿调解。历史上很多国家或地区在处理劳资纠纷时，多采用强制调解，这样会使得劳资关系更加紧张。德国在第二次世界大战后吸取了这一教训，第二次世界大战后的德国集体谈判制度中更加注重的是劳资双方的自愿调解。因此，多年来，德国大多数集体谈判是在冲突较小的水平上进行的，调解起到了很重要的作用。

四、德国集体谈判的过程

德国大多数集体谈判通常每年进行一次，每次集体谈判从准备方案到签订合同，需要半年时间，这一时期可以分为两个阶段，准备阶段和谈判阶段。

1. 准备阶段

准备阶段又可以具体划分为谈判内容上的准备和组织上的准备。行业工会确定自己要谈的议题后，针对问题要在内容上确定本次谈判的方针和基本要求，然后交给基层讨论，基层工会组织成员和企业职员经过会议讨论之后，提出具体的谈判要求和建议。而集体谈判之前需要通知各级组织，并且组成相应的委员会最后进行集体结果的裁决。

2. 谈判阶段

谈判进行后，最后会出现两种结果。一种情况是劳资双方能够迅速的妥协，签订双方同意的集体合同。另一种情况是谈判破裂，陷入僵局。

德国工会运用集体谈判这一手段，一方面缓和了劳资矛盾，另一方面也有效地维护了职工利益。与其他西方工业化国家相比，德国一直是保持着一个相对和谐稳定的劳动关系，这无疑归功于德国有效的集体谈判制度。德国的集体谈判制度不仅是一种处理劳资矛盾的手段，更是社会变革的一项重要工具。

第五节　日本的集体谈判制度

一、日本集体谈判制度的建立及其沿革

1. 劳资集体谈判制度的建立

日本的劳资集体谈判制度于第二次世界大战后建立。战后 3 个月，联军政府就颁布实施了《工会法》，承认日本全体职工包括公务员和国营企业的职工有

组织工会权、集体谈判权和罢工权。借此推进日本资本主义民主自由运动的发展。1946 年颁布了《宪法》，再次用基本法的形式规定了“劳动者的团结权、集体谈判权和集体行动权受到保护”。日本劳资集体谈判制度由此建立并发展起来，并因政府先后颁布的“劳动三权”法作为法律支撑，成为工会开展集体谈判活动有利的武器。

2. 劳资集体谈判制度的沿革

（1）通过罢工解决提高工资的要求。第二次世界大战结束后，在社会秩序尚未稳定的背景下，联军政府就举起“复兴”的大旗。劳动者成为其“产业兴国”，无视生活政策下的牺牲品。又因联军政府实施抑制通货膨胀的“道奇计划”，造成上千家中小企业破产，大型企业大量裁员。由此，工会组织职工展开了以提高生活水平、增加就业为目的的斗争，先后举行了多次并具有影响力的罢工。此后，联军政府修改了《工会法》，剥夺了国企职工及公务员的罢工权利。

（2）确立了劳资集体协商为“春斗”的基本形式。随着朝鲜战争的爆发，日本从战败国一跃成为美军军需品供应的基地。日本经济由此达到史上空前的繁荣期。同时，劳资关系发生了本质性的转变，由初期的完全对立到逐渐倾向于远离斗争式的工会运动，代之以合作型的关系，直至确定以劳资集体谈判作为“春斗”的基本形式。在此期间，工会和由政府主导建立的“日本促进劳动生产效率本部”共同制订了经济增长运动的原则。即“增产必须促进雇佣稳定，转型期的裁员不能通过解雇解决；必须促进劳资磋商以决定增产的具体措施；根据国家经济条件的变化情况，增产的成果必须在经营者、劳动者和顾客之间公正地分配”。该三项原则，成为以后日本合作型劳动关系的基本原则。

（3）经济稳定成长期斗争形式的转型。从 1965 年起到 80 年代后期，日本经济经过快速增长的 10 年后，开始转入稳定增长的时期。这一时期劳资集体谈判内容与形式，集中在提高职工生活水平和建立和谐劳动关系以及确立平等对话关系上。劳资双方“利益共同体“的意识不断增强，并对提高工资的途径更多的是寻求通过企业发展来实现等有了共识。沟通与协调成为这一时期“春斗“的主要斗争形式，基本避免了罢工斗争。

（4）在经济低迷时期制定“抱团取暖”对策。“广场协议”后，日本国民多有“失落的 10 年”之感叹。近年来由于世界金融危机的拖累，竞争越发激烈，加之日本国内自然灾害的影响，导致日本经济发展持续低迷，职工就业不稳定以及生活水平明显下降。面对国际、国内经济形势的变化，劳资集体谈判的重点集中在加薪还是保障职工的就业稳定与生活等的选择上。

二、日本集体谈判制度的内容及相应主体

1. 集体谈判的内容

由于日本《工会法》没有明确规定集体谈判的内容范围，因此日本的集体谈判内容涉及广泛，凡是影响到工人劳动条件、工种和工作场所变化的都可列为集体谈判的内容，例如：工资、劳动时间、安全卫生、工伤补助、雇员的雇佣、再培训、调动、提职、降职、免职、人员裁减、解雇等问题。增加工资的谈判是日本集体谈判的主题。

2. 集体谈判的主体

日本的集体谈判的主要参与者是雇主和工会，但是谈判主体是以企业工会和单个雇主为主。终身雇佣制是日本独特的雇佣关系模式，这一模式使得日本的集体谈判制度只能建立在企业层面，因为终身雇佣制使得员工的利益和特定企业紧密联系在一起，而与其他企业员工的利益难以匹配。年功序列工资制是日本多数企业采用的一种工资制度，它使员工的工资待遇随工龄的增长而得以改善，职位也不断晋升，雇员的工资、工时、福利的决定权基本掌握在各企业手里，可以通过企业工会和企业资方之间的集体谈判得到确定。因此日本集体谈判的主体以企业工会和单个雇主为主。

三、谈判的形式及其法律依据

1. 劳资集体谈判的形式

（1）提供“春斗”报告。日本工会总联合会（简称“日本总联合”）在每年春季（2—3 月）发布本年度“春斗”工资指导线的报告，供各产业（行业）工会参考；与此同时，日本主要的经营者联合团体（简称“日经联”）也提出本团体的年度经济形势分析报告，供雇主参考。“日本总联合”同“日经联”每年年初举行一次直接协商会议。此外，根据政、劳、资三方协议，每年年底“日本总联合”会长同首相有一次定期的联席会议。目的是在翌年劳资集体谈判之前向政府反映工会的设想与诉求，以此在政、劳、资三方正式协议之前施加工

会的影响。

（2）分产业（行业）进行工资谈判指导。由各产业（行业）工会根据“工会总联合”提供的本年度提高工资指导线，结合本行业的具体情况，提出本年度增资的幅度和参考指标；同样，产业（行业）雇主组织也召集本产业（行业）雇主开会，分析形势，提出对策，各产业（行业）的工会组织和雇主组织不直接参加企业的劳资集体谈判。上述劳资集体谈判形式是跨越了企业范围，属更大范围联合体的谈判方式，在日本劳资集体谈判中发挥了极其重要的作用。

（3）分散分布在企业层面。由于日本劳资集体谈判最大的特点是其分散性，主要是分布在企业层面。每年春季由企业劳资双方代表参加，双方出席的人数对等。首先由工会代表职工向资方直接提出加薪及其他改善劳动条件等实质性要求，资方则通报上一年度的企业经营情况以及财务收支情况，后经双方代表本着诚意进行谈判，以最终决定本企业实际的工资增长幅度。

（4）规范设定方式。设定某一产业（行业）或者在行业中具有代表性的企业为样板，其他产业（行业）则仿效其集体劳资谈判的结果。譬如，在钢铁及电机产业（行业）进行劳资交涉时，产业（行业）工会的领导开始对大型企业工会进行巡回指导，并将该劳资集体谈判的信息及时向其他同时并行进行集体劳资谈判的企业工会反馈，以起到示范效应。

（5）共同谈判形式。企业工会与上级工会基于各自拥有的劳资集体谈判的权利，联手同企业方进行谈判的“共同谈判”形式；在产业工会的指导下，各企业工会同各自的企业方同时并行进行谈判的“集体谈判”等形式。

2. 法律依据及其基准

（1）法律依据。根据《日本宪法》第28条的相关规定：“劳动者享有团结的权利、集体交涉的权利及进行其他集体活动的权利。”此外，日本《工会法》第1条第1款规定：“本法的目的是，通过促进基于对等立场的劳动者与使用者的谈判来提高劳动者的地位；帮助劳动者为了该劳动条件的谈判而选出自己的代表，并为了进行团体活动而自主组织工会，拥护并团结于该工会之下，为订立规制劳资关系的集体协议进行集体谈判及履行手续”。

（2）提高工资的基准。资方提出工资增加与否应该从国民经济的宏观层面考虑、必须维持健全的经营，超过支付能力的增加工资是行不通的，在生产效率没有提高的前提下要求增加工资属“无袖难起舞”。而工会认为加薪的依据应该根据不同时期提出不同的基准。基准的提出应有说服力，是劳资双方最终能接受的“合理化的基准”。不同时期工会提出的基准是：①战后工会提出了必须是“满足温饱”的工资要求；②1953年要求恢复到战前的工资水准；③1955年以后进入经济高度增长期时，提出共享发展成果的“大幅度地增资”要求，目标是向欧美靠拢；④1973年第一次世界石油危机后提出“重构生活样式”，加薪应考虑物价上涨的因素，让职工的实际收入增加；⑤“广场协议”后直至当今，工会方面没有具体要求每年增加工资，但是资方必须制订一个目标，定期加薪以及在企业生产经营情况好转的前提下，提高奖金额度等。如在2013年春季劳资集体谈判中“日本总联合”提出，鉴于职工工资从1997年起从最高峰直线下降了5%，本年度工会方面不提具体增资的要求，但是要求资方在5年期间内，将职工工资的总体水平恢复到同1997年齐平。

经过近60年的磨合，日本劳资双方就以下原则达成了共识：应结合考虑产业（行业）背景下的经济特性，包括产品的价格构成、产业的公共性、生产集中度、劳动市场的情况，国际经济整体环境、日本当下的经济形势和劳动力成本等。

四、日本集体谈判制度存在的问题

日本的集体谈判制度曾经历了激烈冲突的时代，后在劳资双方对冲突导致的惨痛教训反省下，逐渐意识到过激行为不一定称之为最有力与最有效，进而转入双方寻求共识的协商与合作的可能性。日本式的集体谈判制度在促进日本社会稳定与经济快速发展以及国民素质的提高等起到了不可低估的作用。但是，鉴于国际国内形势的变动，就业形态的多样化，日本现有的劳资集体谈判制度仍有不协调的部分存在。主要有如下3个方面问题：

1. 多样化背景下的课题

据日本大阪府工会联合会的统计，日本全国目前在职职工为3800多万人，其中非正规就业者占其中的1/3，有1000万人年收入在200万日元以下，而日本在职职工的平均年收入在500万日元。年平均收入在200万日元以下的职工人数特别是年轻人逐年增加，将成为社会稳定的隐患。因此，在就业形态多样化背景下，如何将社会经济发展的成果普惠到全体职工，是当下日本“政、劳、资”三方值得思考的课题。

2. 缺乏社会分配的公正性

在日本经济高度增长的时期，实施的是低工资、高物价的制度设计。尽管经过劳资集体谈判，职工工资每年有一定幅度的提升，但是同大型企业的庞大利润之比，显得微不足道，没有体现对增产利益公正分享的原则。此外，日本洛南地区中小企业联合工会提出的“职工对提高最低工资不感兴趣，认为增加实际工资收入对个人而言来得更有意义”的问题同样值得思考。因此，随着社会经济形势的变动，就业形态和个人需求的多样化，如何避免工资增长额度被物价上涨幅度所抵消，让每一位职工确实感受到社会发展带来的实惠，是体现社会分配公正，建立和谐劳资关系的关键之一。

3. 偏重妥协与“共赢”现象

部分企业在进行集体劳资谈判时，有偏重“共赢”而一味妥协的现象，有的企业工会放弃了法律赋予工会应有的维权使命，劳资集体谈判成了摆设，甚至有的成了资方“御用”的工具。部分中小企业没有按照《劳动法》和《工会法》行事，对企业没有解雇职工的规制也一味放任，认为只要资方补贴多给点就行。在劳资集体谈判中，有些企业工会很难同处于有利位置的资方抗衡，而以“共赢”代替了据理交涉。日本大阪府工会联合会的资深干部认为，正因为存在上述问题，导致不少职工远离了工会，特别是年轻职工对加入工会不感兴趣，工会组建率直线下降。就目前日本全国而言，只占职工总数18%的工会组建率，要求其维护全体劳动者的合法权益，其实际效果是可想而知的。

第十章 我国集体协商制度：促进和谐劳动与和谐社会的途径

第一节 制度背景与历史沿革

现代意义上的集体协商制度是各国现代市场经济法律体系的重要组成部分，随着我国社会主义市场经济体制的建立和完善，其作用也日益明显。但是集体协商制度在我国的产生和发展走过了一条和西方国家完全不同的道路，因为它是一个很有弹性的决策方法，比立法、司法和行政都要有弹性。不仅因为集体协商可以在不同国家之间有很大差别，也就是说，它可以运用于各种形式的政治、经济制度，而且，对于任何一个国家，它也可以满足各种产业和职业的需要。

所以，当前在我们探讨集体协商的各种理论和移植西方国家的集体协商法律制度的过程中，我们必须要对其在中国产生发展的特殊性有个清醒的认识。基于我国社会制度安排与法律，本章节谈论我国集体谈判发展，均采用法律法规中的集体协商一词。

一、集体协商制度背景

1. 中国的发育方式不同于西方市场经济国家

集体协商制度在中国的发育方式有着显著的计划性特点，这势必会对其产生和发展产生重要影响，具体表现为：

（1）产生的社会根源不同。在西方，集体谈判制度最初是与工业革命所出现的社会、经济与人口的变化分不开的。西方市场经济国家在迈向工业社会的进程中，逐步完善的市场经济体制成为推动集体协商制度产生的体制基础和启动力量。随着社会格局、经济条件及生产力的变化，与市场经济体制相联系的各种机制也在发生着变化。革新的机械化使原本掌握了一些技能的雇员失去了传统的技能，从而加剧了劳动力市场的竞争，形成劳动力买方市场，个人就业合同（个人劳动合同）无法体现劳资公平，剥削加剧。由于单个雇员无法通过与雇主的抗衡来维护自身利益，于是雇员自发组成了群体性的组织，即工会，来谋求与雇主的利益抗衡。集体协商作为一种利益平衡制度，在西方它一般只和市场经济体制相联系，不因社会意识形态和国家政治体制的改变而改变，这是伴随西方工业化市场经济进程的一般性、原则性、共性的规律，因此其产生具有客观的必然性。而在中国，集体协商制度的产生起步于计划经济向市场经济的变革并且是由国家这一外部力量直接启动的，国家从发展市场经济、协调现代劳资关系的需求出发有计划地移植和推广了西方的集体谈判制度，并力图运用立法来加速这一引进过程。同时，国家为了推进政治体制改革，进一步发展市场经济，贯彻实施政企分开、建立现代企业制度的政策和目标，不仅要使企业做到产权明晰、责权明确和管理科学，而且还要建立公平、规范的劳动关系制度，以保护劳动者的合法权益。于是集体协商和集体合同作为西方市场经济国家用以调整劳动关系而普遍实行的一种行之有效的劳动法律制度，在我国得到了移植和运用并为法律所吸收。

（2）处理劳资问题的政策原则不同。西方国家经历了从“契约自由”到“干预性支持”再到“协调对话”的改变。新兴资产阶级在争取政治上的统治权的同时，积极倡导经济上的“契约自由”，劳资双方可以自由地行使自己的权利，建立或改变彼此间的权利义务关系，劳动关系调整体现为私法关系的调整。国家法律承认的个人就业合同得到雇主的维护，因而削弱了工会参与集体谈判的积极性，阻碍了集体协商的进程。但由于资产阶级统治利益和劳资力量悬殊对比，对于劳动者而言，这种契约自由是缺乏劳动保障的自由，自然而然地引起了劳动者的抗争，以亚当·斯密为代表的自由主义经济思想也在频繁的周期性经济危机中彻底宣告破产。随后，各资本主义国家纷纷以立法形式加强对经济生活的干预，把当事人认可的行为规范上升为国家认可的法律规范，用国家强制力为契约关系的正常运行提供法律保障，使劳动关系呈现出了“私法公法化”的特征。直到19世纪末到20世纪初，公共政策对集体协商在一定程度上放松了限制。后来西方国家政府依据“干预性支持”的原则，加强了对集体协商的立法。西方国家的实践证明：集体协商的产生有效地缓解了与工业化市场经济共生的劳资矛盾。进一步，西方国家政府推行劳资双方的“协调对话”，产业民主观念深入人心，规范化、常态化、程序化的集体协商制度得以建立，并成为最主要的劳动关系协调机制。

在中国，传统的计划经济条件使得劳动关系的经济利益性被掩饰了，曲折地表现为政治性和利益一体性。改革开放后，在市场经济条件下，劳动关系恢复了经济利益关系的本质。现代企业制度中，资本与经营分离，经营者代表并维护资本的利益，并对资本负责；而劳动力由于其生理性特点必须借助于物质生产条件才能实现其价值的规定性、资本和管理的稀缺性、劳动者在劳动关系中的隶属性等因素，再加之我国劳动力供大于求的总量失衡将在长期范围内存在的情况，使得资本更加成为强势。因此，“现代我国劳动关系呈现出了一种劳资关系易激化、劳资对立社会化的特征”。劳动者在现有劳动关系运行状况不满的同时，又有着对改善这种机制的渴望。这种劳资合作与对抗的矛盾在中国特色市场经济条件下是不可避免的。基于这种情况，国家试图在短期内寻求一种合理有效的劳资关系政策原则，来平衡这种利益关系，于是集体协商制度作为一种有效的外部利益平衡机制在中国应运而生。

（3）集体协商机制产生的法律需求不同。集体谈判作为西方市场经济国家最重要的劳动关系调整方式，其产生是伴随着经济体制发展的一个连续性自发过程，以工人权益为本位的相关法律也在这个自发过程中逐渐走向成熟。但是在中国，由于市场经济发展阶段的差异也导致了规制谈判机制的法律需求的差异。中国劳资市场的谈判主体不到位或缺位使得对于发展中国家有特殊意义的劳动力资源优势无法靠劳资市场自身的力量发挥出来，因此只能由政府来有效组织、利用来超越一些西方相关法律的发展阶段，缩短过程，促进劳资市场的协调发展。具体在规制谈判机制的法律上有两方面的要求：一方面，促进劳动力市场的发展，设置劳动力市场运行的基本规则，培育合格的劳方谈判主体，即工会；另一方面，完善与谈判制度相关的法律构建，限定谈判的方式及行使以及规范政府的调控方式。

2. 中国行使的权利保障不同于西方市场经济国家

在西方资产阶级国家里，言论自由权、结社自由权、罢工自由权是集体协商制度的 3 种最为重要的权利基础与保障。其中，世界上绝大多数国家的法律（或者是宪法或者是劳动法）都承认罢工权。从世界各主要国家看，1946 年法兰西共和国宪法、1947 年意大利共和国宪法、1978 年西班牙宪法、1946 年巴西联邦共和国宪法、韩国《劳动争议调整法》、日本《工会法》等相继规定罢工权和相关罢工制度。1966 年联合国大会通过的《经济、社会和文化权利国际公约》(International Covenant on Economic, Social and Cultural Rights) 也对罢工权作了相应规定。罢工权是工人组织行使集体协商权的重要权利保障与后盾，是谈判一旦破裂后工人维护权利的有力武器。在市场经济国家里，劳资谈判之所以最终能让双方妥协、让步、达成协议，关键在于工人手中有最后一张王牌：罢工[①]。罢工权具有杀伤力，它既保证了劳资谈判争斗中的权利公平，又在相当程度上弥补了劳工的劣势，修正了不对等的劳动关系。

有时罢工会带来较高的成本，并且完全可以被提前避免，却要依然如期的发生，这被看成是工会集体协商的一种手段。工会为了巩固其谈判地位以及保障罢工威胁的可信度，就必须阶段性地运用一下罢工的影响。同时，罢工可能还会被作为一种加强工会内部团结、对付共同对手——雇主的手段在发挥着作用。因此，集体协商制度才获得了多方面的积极效果，成为协调劳动关系、平衡劳资利益的有效机制。例如：在美国，《国家劳资关系法》给予雇员为了合法的目的而进行和平罢工或怠工的权利，包括改善工资和工作条件的目的，并且雇主不得以解雇方式来报复罢工者。另外，美国法律也明确规定，目的在于维护经济特权的罢工，其本身并不构成拒绝谈判。而罢工也不可能构成另一方逃避其谈判义务的借口。

在我国，宪法中对于罢工权的规定比较特殊的几年。1954 年《宪法》在公民的权利中没有罢工权的规定。1975 年《宪法》第二十八条规定，“公民有言论、通信、出版、集会、结社、游行、示威、罢工的自由”。这是在宪法上首次规定罢工权。紧接着 1978 年《宪法》第四十五条又规定：“公民有言论、通信、出版、集会、结社、游行、示威、罢工的自由，有运用‘大鸣、大放、大辩论、大字报’的权利。”1982 年通过的现行宪法中，规定了集会自由权和言论自由权，取消了作为保障集体协商权利行使的罢工权。我国的《劳动法》《工会法》中也没有“罢工权”和“罢工”的表述。《工会法》规定了“停工”和“怠工”，要求工会在出现停工、怠工事件时，应当代表职工同企业、事业单位或者有关方面协商，反映职工的意见和要求并提出解决意见。

---

① 罢工是指为与雇主达成集体协议为目的的和平罢工，而非针对政府国家机关的政治颠覆性罢工

虽然学界一度有过“国家虽然不负有保护罢工的义务，但不意味着罢工违法”方面的争论。但无论如何工会是不可能领导罢工的，这既是事实，也是政治原则。

3. 中国的行为主体状况不同

（1）工会的代表性和独立性问题。工人的谈判力量不对等、管理者的独裁主义以及工人的经济地位无保障，以上 3 个劳动力的特征充分说明了工人在劳动力市场中所处的不利地位。当一个雇员面对雇主时，他往往会感到无能为力，雇主具有绝对的谈判力量。但雇员会发现，许多人的共同行动比个人单独行动加起来的力量往往要大得多，讨价还价的谈判优势会增强，因此工会组织就应运而生了。工会通常作为集体协商制度中工人方的代表，在谈判过程中起着重要的角色。

目前在西方，多数国家的工会具有两面性：既是经济组织，又是社会组织。其经济性体现在强调垄断和高压策略，社会性体现在强调为工人提供一个参与的机会。作为经济组织，工会力图形成垄断从而可以为劳动力提供更高的工资。工会利用罢工的威胁，力图限制非工会会员的工作机会，以增加会员的利益；作为社会组织，它存在的目的，在很大程度上是反映会员的呼声，把会员团结在一起，形成一股强大的力量。工会提供了让会员有效表达所关注的有关工作问题的机制，以便劳资双方出现矛盾时，会员能有更多的选择权利。在我国，由于工会的法律定位、地位性质以及人员构成情况十分复杂，使得工会在代表工人行使集体协商权利时很大程度上无法发挥其应有的作用和功效。主要表现在以下几个方面：

①从立法现状来看，我国立法中有关工会职能的表述模糊不清，造成了在具体实施过程中的混乱或困难。例如，《劳动法》认为：工会代表和维护劳动者的合法权利，依法独立自主地开展活动。而《工会法》则认为：工会既维护全国人民的总体利益，又维护劳动者的合法权益；既代表劳动者利益，又有组织劳动者参加生产建设的职能，因此一定意义上也代表雇佣者的利益。显然工会本身的自我定位是把自己当成雇佣者和劳动者之间的协调人，而没有把维护工人权益作为自己唯一的职责。这便造成工会在劳资关系出现矛盾时，不能旗帜鲜明地站到工人的立场上来。

②从工会的地位与性质来看，目前许多企业工会和地方工会实际上成了企业或地方政府的准行政科室或行政机构，或成为企业后勤的一个职能部门。例

如：《工会法》规定企业工会干部的工资由企业负担，这样一来工会主席处于既要维护雇员的利益，又要保护自身工作岗位的两难境地，导致工会应有的职能不但没有发挥，反而任凭雇主摆布，间接成了雇主、厂长等的权力附属品或监视器，限制了工人权利的行使。

③从工会的人员构成来看，目前在中国有相当多的工会主席或工会委员都是雇主的亲戚朋友，这种现象在国有企业、私营企业尤为突出。再加上工会中部分工作人员在工作方式上仍然受高度集中的计划经济体制下工会工作模式的影响，在主观上无与企业行政平等的观念，在客观上也缺乏实际参与集体协商和参政议政的能力，在职工中的威信也受到很大影响。另外，我国公有制企业的法人代表，一方面以劳动力使用者身份参与集体协商，同时又兼任工会主席或作为企业工会会员，属于企业职工团体中的一员。这种自相矛盾的双重身份，不仅限制了企业法人代表作为集体协商一方主体作用的发挥，而且使我国集体协商主体走进法理上无法解释的误区。

（2）国企中集体协商的雇主角色模糊。企业级别的集体协商在我国的非国有企业中，雇主角色非常明确，但在国有企业中，国企老总（或厂长）通常作为代表雇主方的谈判主体，但如何正确地对他们进行定位，同样是集体协商实践中的一个难题，存在着不少的困惑。在国有企业，当工会代表工人与国企厂长就签订集体协议进行协商谈判时，厂长的角色冲突便显现出来了：我国是社会主义国家，强调人民利益为本位，在国企中工人的利益当然地就是第一位的，既然工会是代表工人利益的组织，而厂长作为上级部门委派或指定担任企业领导的工作人员，理应也是工人阶级队伍中的一分子，很多也都是企业工会的会员，难道就不代表广大职工的根本利益了？另一方面，国有企业的资产所有权属于国家，企业财产和工人工资的分配处理方法都是根据国家政策制定的，厂长本质上只是国家资产的代管者，在国家未明确授权的情况下，又有何资格代表国家和工会进行谈判并依据谈判的结果处理国有资产呢？于是在国企中，基于以上原因，很多集体协商其实只是走个过场，搞个形式主义的合同交接，厂长根本没有也无法发挥谈判主体的应有作用，从而使集体协商制度在国企中受到很大冲击和削弱。

（3）行业、区域集体协商中的雇主组织不到位。在西方，雇主组织主要在行业或地方一级的集体协商中发挥重要作用，和工会进行协商谈判，地位上相互独立，互不干涉。2003 年 6 月，国际雇主组织接纳中国企业联合会/企业家联合会（以下简称企联）为自己的正式成员，从此，企联成为国际劳工组织和中国政府承认的中国雇主的代表性组织。在中国，企联雇主工作部既代表私营部门的雇主也代表公营部门的雇主，这与欧洲国家雇主组织只代表私营部门雇主的情况不同。而且企联与工会大致体制相同，也有产业和地区性组织，这种和工会组织在结构上的对称性，保障了它们之间在协调劳资关系的行动中可以对接。但与强有力的各级工会组织相比，各级雇主组织在其代表性和会员数量方面实际上要弱很多。目前企联在行使集体协商主体职能时主要存在以下 3 个问题：①各省内的行业、区域性劳资集体协商主要依靠省级企联在地方摸索经验，宏观层面的指导力度远远不够。②各省内正式的雇主组织大面积缺位，组织网络不健全，在相当部分的县、市还没有建立组织。③由于人力、财力、信息网络和组织网络的薄弱，各省级企联参与各级劳资关系协调的职能也没有完全到位，参与讨论制定决策的能力有限。这 3 个问题在全国各地具有一定的代表性。而且尽管中国企联在加强组织能力代表各类雇主方面做了巨大努力，但雇主们仍倾向于把中国企联看作是与政府接触配合的可利用的渠道，而不是劳动关系领域中雇主的代表。

二、我国集体协商制度历史沿革

1. 集体协商与集体合同制度的实行

1994 年的《劳动法》首先对企业实行集体协商制度和集体合同制度进行了明文规定。集体协商制度和集体合同制度的实行，对劳资双方共同解决改革中带来的困难和矛盾有很大的促进作用。随着市场经济的进一步发展，劳资矛盾日益尖锐，对集体谈判制度进行更深入的研究非常紧迫。随后颁布的《集体合同规定》《工会法》《劳动合同法》都对集体协商进行了进一步的探索。进入 20 世纪 90 年代后，劳资矛盾成为了一个影响社会和谐的重要原因，我国对集体谈判制度的研究迈向了一个新台阶。

20 世纪 90 年代初，我国开始推行集体协商，即集体合同制度。我国政府深刻认识到集体协商制度对我国目前尖锐的劳资矛盾的缓和作用，认为集体协商有利于劳资双方解决矛盾。1994 月，我国开始实施的《劳动法》对集体协商和集体合同制度作出了规定。2001 年修订的《工会法》对工会开展集体协商也做了明确的规定。2004 年 1 月，劳动和社会保障部颁布的新的《集体合同规定》

为集体协商权提供了法律依据。2007 年，全国人大常委会通过的《劳动合同法》再次强调“工会应当与用人单位进行集体协商，以维护劳动者的合法权益”。另外，还有其他一些有关集体协商的法规和规章，如劳动部于 1997 年颁布的《外商投资企业工资集体协商的几点意见》，全国总工会于 1998 年下发的《工会参加工资集体协商试行办法》，劳动和社会保障部于 2000 年颁布的《工资集体协商试行办法》，这些法规和规章也在一定程度上为我国集体协商制度的发展起到了促进作用。

集体协商立法的过程就是我国集体协商制度不断完善和发展的过程。我国通过《工会法》确认了集体协商权实现的基础组织和参加工会权，通过《劳动法》《劳动合同法》《集体合同规定》等法律法规确认和具体规定了集体协商制度中集体协商的形式以及集体合同的内容。

2. 三方社会对话机制的建立

国家政府在立法确认集体协商权的同时，也在实践中保障集体协商权的实现。由政府、工会和雇主组成的三方社会对话制度，是我国在新形势下，在特殊国情背景下对集体协商实现形式的一次有益探索，政府主导集体协商是我国集体协商制度区别于西方国家的一个特色，是我国在社会主义市场经济条件下处理劳动关系的基本制度，三方社会对话机制要求在制定劳动相关法规、调整劳动关系、处理劳动争议和参加国际劳工会议方面，要由政府、工会和雇主三方代表共同参加，保证劳动法律法规制定、劳动争议处理等事关劳动者权益以及和谐劳动关系的因素都必须由三方共同参加决定。这种制度设计有利于政府、劳动者、雇主三方的合作，共同改善劳动状况，坚持社会正义，建立和谐的劳动关系双方三方间的讨论的内容可以纯粹作为政府的参考，也可以通过谈判达成协议或社会公约，建立一定阶段内的行动框架。所以，在我国劳资双方集体协商的内容是包含在三方社会对话之中的，是三方社会对话的具体形式。目前，三方社会对话在我国已经有了一定的发展，政府越来越多的主动参与到集体协商的过程中，法律对此也有了明确的规定，2001 年修订的《工会法》第 34 条第 2 款明确规定：“各级人民政府劳动行政部门应当会同同级工会和企业方面代表，建立劳动关系三方协商机制，共同研究解决劳动关系方面的重大问题。”2015 年《中共中央国务院关于构建和谐劳动关系的意见》也对健全协调劳动关系三方机制提出了具体的要求，“完善协调劳动关系三方机制组织体系，建立健全由人力资源社会保障部门会同工会和企业联合会、工商业联合会等企业代表组织组成的三方机制，根据实际需要推动工业园区、乡镇（街道）和产业系统建立三方机制。加强和创新三方机制组织建设，建立健全协调劳动关系三方委员会，由同级政府领导担任委员会主任。完善三方机制职能，健全工作制度，充分发挥政府、工会和企业代表组织共同研究解决有关劳动关系重大问题的重要作用。”

在实践中，三方社会对话也起到了良好的效果，广东南海本田工厂罢工事件中，政府出面积极引导、协调，促使劳资双方进行自主谈判，最终达成一致，化解了劳资之间的冲突。通过法律和实践上的要求，各地政府逐渐加强了对于集体协商制度的认识，从保障劳动者合法权益的角度出发，建立起有效化解劳资冲突的解决机制，在制度上保证劳资双方公平、自由、平等、自愿地进行谈判的基础上，加强了在前期组织和中期谈判时的引导作用，保证了劳动者集体协商权的实现以及社会主义市场经济正常健康地运行。

3. 工会组织的逐渐成熟

在集体协商制度不断发展的同时，我国的工会组织也变得越来越成熟。长期以来，我国的工会组织只是面向和保护拥有城镇户籍的职工，在城乡之间流动的数以亿计的农民工群体一直被排除在工会之外。这对于广大农民工群体来说是不公平的。直到 2001 年修订的《工会法》出台，在法律上肯定了农民工拥有参加工会组织的权利，现在全国各地的很多地方都出现了农民工工会的实践，从全国总工会到各基层工会也都开始积极的吸收农民工加入。农民工加入工会不仅为工会组织注入了新鲜的血液，也为农民工的合法权益提供了组织保障。

4. 集体协商在实践中推进

集体协商在实践中也得到很好的推进。但是总体上讲，集体协商制度在我国还处于初级阶段，集体谈判的机制还没有真正形成。集体协商制度在协调劳资矛盾，规范劳动力市场秩序方面还没发挥更大的作用。劳动争议的数量仍然呈不断上升的趋势。集体协商制度在我国的推行和发展面临着诸多问题与困难。

第二节 集体协商的现状

集体协商制度是西方市场经济国家普遍采用的协商集体劳动关系的重要制

度。我国自20世纪90年代中期开始正式采用这一制度，但是在实际操作中将其表述为“集体协商和集体合同制度”。这一制度实行至今已有近20年历史，其实际运行中虽起到了一定的作用，但是也伴随着各种问题。

集体协商的直接目的是就涉及劳资双方利益的一些问题进行交涉和协商，从而达到某些妥协和双方都能接受的条件和权益，从而进一步培育民主平衡、制约劳资双方的力量冲突转化的有效渠道。在社会主流所推荐的集体协商是一种双方平等友好交流的制度，而伴随着2010年广东南海本田事件，中国实际出现了另外一种形式的集体协商——由劳动者发起集体行动从而引发的劳资双方谈判，这种谈判也更类似于国外的集体协商形式。

21世纪，在政府及工会的积极推动下，我国的集体协商获得了快速发展。在劳动关系运转的3个层面中，中观的集体协商层面是核心和重点。集体协商的快速发展说明我国的劳动关系调整模式已经开始了向“集体调整”模式的转型。但是，就目前中国劳动关系的调整模式而言，还是以“个别调整”作为基本形态的，劳动关系调整模式向“集体调整”模式的转型还处于初始阶段。也就是说，我国目前还处于劳动关系调整模式由“个别调整”模式向“集体调整”模式转型的起点，转型的最终完成还将要经历一个漫长的过程。

一、我国现存两种集体协调方式

我国的集体劳动关系协调方式是一种“自上而下”的政府主导的集体协商与集体合同制度中所体现的集体协商形式，除此之外，随着集体劳动争议事件的增多，一种“自下而上”的劳动者主导的劳资谈判形式也逐渐成为主流。

1. 政府主导的集体协商制度

在初次分配领域，推行企业工资集体协商是一项重要的制度安排。国家“十三五”规划纲要提出，推行企业工资集体协商制度。自2000年《工资集体协商试行办法》发布以来，工资集体协商制度的覆盖面明显扩大，建制工作效果初步显现，但还存在“重形式、轻实效”等一些带有普遍性的问题。

近年来，各地努力推动工资集体协商制度建设，取得了积极成效：

（1）普及深化各方面对协商共决的认识，推动劳动法律法规的落实。随着建制工作的开展，劳动者对工资分配的知情权、协商权、监督权的认知度和认同度都有所提高，更切实地感受到工资集体协商在有效保障职工劳动报酬权利和畅通诉求表达途径方面的积极效果。工资集体协商制度也促进企业更好地贯彻劳动法律法规和劳动标准。更重要的是，劳动关系双方在工资集体协商中能够对法律法规所不能详尽的内容（如劳动定额、工时单价等），依据区域、行业、劳动者群体的特点和要求，在法律框架下形成更高的、更具体的、可操作的协商结果，形成执行标准，并落实到集体协议当中。

（2）使工资集体协商工作成为工会组织发挥维护企业职工劳动权益职能的重要抓手。通过主张和维护职工基本的合法权益，各级工会的维权方式也逐渐从分散、单一维权向集合、联合维权发展，更好地发挥了工会的积极作用。

2. 劳动者主导的集体协商制度

劳动者主导的劳资谈判形式并不是在我国法律许可范围内的一种集体劳动关系调节方式，但是却是一种现实存在的调节方式。

劳动者主导的劳资谈判形式可以表述为：具有共同诉求的劳动者联合起来，以集体行动的方式向企业提出诉求，之后双方就工资、劳动时间、加班费用、休息休假、奖金分配、补偿金等内容进行谈判，进而双方达成共识的过程。

劳资谈判形式的集体劳动关系调节方式在20世纪90年代伴随着国有企业改制过程就已出现，而被公众广泛认识始于2010年南海本田事件。2010年5月，位于广东省佛山市的南海本田汽车零部件制造有限公司的工人举行了罢工，此次罢工得到了政府、媒体、社会各界的关注。罢工后，劳动者与企业在谈判的基础上就工资增长、改组工会等问题达成了协议。其间当地政府起了协调的作用，劳资关系专家及行业权威人士也起到了积极的斡旋作用。此次集体行动事件之后，越来越多的劳动者选择采取集体行动的方式来表达自己的诉求，争取与企业进行谈判来维护自身的权益。

二、我国集体协商的现状

由于我国集体协商制度的建立和发展首先是源于经济体制改革以及相关法律法规陆续出台的强制推动，因此，集体协商制度具有一些不同于西方国家集体谈判制度的特点。

1. 集体协商的“国家统合”模式

根据“劳、资、政”三方在劳动条件形成中的作用不同，劳资关系处理可分为社会统合模式、经营者统合模式和国家统合模式”。在社会统合模式中，工会组织与雇主组织的力量都很强大，劳资双方都认为劳资纠纷应以劳动力市场供需为基础求得解决，都明确反对国家的干预，但都愿尽力保持劳资之间的和平。在经营者统合模式中，劳资关系主要发生在企业层面，经营者处于主导和强势地位，由经营者统合各方面的力量，通过政府将其决策和意志表达在劳动基准法之中，要求各阶层服从。在国家统合模式中，主要由国家决定企业与劳工组织在一个社会结构之中所扮演的角色，并对劳资双方的组织采用有力手段予以干预以实现国家的劳资政策。中国劳动关系的处理是典型的国家统合模式，政府在劳动关系的形成和处理中起着主导作用。

中国集体协商的政府主导作用具体体现在以下几个方面：①政府出面要求企业与职工代表或工会进行集体协商，以确定企业内部的工资分配制度、工资分配形式、工资收入水平、工时和补充保险等事项，在此基础上形成集体合同，并规定其效力高于企业规章制度和劳动合同，从而起到限制企业在与劳动者个体谈判中进行单方决策。②政府保留了对集体合同最终的审查权，即劳动保障行政部门对集体协商双方的代表资格、集体合同的条款内容和签订程序进行审查之后，集体合同才能生效。③政府强制规定劳动关系双方在集体协商过程中的合作义务，即规定协商代表任何一方不得采取过激、威胁、欺骗等行为。可以说中国的集体协商是政府主导下的劳动关系双方的合作手段，政府通过对集体协商机制的形成和制度设计来实现维持工业和平、减少劳资冲突、实现工资增长、扩大内需等政策目标。

2. 集体协商结构的“分散化”

集体协商的结构是指集体合同覆盖和影响的雇主与雇员的范围。集体合同覆盖和影响的雇主与雇员的范围越大，集体协商的结构越“集中化”；相反，集体合同覆盖和影响的雇主与雇员的范围越小，集体协商的结构越“分散化”。我国集体协商的结构具有典型的“分散化”的特点，集体协商主要是在企事业单位内部进行的，只覆盖和影响到单位内部的雇主和雇员。我国集体协商结构的“分散化”主要表现为两个方面：一是企业层面集体协商的快速发展；二是行业层面集体协商日趋削弱。

首先是企业层面集体协商的快速发展。1992 年颁布的《工会法》第十八条规定“工会可以代表职工与企业、事业单位行政方面签订集体合同。集体合同草案应当提交职工代表大会或者全体职工讨论通过”。之后，我国开始推进集体合同制度。1994 年，《劳动法》颁布，其中第三十三条规定“企业职工一方与企业可以就劳动报酬、工作时间、休息休假、劳动安全卫生、保险福利等事项，签订集体合同。集体合同草案应当提交职工代表大会或者全体职工讨论通过。集体合同由工会代表职工与企业签订；没有建立工会的企业，由职工推举的代表与企业签订”。1995 年，时任全总主席的尉健行指出，“贯彻实施《劳动法》，对于工会来讲，‘牛鼻子’就是集体合同。”之后，我国集体协商和集体合同制度开始在企业获得快速发展。

2008 年颁布实施的《劳动合同法》在特别规定一章中设立专节规定了集体合同制度，第五十三条规定：“企业职工一方与用人单位通过平等协商，可以就劳动报酬、工作时间、休息休假、劳动安全卫生、保险福利等事项订立集体合同。集体合同草案应当提交职工代表大会或者全体职工讨论通过。集体合同由工会代表企业职工一方与用人单位订立；尚未建立工会的用人单位，由上级工会指导劳动者推举的代表与用人单位订立”。第五十二条规定：“企业职工一方与用人单位可以订立劳动安全卫生、女职工权益保护、工资调整机制等专项集体合同”。第五十三条规定：“在县级以下区域内，建筑业、采矿业、餐饮服务业等行业可以由工会与企业方面代表订立行业性集体合同，或者订立区域性集体合同”。之后，我国集体协商和集体合同制度获得了更为迅速的发展。

其次是行业层面集体协商日趋削弱。目前我国的集体协商多为企业一级的协商，这种形式针对性比较强，可以根据企业的实际情况签订不同的集体合同。但由于工资问题的特殊性，企业级协商存在着劳资双方力量不平等、工会方协商代表专业知识不够、有关工资协商的信息量不广等问题，工资集体协商难以做到事实上的合理和公平。开展产业或行业的工资集体协商可避免这些问题。相对于单个企业的工资集体协商而言，行业性工资集体协商具有调整劳动关系的层次更高、力度更大、范围更广的优点，有利于更加全面准确地收集和掌握资料；有利于更好地集中专家的力量研究分析，提出协商方案；有利于提高劳方的整体力量。同时产业或行业集体协商也是大多数市场经济国家通行的做法。

我国行业层面集体协商的发展并不顺利。一方面，国家层次的法律法规只规定了企业一级的集体协商和集体合同制度，赋予了企业级工会签订集体合同的法律主体资格。《劳动合同法》第五十三条规定："在县级以下区域内，建筑业、采矿业、餐饮服务业等行业可以由工会与企业方面代表订立行业性集体合同，或者订立区域性集体合同"。将行业层面集体协商的范围限定在了"县级以下区域内"。另一方面，虽然有的地方或企业为解决未建立工会的小企业中的劳动条件形成问题，以协调小企业内的劳资关系而推行区域性、行业性集体协商，并在有的地方性集体合同条例中，对区域性、行业性集体协商和集体合同有所规定，但是，各地规定差异很大，在适用中存在冲突，如行业性集体协商和集体合同涉及跨地区问题，容易出现不同地区不同规定的适用冲突问题，而且，地方性规定效力较低，规定都不具体，不利于实际操作。因此，中国集体协商和集体合同大多集中于企业一级，十分分散，行业层面的集体协商日趋薄弱。

3. 工资集体协商快速发展

集体协商是指用人单位与本单位职工根据法律、法规、规章，以集体协商的方式就劳动报酬、工作时间、休息休假、劳动安全卫生、职业培训、保险福利等事项，签订集体的书面协议。工资集体协商的确是集体协商中非常重要的一项内容，但除工资以外，劳动关系双方还可以就工作时间、休息休假、劳动安全卫生、职业培训、保险福利等事项进行协商。当前，我国的集体协商几乎都聚焦于工资问题。2001 年劳动社会保障部颁发了《工资集体协商试行办法》，以规范工资集体协商和签订工资集体协议的行为，对工资集体协商进行了较为详细的规定。此后，工资集体协商逐渐成为我国集体协商的重点和焦点。自 2002 年开始，我国签订工资专项集体合同的企事业单位以每年 10 万个左右的速度增加。到 2008 年，我国签订工资专项集体合同的企事业单位已经达到 774501 个。特别是 2008 年《劳动合同法》的颁布实施，2008 年 6 月《中华全国总工会关于建立集体协商指导员队伍的意见》和《中华全国总工会关于开展集体协商要约行动的意见》的下发，及 2009 年 7 月《中华全国总工会关于积极开展行业性工资集体协商工作的指导意见》的下发，使我国的工资集体协商工作乘势而上，不断推进，在促进企业发展、维护职工权益方面发挥了积极作用。

第三节　集体合同的履行

虽然在我国部分地区部分行业，集体协商机制的运行取得了一定的成绩，产生了一定的积极影响，也在各地树立了一些典型。但通过中外学者实证考察和现状分析，我们发现大部分的集体协商机制被流于形式，并没能有效运转。

一、国外学者的实证研究

自从具有中国特色的集体协商制度推行以来，就引起国外学者的关注，而且都是欧美学术界颇有影响的学者。比如，如著名管理学家 Malcolm Warner 和产业社会学家 Simon Clarke。他们通过调查研究和实证考察，论述“带有中国特色的集体协商制度”的实际运行效果。Warner & Ng 通过对 60 多家国有和合资企业的调查发现，大部分企业签订的集体合同与政府部门提供的范本几乎完全一样，只在个别地方有一点变动。尽管全国总工会大力推行集体协商，并签订了相当数量的集体合同，但大多数合同的质量都不高。集体协商制度并非让工会代表工人去争取更好工作条件，其作用仅限于劳动法等法律执行的监督者。比如，在集体合同中有要求雇主按时发放工资的条款。而 Clarke & Pringle 通过调研进一步指出，在协商过程中极少有因为来自工会的压力迫使管理方提高工人工资的例子。即便有个别成功的案例，也是因为工会主席个人的能力，而不是由于工人团结的力量。

这种没有通过真正谈判环节签订的集体合同，多是企业为了完成上级工会布置的任务和指标来完成，故在实际履行中效果非常不好，合同中约定的权利义务经常未能充分履行。究其未能履行的原因，一方面缺少劳动者的协商使得合同内容与企业实际脱节，没有实际履行的必要性和可能性。另一方面由于签订的过程不经过广大职工的讨论也不向职工公布，很多劳动者都不知道集体合同的存在，何谈履行。

二、我国集体合同目前履行现状

集体合同的履行，是指集体合同当事人按照集体合同的约定，在适当的时间、适当的地点，用适当的方法，全面履行各自承担的义务。集体合同关系的建立是为了满足当事人的某种需求，达到一定的目的，而只有在集体合同规定的义务得到全面履行的情况下，当事人的需求才能得到满足，目的才能得以实现。如果集体合同规定的义务得不到切实履行，不仅无法达到当事人的预期，更会影响劳动秩序和社会秩序的稳定。尤其是在市场经济条件下，集体合同的履行，不仅关系到用人单位内部当事人之间的利益，还关系到社会公共利益和国家利益，因此，集体合同的履行对集体合同制度作用的充分发挥具有重要意义。

目前我国集体合同制度的订立及其在实施中仍然面临着许多问题，其中集体合同“履行难”一直是实施难点之一。作为集体合同双方当事人之一的企业职工理论上应能充分享受到集体合同制度带给他们的诸多好处，但实际上我国劳动者并未能切实体会到集体合同在他们生活中的重要作用。集体合同制度给西方国家带来了巨大的社会经济实效。在我国，其表现却差强人意。某些企业安全卫生条件差、管理体制落后、劳动安全事故发生率高。一些私营企业、外资企业随意延长工时、克扣工资，劳动条件非常苛刻，劳动待遇很不尽人意，甚至存在雇主违背集体合同制度雇用童工、强制人身等问题。集体合同“履行难”究其原因主要在于集体合同流于形式问题严重。

三、集体合同难履行的原因

1. 现行行政规章的立法层次低，缺乏权威性

法律、法规的存在是履行集体合同的前提和保障，我国法律对集体合同的立法起步较晚，1950 年《工会法》虽然首次提出了集体合同制度，但是根本就没有什么实质内容，实践中也没有贯彻执行，一直到 1992 年《工会法》才把集体合同制度作为协调劳动关系、维护职工合法权益的一项基本制度，其后的《劳动法》和陆续出台的行政规章均试图完善和落实这一制度，但结果都不理想。现行的 2004 年《集体合同规定》和 2001 年颁布的《工资集体协商试行办

法》均属于行政法规中的部委规章，在立法层次上处于较低层次，其效力要低于法律、行政法规和地方性法规。集体合同作为调整劳动关系的重要法律制度，仅由规章予以规范，不仅缺乏法律的权威性，在实际推行中由于执法手段有限也难以得到贯彻执行。

2. 现行法规没有明确企业拒绝集体协商和签订集体合同的法律责任

对于集体协商过程中发生的争议，我国的处理机制也相当的不完善。我国法律规定，在集体合同签订过程中，如果当事人双方发生争议而又无法通过协商办法解决，当事人一方或双方可向劳动行政主管部门提出协调处理的书面申请，未提出申请的，在必要时候，劳动行政主管部门也可主动进行协调处理。同时《集体合同规定》第52条规定，处理集体协商争议的期限为自受理协商处理申请之日起30日内，在期限届满之时仍未结束的，可以适当延长期限，但最长不得超过45日。但该规定对于在协调处理未果的情况下，该如何处理，以及协调处理后，双方拒绝履行协调处理的结果时该如何应对的问题均未作任何表述；而对于在未能协调处理情形下，劳动者一方是否享有罢工权以及法院或行政部门是否有强行裁决的权利也未有涉及。于2008年实施的《劳动合同法》和《劳动争议调解冲裁法》中也没有提及关于集体合同利益争议的解决方式，因此，从法律层面来讲我国规定利益争议的仅为《劳动法》第84条的前半条。这就影响了这一制度的严肃性和权威性，使得集体合同在履行过程中容易被钻漏洞。

3. 集体合同履约责任制不清或缺乏，监督检查制度不到位、不完善

集体合同的履行重在落实，但在实践当中集体合同制度的监督检查工作的落实不尽人意。集体合同监督检查是指政府劳动行政部门、企业、企业工会、职工群众以及上级工会等有关方面对已生效的集体合同进行检查，督促其全面履行的行为。一些已经建立平等协商和集体合同制度的企业，并未建立相应的组织机构和有关制度来加以落实，如没有把合同标准条款分解到部门，责任到人，检查时进行对照，并与奖惩挂钩等。主要表现为三无：无检查，有的用人单位在集体合同签订后并未进行相应的监督检查工作；无报告，有的用人单位虽然开展了集体合同的监督检查工作，但仅仅是例行公事，检查结果既不向用人单位行政部门报告，也不向职工代表大会报告，履行情况缺乏透明度；无改善措施，有的用人单位进行监督检查后虽发现了问题，但并未积极采取行动，制定有效的整改措施，及时修复漏洞，而是放任问题继续存在与蔓延。这使得集体合同中存在的问题不能得到及时的反馈与改善，集体合同的监督检查形同虚设。

4. 协商过程走过场，相互沟通不充分

协商、谈判过程本来应该是签订集合同的核心，双方应该在不断的协商、调整和沟通中，寻求双方利益分配的最佳结合点，通过这种方式签订的集体合同才会让双方自觉自愿地履行。而在实际操作过程中，工会组织和企业对协商过程都走过场，只是按照法律条文的规定草草签约，缺乏有效的沟通和协作。如此一来，双方对签订了的集体合同都缺乏实际履行的诚意，导致集体合同内容不明确，使合同难以履行。

5. 集体合同文本千篇一律

集体合同是劳动关系双方主体，根据国家的有关法律规定，结合本单位劳动关系的实际情况，通过平等协商，认识达成一致后签订的书面协议。但在实际过程中出现了企业集体合同文本照抄、千人一面的现象。有的文本没有从企业实际出发，导致集体合同文本的规定过于原则和抽象，没有量化和细化；有的劳动标准性条款订的标准太高，与实际情况不相符，没有实现的可能性；有的集体合同忽略了双方权利义务对等这一基本原则，往往形成不平等条款，对职工一方不利；绝大多数文本对履行集体合同的法律责任不明确，致使合同文本的操作性不强，集体合同中主要劳动标准性条款难以兑现。据调查，在集体合同履行中主要劳动标准性条款难以兑现的情况比较普遍，特别是欠工资、医药费、养老保险金的现象比较普遍。

四、如何更好地履行集体合同

鉴于无论是在立法上还是在实践当中，我国的集体合同制度均存在某些方面的不足，直接妨碍了我国集体合同制度的顺利推进，并严重影响了劳资关系的稳定。因此完善集体合同制度的相关立法，转变以政府为主导的自上而下的推动模式，协调处理好政府、单位以及工会三方之间的关系，明确各方主体定位从而规范我国集体合同制度，以实现该制度的价值追求是我国的当务之急。

1. 提升集体合同立法层次，实现法律体系内部协调统一

健全的立法是集体劳动关系和谐的基础，这是由法律规范的特点所决定的。因此，为了实现集体劳动关系的规范有序发展，应加快我国集体合同专项立法的步伐，健全完善调整集体劳动关系的相关法律体系。首先提高立法层次，加快制定集体合同法。通过制定集体合同法，明确集体合同制度的法律地位，赋

予其法律上的权威，凸显其对构建法治社会的重大意义。然后修改《工会法》《劳动法》等法律中的相关规定，使得与集体合同制度相关的法律法规之间保持一致，实现法律体系内部的协调统一，避免法律实施中的相互矛盾。

2. 加强关于集体协商的制度建设，充实集体合同的内容

（1）进行关于罢工权的立法。明确赋予劳动者以罢工权，这有利于督促用人单位履行谈判义务、履行集体合同，这是建设社会主义法治国家的基本要求，也是完善社会主义市场经济体制的重大举措，是我国履行公约义务的充分体现。首先在宪法中对其加以确认；其次对《工会法》《劳动法》等涉及劳动者基本权利的法律进行相应的修改完善，在其中加入有关罢工权的原则性规定。

（2）注重谈判内容的实效性。双方协商代表应根据企业的实际情况，按照劳动者的工作性质进行分门别类的谈判，在最低工资、工资增长比例、年休假标准、劳动保险具体标准和条件等方面做出具体规定，同时关于职工的下岗分流与再就业措施，也应作为企业签订集体合同中的一个重要内容，使得集体合同内容具有可操作性与实效性，避免过度抽象。对于劳工意见强烈和坚持要求的，可形成签订专项集体合同共识，使其具有针对性。

（3）强化集体合同法律责任。由于目前我国有关集体合同的法律责任问题还没有明确的规定，造成实践中集体合同约束性不强，普遍流于形式。可以借鉴西方市场经济国家有关集体合同法律责任的规定，明确劳动关系中的签约双方对保证集体合同制度的正常履行和运转均负有法律责任。并对责任主体、法律程序，以及处罚措施等事项做出具体规定。

3. 建立健全履约责任制和监督检查制度

（1）建立健全集体合同的履约责任制。将落实集体合同的责任进行具有针对性和可操作性的分解细化，并将其纳入用人单位的行政部门、职能部门和工会的相关考核指标中进行管理和考核，使之在用人单位各项管理制度中得到明确体现，成为用人单位科学管理体制的重要内容以及有机组成部分。

（2）建立长效的监督检查机制。有效的监督检查，是集体合同得以有效履行的前提和保证，因此必须建立健全监督检查制度，并将该制度与履约责任制、整改反馈制、责任追究制进行有机结合，从而形成一套长效的工作机制。作为长效的工作机制，集体合同的监督检查工作每年至少都要进行一次。在用人单位内部，工会应充分行使其法定权利，加强对集体合同的监督检查，如对合同履行的情况进行监督的权利；参与调查处理的权利；提出意见要求改正的权利；

要求劳动监察部门进行处理的权利；提起仲裁、诉讼的权利等。在用人单位外部，劳动行政主管部门也应加大工作力度，关注集体合同的履行情况。

4. 正确发挥政府的辅助作用

在集体合同制度的推进过程中，政府介入的方式、范围和程度直接影响着集体合同的实施成效。因此如何有效发挥政府作用是一个关键。在集体协商过程中，政府应准确把握自身定位，尽量减少对具体事务的干预，它的职责更多的在于提供社会环境和法律制度上的保障，只有在出现集体协商陷入僵局、双方各不相让且影响社会整体利益等必要情况时方才主动介入。同时要加强对有关违反集体合同制度典型案件的宣传报道，以案说法，引导社会各界更加关注集体合同工作。要结合当前市场经济环境下协调劳动关系的热点和难点问题，突出对完善集体合同制度必要性与紧迫性的宣传，提高全社会尤其是劳资双方对集体合同制度理论价值和现实意义的认识，促使集体合同工作相关各方自觉履行义务，推动我国集体合同工作健康快速发展。

5. 强化工会的力量和作用

保证工会职能上的专业性。工会的建立既是以保护劳动者合法权益和促进劳资关系稳定和谐为宗旨，那么其工作就应围绕这一目的而展开。而依据我国相关法律规定，工会职能覆盖范围之广，涉及经济、政治、文化教育等方面，因而使其主要任务变得不明显，从而不但无法专注于其专属之职，还有越俎代庖之嫌。因此有必要“理直气壮”地强调：工会的主要职能乃“代表和维护职工的合法权益”，不要赋予其不应由它承担的职能。而对于工会自治范围内的事务，法律也不应过多限定或干涉。

第四节　当今面临的问题

一、谈判主体尚未充分形成，工会的代表性和独立性问题

市场经济体系的交易主体各方是独立的、平等的，在劳动力要素市场上，这种独立和平等关系可以通过集体协商制度具体体现出来。这表明，集体协商

制度的有效运行，需要有具有独立性和代表性的谈判双方。

工会的代表性，主要是解决工会与劳动者在集体协商中的关系和地位问题，我国法律直接规定了工会享有集体协商权，以法律形式确认了工会具有代表性的集体协商资格。2001 年 10 月 27 日第九届全国人民代表大会常务委员会第二十四次会议通过了“关于修改《工会法》的决定”。此次修改的《工会法》强调了工会在协调劳资关系中的作用：“工会通过平等协商和集体合同制度，协调劳动关系，维护企业职工劳动权益”。“工会代表职工与企业以及实行企业化管理的事业单位进行平等协商，签订集体合同。”但在事实上，工会的代表性并没有体现出来，最明显的是企业工会，较多介入企业管理机构内部，工会委员会中拥有很高比例的高层管理人员，企业级别工会组织的这些特点，削弱了其代表会员权益的能力。因而，工会委员会更加倾向于在结构内部协调雇员与管理方的利益分歧，而不是代表工会成员与管理方谈判。

工会的独立性则主要是指工会与管理方之间的关系问题。工会是为了维护劳动者利益而同雇主进行交涉的“谈判者”，处于同雇主相对独立的地位，这样，工会才能同雇主进行平等协商，签订符合雇员利益的劳动合同，保护劳动者利益。但是在我国的实践中，与中央级别的工会组织强势相比，企业级别的工会组织地位日渐下降。一些企业的工会在改制中被撤并，一些企业虽然设置有工会，但是仍然是延续计划时期的政治职能和福利功能，其职能没有随着市场经济的深化而进行相应的变革。在管理体制上，工会组织隶属于企业，许多工会领导人员都是兼职，在国有企业，工会的领导者（工会主席）一般是兼任的。在这种制度安排下，当企业目标和职工目标发生冲突时，工会组织当然更加偏向企业的目标，这就失去了工会的独立性特征。

所以，解决工会的代表性和独立性问题，不仅关系到工会能否代表和维护劳动者利益，而且也是集体协商制度推行的关键。

二、集体协商的雇主角色不明，行业、区域雇主组织缺位

雇主组织原则上是谈判的主体，代表雇主利益与工会进行谈判。中国企业联合会是国际劳工组织和中国政府承认的中国雇主的代表性组织。但是与工会相比，中国企业联合会在其代表性和会员数量方面都很弱。与工会从上到下的组织体系不同，雇主的代表暨中国企业联合会在许多区县一级并没有相应的分

支机构，因而在开展区域性、行业性集体协商和集体协议制度中，企业方主体缺位显得更为突出。除了产业和地方一级谈判中确立雇主与雇主组织之间的关系外，在企业间理顺企业工会和管理方之间的关系也是集体协商的一个难题。

目前，我们主要面临的是在国有企业谁是雇主的问题，另外一个就是管理者的工会会员身份问题。根据国际惯例，对工资的设定、利润的分成、劳动用工等这些重要的事情拥有决定权的人，就是法定的雇主。按照这一惯例，国有企业的厂长经理就属于法定的雇主，而不是劳动者。而在现实中，国有企业的厂长经理往往把自己看作劳动者，而不是雇主。只是与雇员的分工不同。国有企业问题是一个很复杂的问题，牵涉到很多，特别是产权。随着国资委的设立，国有资产的管理逐渐明朗，厂长经理以及高级管理人员成为对资本负责的一个群体，而不是劳动者。关于管理者的工会会员身份问题，我国根据《工会法》，在一个企业、事业、机关中的会员，不管是工人、技术人员还是管理人员，都组织在一个工会组织中。也是我国的工会是一元制的，这样就出现厂长经理等雇主代表与雇员同属于一个工会会员的情况，按照《工会法》，工会也要维护经理厂长的利益。这样，工会一方面要与管理者协商，另一方面又要代表管理者的利益。角色不清，不仅使工会难以发挥其作用，同时也对管理者产生不利影响。

三、集体协商制度发展内容雷同，缺少针对性和可操作性

签订集体协议的国有企业、集体企业的比例较大，合资企业较少，私营企业更少。在已签订的集体协议中，合同条款大多照抄现有法律法规规定，对现实性的问题如职工下岗、劳动合同续订、劳动报酬、企业年金、住房、补充保险、家属医疗费用的承担等方面的条款很少，真正对劳动关系有协调力度的条款更少，很多企业集体合同雷同、内容空泛、规定原则，缺少灵活性针对性，没有结合本企业实际进行具体量化细化，致使合同缺乏可操作性。原则性条款多，具体规定少；照抄法律条文的多，结合企业实际的少，这就使得很多条款缺乏细节性的补充，往往很模糊。有些工会甚至为了完成签约数量，使用统一的范本，其结果是多数企业集体合同雷同、内容空洞，缺少灵活性、针对性，没有结合本企业实际，进行具体量化细化，致使合同缺乏操作性。

四、谈判环节缺位，协商谈判机制尚未充分发挥作用

集体协商是签订集体协议的前提和必经阶段，集体协议只是谈判的最终结果。集体协商的过程就是雇主和雇员双方经过多次的讨价还价，不断妥协，最终达成一致，消除分歧的过程。没有实际的协商过程，集体协商无法发挥应有的功效。

我国目前在协商程序方面的不足却很明显，一是不协商就签约的现象普遍存在，合同签了就万事大吉，没有真正协商谈判，集体协商有名无实；二是集体谈判制度和劳动争议处理制度缺乏衔接，往往是一直到集体劳动争议爆发时，集体协商的程序还根本未启动。

而我国的劳动立法，虽然十分重视集体合同，但是却忽视了集体协商，表现在立法上就是仅规定了一种非谈判型的集体合同签约程序，使世界通行的集体谈判制度在我国的劳动法当中变成了集体协商制度，集体协商机制无法发挥应有的作用。

这就导致了我国重集体协议的签约，轻集体协商的现象普遍存在，没有建立相应的谈判机制，谈判程序缺乏严肃性和衔接性，甚至把集体合同当成一项达标任务，只追求合同的数量。签订的合同大多没有经过协商，流于形式。协议合同也仅仅停留在纸面上，没有发挥必要的作用。集体协商的核心是形成谈判协商机制，形成雇主和雇员相互沟通达成共识的制度。但目前我们欠缺的是这种形成谈判的机制，并且使这种机制发挥应有的作用，去解决问题，规范劳动力市场秩序，协调劳资矛盾。

五、雇员认可度低

与集体协商的主体不明确、集体协商机制不完善、集体合同缺乏实用性相关，雇员对于合同签约、合同效果谈判认可的程度很低。在港台外商投资企业中，职工和企业劳动合同的签订率不到八成；即使签订了劳动合同，也经常出现违反工人意愿的现象，约两成的工人认为在劳动合同中存在着违反本人意愿的行为。在那些工作比较危险，企业安全保障措施比较差的企业，企业主往往通过不签订合同而逃避责任，一些雇员与企业主签订了合同，但这些合同的条

款是模糊的，甚至是被强迫签订的，在这种情况下，劳动者进入企业后就陷入了有口难辩的境地。

六、有关工资集体协商制度的法律法规较粗略

目前我国有关工资集体协商制度的法律法规主要包括《集体合同法》《工会法》《劳动法》《劳动合同法》《集体合同规定》和《工资集体协商试行办法》。其中《集体合同法》《工会法》《劳动法》和《劳动合同法》勾勒出了我国工资集体协商制度的主要框架，但大多为一些原则上的规定，内容较空洞且实用性不强，难以满足我国复杂劳资关系对工资集体协商制度建设的需求。如《劳动法》第八条、第三十三条和《劳动合同法》第五十一条，这些条款虽在一定程度上为企业职工与企业就劳动报酬，即工资的协商提供了法律依据，但部分条款中的“可以”二字，表明这些条款为选择性条款，企业与职工进行工资集体协商并非企业必做之事，显然不利于维护劳动者的经济利益。

另一方面，目前我国工资集体协商的主要依据是《集体合同规定》和《工资集体协商试行办法》，两者发布主体均为劳动和社会保障部。尽管这两部法规均对工资集体协商的制定和开展做出了相对细化的规定，但就法律层级上看，两者均只是部门规章，法位难免过低。尤其在《劳动法》等基本法并未明确规定相关制度的前提下，纵使《集体合同规定》和《工资集体协商试行办法》对工资集体协商制度规定详细，在企业实际操作中也难免流于形式，使得实施效果不尽人意。

工会职能亟待加强工会是劳动者利益的“代表者”，是为了维护劳动者利益而同雇主进行交涉的“谈判者”。在“资强劳弱”局面下，劳动者迫切需要工会承担起协商劳资双方、缓和劳资矛盾的责任，以维护劳动者的合法权益。虽然《劳动法》《劳动合同法》均规定了职工有同企业平等协商工资的权利，但这种平等只是法律上的平等，不代表实际谈判过程中劳资双方的地位平等。实际情况是，一方面，在管理体制上，工会的许多领导本身即企业职工，当企业利益与职工利益相冲突时，因缺乏独立性，没有同企业谈判的筹码，工会难免会偏向企业的利益。另一方面，工会人员大多缺乏相关的谈判技巧，在实施工资集体协商制度时，更多情况下都选择将此制度流于形式，造成“不会谈、不敢谈、不愿谈”的局面。

因此，确保工会独立性，加强其协商谈判职能是推进工资集体协商制度顺利实施的重要保障。

思想认识不足。一是劳动者对工资集体协商制度认识不足。作为工资集体协商制度的一方主体，超过一半的职工认为推行此制度会遭到老板报复。在“资强劳弱”的现实情况下，为了避免因争取权益而失业的困境，大多职工选择忍受企业还未超过劳动者最低限度的劳动力掠夺。同时将近1/3的职工认为在工会缺乏独立性，劳动者个人力量单薄的情形下，真正实施工资集体协商制度缺少强有力的支撑，因此在主观上对此制度抱着不相信、不愿意的态度，在客观上更不会为争取自身合法权益而积极主动实施此制度。另外还有一部分职工，因自身素质局限性，对工资集体协商制度的了解十分有限，只能要么“随波逐流”，要么“事不关已高高挂起”。二是企业对工资集体协商制度认识不足。

主要表现在以下几个方面：一是企业对工资集体协商制度没有充分了解，单纯认为此制度是职工用来争取权益，对抗企业，增加企业生产成本，限制企业发展的武器，担心一旦实行此制度会发生生产秩序失控等现象而危及企业自身利益，因此不愿通过此制度来进行工资配置。二是企业对工资集体协商制度的实质有一定了解，想对此制度加以推动，尤其是劳动密集型企业，在如何尽可能降低企业生产成本与维护企业稳定发展、防止员工流失的问题上一直寻求解决的平衡点，这类企业具有实施工资集体协商制度的内在动力。三是政府对工资集体协商制度认识不足。现实情况是，部分政府因对工资集体协商制度认识模糊，认为此制度可能会影响当地企业生产成本，从而影响当地经济发展，影响投资环境。因此当职工在有同企业协商决定工资意图时却遭到了部分政府的不理解甚至打压。

政府实施措施与西方国家不同，我国工资集体协商制度的实施是一个由政府主导的、“自上而下”的过程。正如产业社会学家西蒙·克拉克所言，中国工会推行的包括集体协商制度在内的多项工作，都是在党的领导下，并为完成党和政府建立和谐社会总目标而开展的。在推行工资集体协商制度的进程中，党和上级政府出台相关政策、开推动会、现场会、表彰会，下级根据上级的政策指示，以会贯彻会议的形式，将集体协商的“内容”下发到各企业，作为企业劳资双方讨论协商的主要参考。因此工资集体协商中少有职工的参与，也少有真正的协商过程。由于这些“内容”多为原则性框架，缺乏实用性和可操作性，无法解决企业的个性问题，因此企业对此“内容”多持被动态度，工会因没有强有力的政策支撑也难以在本就缺少同企业协商筹码的条件下代表职工同企业协商工资配置。从而导致“企业很被动，工会不敢动，职工不愿动”的恶性循环现象的产生。

七、问题的实例

行业谈判离中国劳动者有多远?

发达国家均以行业工会作为工会的主要组织形式，国际公认工会组织发展得最强的国家是德国。德国是典型的社会市场经济国家，社会市场经济理论认为，市场经济不应是放任自由，而应伴有强有力的社会政策。德国人认为，市场经济在推动经济发展的同时，也存在一个致命的弱点，那就是不可能自发地解决公平公正问题。因此，市场经济需要有保障公平、注重正义的社会政策对其加以控制和约束，而行业工会正是这种社会政策的重要体现。

北京理工大学经济学教授、中国问题研究专家胡星斗认为，行业工会无疑是工会发展的大方向，不过，在目前中国现行体制下，还有许多工人连加入企业工会的机会也没有，谈成立真正的行业工会尚为时过早。他说，中国急需解决的问题并不是行业工会的组建，而是如何让所有企业建立工会，并保持工会的劳方代表性问题，现行《工会法》尽管明确赋予了行业工会的合法地位，但过于笼统，缺乏可操作性。不可否认，中国行业工会的组织建设面临着巨大挑战，行业性工会组织体系建设的现状，与期待尚有不小的差距，尽管如此，我们必须承认行业工会是工会发展的大方向。中国是少数几个没有行业工会的国家之一，既有的“行业联合工会”即若干个企业工会的联合体，和企业工会差别不大，并非真正意义上的行业工会。而企业工会一个无法避免的弊病在于即便是通过民选产生的劳方代表，在通过内部晋升后成了企业管理人员，其劳方代表性便会下降。因此，无论行业工会面临多大的挑战，都应该从挑战中找寻发展的机遇，行业工会离中国劳动者有一定的距离，但绝对不是遥不可及。

1. 工会不敢谈

工资集体协商制度是我们多部法律早已明确规定的内容。但工资集体协商之所以只听楼梯响不见人下来，这么多年始终推进艰难，关键原因是：工会不敢谈。试点聘用专职工会人员开展工资集体协商，解决的是“不会谈”问题。

而事实上，工会“不敢谈”要比“不会谈”更需要破解，而一旦解决了“不敢谈”问题，所谓“不会谈”问题就迎刃而解。

而“不会谈”，原本就是一个伪问题。一个目不识丁的人，到市场上买东西，哪怕他不懂得那件商品是怎么生产的，它的价格成本都涵盖了哪些内容，甚至他不善言辞，但最后也总能够以合适的价格购买这一产品。为什么呢？这是在于买卖平等。买卖双方的平等，要比是否拥有谈判的专业知识和技巧，更有利于一个公平市场的形成。就好像消费者买东西不需要有专业的指导师、砍价人一样，工会如果跟企业平等谈判，也未必一定需要专业的谈判者。

可问题是，工会无法与企业平等。这样一来，谈判就失去了公平。在一个不平等、不公平的谈判中，任何道理、任何知识、任何技巧，对于谈判结果都难以取得根本的支撑。其实，这跟弱国无外交是一个道理。比如，大清朝缺少的并不是谈判技巧、谈判人才，而是跟八国联军平等谈判的权利。同样，工会缺少的也不是谈判技巧，而是与企业平等谈判的权利。工会作为工人的娘家人，应当理直气壮地拿起法律武器，运用法律赋予工会的职责权力，去保障工人的一切正当权益。

专业的谈判技巧，只能在公平、平等的谈判场合才可以发挥作用。工资集体协商制度之所以推行不下去，关键不在于工会缺少谈判的技巧和人才，而在于缺少平等的谈判权利。不解决工会无法与企业平等协商的问题，而专注于如何提高工会的谈判技巧、谈判水平，难免缘木求鱼之嫌，也难以指望从根本上推进工资集体协商的落实。

2. 企业不愿谈

据调查显示，有些国企经营者认为，集体协商是处理劳资关系的方法，对国有企业并不适用。在国有企业中，企业和劳动者的利益是一致的，根本没有必要人为地把企业和劳动者划分成两个对立的方面，搞集体协商是把企业和劳动者摆在了对立的地位。而有些经营者认为，在市场经济条件下，生存是企业压倒一切的任务，承揽订单、改进技术、扩大市场等这些“求生存、谋发展”的事情都忙不过来，哪有时间和精力来搞协商、签协议这些不出效益的事情。也有的认为，签合同解决不了什么问题，效益好的企业认为没有必要签集体协议，效益差的企业又担心签了协议也难兑现，还不如不签，不签协议没有负担，少麻烦。一些私营企业主则认为企业是自己的，自己说了算，对平等谈判制度采取或明或暗的抵触态度。[①] 经营者的态度和认识是决定集体协商谈判能否开展的重要前提。一些企业迫于压力，勉强开展集体协商，但双方地位极不平等，劳动者协商代表地位失衡。这些都是当下中国企业“不愿谈”的现状。

之所以“不愿谈”一方面是因为企业方的谈判意识薄弱，对集体协商所能带来的重大意义没有足够的认识，相反却认为集体协商是一件“劳民伤财”可有可无的事情，把签订集体合同作为一种形式上的任务，无法发挥集体协商的实质作用；另一方面是因为集体协商制度的相关机制不完善，无法为集体协商的顺利推行提供必要的法律保障，即使企业认识到集体协商的巨大作用，却往往是心有余而力不足。

经济人假设告诉我们，当一个人在经济活动中面临若干不同的选择机会时，他总是倾向于选择能给自己带来更大经济利益的那种机会，即总是追求最大的利益。因此，企业在参与市场经济的活动过程中，理所当然地会追求利益最大化，对于企业主来说，集体协商不但无法为其带来即时利益，反而会增加企业成本，另外，现行法律对企业进行集体协商并没有强制性规定，进行集体协商只是工会和劳动者所具有的一项权利，并不是企业必须履行的义务，因此企业“不愿谈”的局面便成了必然的现状。

3. 个人无法谈

集体协商区别于劳动者个人为自己利益与雇主进行的个别谈判，它是工会与雇主或雇主协会（我国法律称用人单位）之间针对工作报酬、工作时间及其他雇用条件，在适当时间以坦诚态度所进行的协商和交涉。因此，个人是无法进行集体协商的，个人必须拥有代表自身的组织才能与相应的雇主组织进行集体协商，这是集体协商进行的基本条件。另外，个人的力量始终处于弱势地位，个人难以通过个别谈判签订个人劳动合同来与雇主进行抗衡，维护自身利益，而集体协商之所以能够成为调整劳资关系的重要机制，受到工人们的推崇和喜爱，主要是因为它能够克服个别劳资关系的失衡状态，同时使雇主可以直接与劳动者的代表进行集体交涉，而无须与每个雇员逐一谈判。

---

① 程延园. 集体协商制度研究［M］. 北京：中国人民大学出版社，2004：100－101.

第五节 集体谈判的发展趋势与挑战

一、当今面临的集体协商工作

1. 开展集体协商与工资平等协商

随着我国市场经济的迅速发展，劳动关系矛盾日益增多，集体协商的作用日渐凸显，社会对开展集体协商的共识也在不断提高。

按照市场机制调节、企业自主分配、平等协商确定、政府监督指导的原则，形成反映劳动力市场供求关系和企业经济效益的工资决定机制和增长机制，这一规定较之此前“市场机制调节、企业自主分配、职工民主参与、政府监控指导”最大的不同，是把工资分配的决定方式进一步明确为平等协商，把职工在工资分配中的地位从“民主参与”变更为“平等协商确定”。

在更加重视保障和改善民生，着力预防和化解社会矛盾、维护社会和谐稳定的现实语境下，集体协商不只是协调劳动关系的客观需要，它还能起到促进保障和改善民生政策的贯彻落实、维护社会和谐稳定、推动经济社会又好又快发展等更为重要的作用。

我们注意到，在“十二五”规划纲要中，像集体合同、工资集体协商、平等协商确定等表述，在改善民生行动计划、收入分配制度改革、构建和谐劳动关系等重要内容中均有体现，既有数量上的目标，也有原则上的规定，还有举措上的要求。这意味着，在我国推行集体协商，不仅是一个简单的劳动关系问题，还是经济问题甚或是一个社会问题，它将与劳动关系能否保持和谐稳定状况、市场经济体系的健全完善甚至整个国家的重大战略决策部署紧密相联。

虽然推行集体协商的目标明确、路径清晰、措施具体，但客观上，集体协商还存在着各种各样的困难，既有社会共识问题，也有实际操作上的难题；既有制度上的障碍，也有体制上的阻力，这其中一个比较突出和亟须解决的问题，就是大量规模小、职工人数少、工会组织程度低的中小企业难以单独开展集体协商。

而当下，恰恰是这些劳动关系问题突出的中小企业最应该通过集体协商来化解矛盾、构建和谐劳动关系，因为它与提高一线劳动者劳动报酬、保障和改善民生政策惠及普通劳动者、解决当前比较突出的企业劳动关系矛盾问题等息息相关。可以说，大量中小企业不能通过集体协商有效化解劳动关系矛盾，进而形成企业和职工利益共享机制，再多再好的目标和举措落实起来也要大打折扣。

2. 为行业集体协商创造条件

行业级集体协商的发展需要各方面力量的共同努力，需要全社会这个大环境创造有利于其生存与发展的条件，就目前中国集体协商制度的发展现状而言，行业级集体协商首先要解决的是谈判主体资格的确立，也就是说要进一步明确和培育行业级集体协商的合法谈判主体。

行业级集体协商的主体包括行业工会、雇主组织以及相关政府部门，培育有广泛代表性和独立性的工会组织和雇主组织，并进一步规范政府在集体协商中的角色是集体协商进行的前提条件。然而，我国现行的工会组织体制，仍然带有计划经济体制下工会行政化的色彩，没有完全脱离政府的依靠，而行业工会的组织体系相对不健全，组成成员也存在专业性不强、代表性不够充分等问题，因此，集体制度意义上的行业工会组织根本不存在。行业级集体协商也因缺少行业工会组织而无法进行，即使勉强开展工作，最终所达成的集体协议难免流于形式，发挥的作用很有限。在雇主组织方面，由于中国特定的社会历史条件，行业协会的发展一直受到较大的制约。直到实行改革开放以来，随着经济体制的转变，政府机构的改革以及政府职能的变化，行业协会才受到重视，并日益发展与壮大。不可否认，行业协会在我国市场经济中确实发挥了一定的作用，为行业内的经济发展作出了不少贡献。然而，由于我国行业协会自身的独特性，就目前发展现状来看，还不能成为行业级集体协商中合格的雇主组织。因此，行业级集体协商的顺利推行离不开雇主组织的不断完善，发挥其调节劳资关系的功能。

实践表明，在我国的劳资关系双方主体尚未发育成熟的情况下，对于政府部门而言，保障劳动者集体协商的权利、制定基本的劳动标准和集体协商程序规则、监督集体合同的实施，并通过三方机制预防和解决集体协商遇到的矛盾和问题，具有客观必要性。对于工会组织而言，迫切需要对我国的工会体制进行改革，加大行业工会的组建力度，扩大行业工会的覆盖面，并进一步健全行业工会的相关制度和运行机制，使行业工会在行业集体协商中做到敢谈善谈。同时，切实增强行业工会的维权职能，以逐步适应市场经济下行业工会参与协调劳资关系工作、缓和劳资冲突、构建和谐劳资关系的要求。对于雇主组织而言，最重要的则是率先在一些行业特征明显的地区培育具有长期稳定性和广泛代表性的行业性雇主组织，推进行业性雇主组织的制度建设和规范运作，使管理和决策民主化，以利于集体协商在行业层面的有效开展，并采取有利措施对集体协商过程、内容、结果等进行全方位的监督约束。

3. 明确政府角色与劳资双方的协商主体地位

“三方体制”是目前国际通用的工资集体协商原则，也是经实践证明与市场经济相适应的工资集体协商机制。其本质是在政府主持下由劳资双方进行直接谈判，政府在其中发挥的作用是主持而不是主导，其主要职责是确保工人真正享有“劳动三权”，即组织和参加工会权（团结权）、集体交涉权（谈判权）、集体行动权（抗议权），使工人能有与资方基本均等的力量进行协商，保证劳资双方谈判的对等和公平，实现社会正义。而谈判程序、谈判时间、工资调节等具体协议内容都可以由劳资双方在谈判桌上协商，政府不需要直接干预，以确保劳资双方在工资集体协商中的主体地位。也只有这样，才能避免协商过程和协议内容流于形式，使工资集体协议能充分反映市场规律和企业实际，而不仅仅是政府的意志，增强工资集体合同的可履行性。

4. 通过法律增强集体协商主体的代表性和独立性

在集体协商中，由于劳动者相对于雇主处于劣势，为了使其具有与雇主平等协商的能力，当前应重点增强劳动者的组织——工会的代表性和独立性。为此，应该做到五点：

（1）工会应以政治团体为主转变为以职业团体为主。

（2）重组各级工会，全面实行工会主席直接选举，真正做到由工会会员来选举自己的领导者，而不是由任何外界的力量来指定。

（3）政府应减少或退出对工会事务的直接干预，把管理工会的权利还给劳动者自己，允许职工自愿组织自己的工会，而不是由政府或上级工会强制组建或要求职工入会。

（4）改革我国现行的工会制度对参加工会人员的条件加以限制，凡是代表劳动力使用者利益的人员不得加入工会，主要包括企业法人代表、决策人员和其他不适合参加工会的高级管理人员。

（5）全面贯彻落实《工会法》及其他法律规范，切实保障工会不因为工作问题而遭到雇主的打击报复，适当放宽对工人行动权（罢工权）的限制，为集体协商制度的运作提供后盾。

5. 推进企业民主管理与建立集体协商信息披露制度

了解企业真实的经营状况是职工（工会）确定合理协商目标的基础，而民主管理是职工了解企业信息的重要渠道，因此，应积极推进厂务公开、职代会等企业民主管理制度。与此同时，为了更好地解决集体协商中的信息不对称问题，应建立与集体协商密切相关的财务信息披露制度。明确要求企业必须提供集体协商所需的真实资料。雇主要向工会或工人代表提供有关企业经营情况的真实信息，并在集体协商的全过程承担向工会提供资料的责任。

二、集体协商的发展趋势

经过 40 年的市场化进程，集体协商制度制定之初所面临的环境正在发生深刻的转变，这不可避免的影响到了协商制度本身的变化。工人方面的变化尤为突出，这体现在工人已经从以往权利诉求普遍转向利益诉求。

市场化初期，工人的诉求主要围绕法律标准，属于“依法诉求”，围绕工作条件、工作强度和工作保障等劳动基准，在劳动力无限供给的劳动力市场条件下，最关心的是找到一份工作并准时和足额的领到工资，还没有关注到自身利益与企业发展之间的关系。因此，在这种诉求层次下，劳动合同形成了对集体合同的挤出效应，工人总体呈现个体化和原子化的分布状态，寻求的是国家法律的保护和法定最低工资的增长，而不是形成组织化的能力来平衡劳动关系，集体合同制度尚没有形成大面积发育的土壤。

然而随着劳动力市场供求关系的逆转以及新生代农民工的迅速崛起，工人的诉求层次发生了变化，“法外诉求”日益增多，劳动法的边际效应逐渐递减，集体劳动争议开始呈现高发态势，新生代农民工的集体意识、集体行动能力以及集体组织都在发生深刻变化。

与此同时，市场化带来了社会空间的发展和壮大，新的利益群体开始表达心声，并不可避免的介入到劳动关系的处理中，作为集合多方参与的制度，现在有了更多的需求主体。同时，国家自身也在发生变化，通过劳动力成本优势走上的出口工业化道路面临越来越大的挑战，国家希望推动产业转型形成新的竞争力，但这需要稳定和高素质的劳动力作为基础，最终需要劳工政策的转向。这些因素既是市场经济逐渐发育成熟过程的客观产物，同时也是市场愈发强大的作用力结果，它推动了市场化劳动关系进一步的发展以及集体化的转型。作为成熟市场经济调整劳动关系的一项基本制度，集体合同制度开始有了发育的土壤。

1. 集体停工现场的协商

集体停工现场的集体协商随着集体劳资事件数量的不断增长，集体停工现场越来越多的出现了一种“软”处理方式，即通过对话来解决问题。

为了能够平息事件，地方政府鼓励集体停工工人选出代表，提出谈判条件，并与企业雇主进行直接谈判，力图满足工人的要求。劳资双方最终就工资增长以及劳动条件改善等事项达成一致，并签订集体协议，实现工人的复工。这是一种特殊形式的集体协商，通过体制外的力量，即工人集体行动的方式来改变劳资对话的现状，通过集体停工把企业逼上谈判桌，这种类型谈判也被称为“集体停工推动的集体协商”或“事后协商”模式。

这种谈判形式一般包括以下环节：

（1）“集体停工推动的集体协商”首先发端于工人的集体停工。集体停工常常是突然和无序的，雇主常常毫不知情，也大为惊讶，并不由自主的使用开除、扣工资等严厉管理手段，但这不仅促使了事态的迅速扩大，还促成了工人群体共同的不合作态度。集体停工期间，事实上处于管理失控状态，并带来了生产停滞，造成了企业严重损失。

（2）发生集体停工后，地方政府会迅速介入到事件的处理中，力求快速解决争端。地方工会或劳动部门往往被要求迅速赶往现场，并主导事件的解决过程。公安部门负责厂外的警戒，防止事态在厂外的扩散。

（3）地方工会或劳动部门会对现场的集体停工工人进行喊话或做工作，组织工人群体选举出工人谈判代表。这是比较困难的环节，工人群体往往害怕打击报复，并不敢推选出工人谈判代表，尤其大型工厂的集体停工事件中，选举能够代表工人群体的谈判代表是非常复杂和艰辛的工作。工人谈判代表产生后，将进行工人诉求的收集和整理工作，这同样是一个复杂的过程，由于工人的利益诉求高度分化，谈判代表必须找出能够符合工人群体共同利益的若干诉求，并形成劳方的谈判条件。

（4）在地方工会等部门的主持下，工人代表与企业方代表进行多轮次的谈判，谈判的过程激烈且难以弥合。由于工人的无组织化状态，工人提出工资增长诉求往往不切实际，且大大超过企业雇主的心理底线。在这种情况下，地方政府一方面需要向雇主施压，迫使其做出实质性的让步，制订一个能够满足大部分工人要求的工资增长方案；另一方面，地方工会等部门会反复做工人工作，游说工人接受雇主拿出的方案。由于集体停工期间工人无法获得即时性收入，随着集体停工时间的延长，许多工人开始希望早日复工挣钱，加之“有诚意”的工资增长方案以及地方政府的游说，会促使大部分工人接受谈判条件。

（5）劳资谈判双方会最终签订集体协议，集体协议中明确几个重点，首先，工人的工资会实现较大幅度的增长，并会涉及福利和加班工资的调整；其次，协议中往往会加入资方不会打击报复工人谈判代表的承诺；最后，工人集体停工期间的工资不会受到损失，绝大部分市场经济国家发生集体停工时，集体停工期间工人是拿不到工资的，只能通过工会的集体停工津贴予以生活补助，在中国，企业需要全额支付工人集体停工期间的工资。协议签订后，工人陆续复工，企业生产恢复正常。“集体停工推动的集体协商”日益成为地方政府处理劳资事件的常见方式，它对于转变传统的劳动关系意识起到非常重要的推动作用，它让相关方面意识到劳资矛盾不可避免，利益矛盾只能通过协商谈判来解决，建立一种利益协调机制对于稳定劳动关系至关重要。首先，它的目的是消解集体停工，这使得集体停工与集体协商角色发生了逆转，本来集体停工作为惩戒性手段，是为了促进集体协商的进行，而现在集体协商成为了手段，是为了消解集体停工。这也决定了集体协商是一种应急性的、临时性的，而不是制度化和长期性的。其次，作为劳方的代表性组织是缺位的，即便选举了工人代表也并没有改变工人群体的无组织化状态。一方面，谈判代表并没有得到工人群体的完全信赖，并总会受到质疑和攻击，被怀疑会出卖工人。在许多案例中，都出现了工人冲击谈判现场或者要求撤换工人代表的情况。另一方面，好不容易谈判的结果也可能反复地被工人否决，形成不了集体协议。最后，虽然雇主应约谈判和妥协的压力巨大，也作出了实质性让步，但这依然是“头痛医头，脚痛医脚”的方式，没有转变为建设可持续的长期劳资沟通机制，劳资风险依然还在不断酝酿。

2. 产业集群地区的行业工资集体协商

在长三角产业集群地区出现了一种与行业组织密切相关的集体协商类型——行业工资集体协商。在这些高度同质性生产的地区，受到劳动力市场变化的影响，雇主们为了招到工人，纷纷承诺高的工价标准，导致工人跳槽频繁。一方面，雇主为了防止自己的工人被挖走，采用拖欠工资或扣保证金的方法，淡季发旺季的工资，许多企业基本上 6 个月发 1 次工资，如果工人离开，则不给工资；另一方面，高工资的承诺常常得不到兑现，“被挖来的工人好像是被骗过来的，最后只能拿到老板承诺工资的七成左右”。

集体停工、集体上访等事件不可避免地高发，而工人集体行动的要求则是要兑现雇主增利承诺。在此背景下，该地区兴起了行业工资集体协商，由行业协会与行业工会定期进行工价集体协商，行业工会吸纳了来自生产一线的职工代表，协商过程会有一定程度争论和讨论，协商结果实现了区域内工价的统一以及工人工资的小幅增长。虽然也是推选职工代表，但与停工现场的工人代表不同，行业工资集体协商中的工人代表是分散于各个工厂并基本是由雇主挑选的。其作用并不是要向雇主进行利益索取，而是向雇主传递工人群体的底线，这种底线就是工人愿意在该区域就业生活的劳动力市场工资水平。谈判结果只有高于这个底线，协商出来的工价标准才能得到工人的接受，雇主之间的工价标准才有统一的基础。工人代表的产生方式决定了行业集体协商的结果不会带来工人大的实体性收益，而只是反映当地劳动市场工资水平并通过集体协议进行定期确认。因此，行业集体协商的谈判过程很少有谈判回合，一般通过一次集体协商会议就能达成集体协议。

由于西方的集体协商主要在地方工会和雇主组织之间进行，雇主们很快就发现集体协商的好处，工会每年只提出一次工资方面的要求，这样就避免了因工会采取“蛙跳式”（leap - frogging）工资增长策略而给雇主们带来的麻烦。同时，集体协商可以形成一种稳定性、可预见性和一致性，而这些恰恰是雇主保持平稳生产的前提基础，同时集体协商过程以及争议处理的程序可以有效化解工人的敌意，为他们增加“和平的义务”，而这种义务把主动权留给了雇主。实际上，中国的许多企业雇主由于受先天的民主意识、企业成长成熟的管理要求以及母国的劳动关系传统的影响往往成为集体协商的实际发起者。

基于企业工会民主选举的集体协商工会主导型集体协商是当前中国集体协商领域最重要的制度探索。劳资冲突的根源在于劳资力量的不平衡。由于中国基层工会大多自上而下的产生方式，工会缺乏独立性和代表性，不能集合工人意志和力量，也无法在稳定劳动关系中发挥作用。虽然，《工会法》等法律文件规定了企业工会应当由工人民主选举产生，但实际上却被消极对待。这其中既有雇主认为工会会带来工人利益增长进而加重企业负担的担心，也有体制内对于工人选举出来的企业工会可能会政治失控的忧虑。这使得中国劳动关系治理进入“左右为难”的境地，一方面要面临弱势工人权益受损带来的社会不稳定，另一方面又要避免利益组织化可能带来的政治不稳定。在劳资冲突不断的背景下，一些企业和地方政府正在重新看待工会的作用，鼓励工人民主选举能够代表自己的企业工会，推动企业工会直选，探索源头治理劳资冲突的制度化途径。

三、集体协商的未来挑战

由于中国市场化改革在客观上带来了劳资利益分化和冲突，通过形成一种利益分歧解决机制来避免劳资动荡对社会秩序的破坏，顺理成章地成为了中国建立集体协商制度的宏观背景。然而，集体协商推行多年，与预期成效尚有一定的距离，一方面，由于自上而下的推动方式，使得集体协商工作呈现明显的行政化色彩；另一方面，与集体协商相比，政府对于劳资矛盾的直接干预方式更加熟悉，集体协商很容易被直接干预的方式所排挤。国家全面干预和对基层劳动关系的直接规制，是理解中国集体协商制度和国家主导型集体协商类型的主要背景。然而伴随着市场经济的进一步发展，国家干预正面临越来越大的挑战。劳动力市场供求关系的逆转带来工人市场谈判能力的增强，工人要求改善工作条件和提高工资的集体行动能力也在不断增强，并对生产秩序和社会秩序产生了持续的冲击。在此背景下，集体协商作为稳定产业秩序的手段，得到一些地方政府、雇主和工会的重视，国家力量不同程度地退出了集体协商空间，形成了不同的工人组织形态，劳资开始自主博弈，集体协商正通过输出规则来尽力稳定或恢复产业秩序。中国集体协商模式开始出现了新趋势，形成了具有不同协商内容和特点的集体协商新类型，并取得了不同的劳动关系结果。

尽管经过40年的发展，中国出现了多种方式的集体协商类型，但并不意味着国家主导型集体协商已经瓦解。在国家与社会的权力格局中，国家依然处于主导地位，这也意味着在相当长的一段时间内，国家主导型集体协商依然是主流，国家权力依然是推动集体协商的主要动力。但这与以往的总体制度还是有着明显的转变。协商谈判已经成为处理群体性事件的重要原则，地方政府角色从“政府主导”转向“政府指导”，企业工会直选制度得到部分肯定，不少雇主企业通过制度化的集体协商获利匪浅。从长时间的观察来看，工人意识正在不断成熟，劳动关系领域的社会空间正在逐渐开启，行业协会和企业工会正在发挥力量，通过劳资博弈化解利益矛盾的规则逐步树立。

参考文献

[1] 常凯．罢工权立法问题的若干思考［J］．学海，2005（04）．

[2] 常凯．劳动关系学［M］．北京：中国劳动社会保障出版社，2005．

[3] 程延园．劳动关系［M］．北京：中国人民大学出版社，2016．

[4] 程延园．集体谈判制度在我国面临的问题及其解决［J］．中国人民大学学报，2004（2）．

[5] 丁建忠．商务谈判学［M］．北京：中国商务出版社，2004．

[6] 黄燕东，杨宜勇．美、德、日集体谈判制度的比较研究［J］．首都经济贸易大学学报，2006（6）．

[7] 李丽林，袁青川．劳动关系经济学［M］．上海：复旦大学出版社，2016．

[8] 李品媛．国际商务谈判［M］．武汉：武汉大学出版社，2006．

[9] 刘泰洪．我国劳动关系集体谈判的困境与完善［J］．理论与改革，2011（2）．

[10] 罗杰·费希尔，等．谈判技巧［M］．北京：北京大学出版社，1987．

[11] 尼伦伯格．谈判的奥妙［M］．郑丽淑，译．成都：四川文艺出版社，1988．

[12] 石美遐．集体劳动关系与和谐社会构建［J］．法学家，2007（2）．

[13] 斯科皮克．一切都可谈判［M］．谢毅，译．上海：上海人民出版社，1999．

[14] 宋湛．集体协商与集体合同［M］．北京：中国劳动社会保障出版社，2008．

[15] 宋湛，李岩．集体谈判演练技术：赢在共赢［M］．北京：中国工人出版社，2013．

[16] 宋湛．集体谈判［M］．北京：经济科学出版社，2013．

[17] 孙建秋，李华瑞．成为优秀的谈判者［M］．北京：经济管理出版

社，2004.

[18] 王霞．工资集体协商与利益共享机制［M］．北京：社会科学文献出版社，2015.

[19] 闻效仪．集体谈判的内部国家机制以温岭羊毛衫行业工价集体谈判为例［J］．社会，2011（1）.

[20] 闻效仪．转型期中国集体协商的类型化与制度构建［M］．北京：社会科学文献出版社，2016.

[21] 吴红列．工资集体协商：理论制度与实践［M］．杭州：浙江大学出版社，2011.

[22] 谢玉华，郭永星．中国式工资集体协商模式探索——武汉市餐饮行业工资集体协商调查［J］．中国劳动关系学院学报，2011（6）.

[23] 杨成湘．中国集体协商制度实施、评价及创新研究：基于构建和谐劳动关系的视角［M］．北京：新华出版社，2017.

[24] 杨鹏飞．劳动关系集体协商制度研究［M］．上海：上海社会科学院出版社，2012.

[25] 姚文胜，翟玉娟．劳资协商制：中国劳动关系改善的路径选择［M］．北京：中国法制出版社，2012.

[26] 袁国敏，朱梦妍．对集体谈判中政府的角色定位的认识［J］．渤海大学学报（哲学社会科学版），2009（2）.

[27] 赵炜．基于西方文献对集体协商制度几个基本问题的思考［J］．经济社会体制比较（双月刊），2010（5）.